참 스승

인물로 보는 한국 기독교교육사상

KB208362

Authentic Teachers:
Educational Thoughts and
the Life of Korean Educators
in the Modern Era

참 스승
인물로 보는 한국 기독교교육사상

김도일, 김난예, 김응교, 민경식, 손원영, 오현선, 원신애,
이상명, 이인경, 정원범, 조성국, 조은하, 한국일 지음

Holy
WavePlus

| 차례 |

130년 전, 이 땅에 전래된 개신교는 선교 초기의 매우 척박한 토양 가운데서도 많은 이들의 눈물겨운 헌신을 통해 비교적 단기간에 뿌리를 내릴 수 있었습니다. 그러나 얼마 못 가 한국교회는 일제강점이라는 민족적·선교적 빙하기를 만나게 됩니다. 일제는 한국 땅에 심겨진 기독교의 씨앗을 송두리째 뿌리 뽑고자 온갖 만행을 서슴지 않았습니다. 하지만 이 민족을 향한 하나님의 거룩한 부르심은 결코 좌절되지 않았고, 그분이 예비하신 사람들이 일어나 일제가 사방에 쳐놓은 가시철조망을 걷어내기 위해 신명을 바쳐 충성했습니다.

　일제가 한반도를 무참하게 짓밟았을 당시 이 땅에는 1퍼센트도 채 되지 않는 적은 수의 기독교인이 존재했다고 전해집니다. 당시 우리 민족의 총인구가 2천만 명 정도였다고 하니 그중 기독교 신자는 어림잡아 20만 명 정도였으리라고 추정됩니다. 하지만 소수 종교였음에도 불구하고 당시의 기독교인들과 그들이 출석하던 교회는 가정과 사회, 그리고 국가 전체에 지대한 영향을 미쳤습니다. 구체적으로 당시 기독교인들은 여성해방의 신호탄을 쏘아 올렸으며, 반상의 구분을 무력화시키는 데 많은 공헌을 했습니다. 또한 각종 학교를 설립하고 신학문을 도입하여 인재를 양성하고 민족을 계몽하는 한편 많은 병원을 세워 보건 수준의 향상에 크게 이바지했습니다. 무엇보다 선교 초기의 한국 기독교는 나라의 독립에 앞장섬으로써 민족적 자존 감의 증대와 자유의 회복을 위해 지대한 역할을 수행했습니다. 그 결과 당시 한국교회는 이 민족의 가슴과 삶 속으로 깊이 들어가 수많은 사람들의 사랑과 기대와 칭송을 한 몸에 받을 수 있었습니다. 세계사적으로 살펴볼 때 어느 시대, 어느 민족의 경우에도 기독교 복음이 전파된 지 불과 수십 년 만에 한 민족의 삶과 운명에 그토록 큰 영향을 끼친 사례가 없습니다. 그만큼 100년 전 이 땅의 기독교의 모습은 실로 대단했습니다.

하지만 선교 2세기의 첫 삼분의 일을 통과하고 있는 지금, 한국 개신교의 현실은 어떻습니까? 일일이 나열하지 않아도 이미 모든 사람들이 익히 알 만큼 오늘날 개신교의 상황은 참담하고 암울하다고 밖에는 달리 표현할 길이 없습니다. 교회는 온갖 조롱과 멸시의 대명사처럼 되어버렸고, 한때는 이 민족으로부터 그토록 큰 신뢰와 존경을 받던 개신교 지도자들이 지금은 아무런 사회적 영향력도 끼치지 못하고 있습니다. 오늘날 우리 사회의 구성원 가운데서 한국교회가 이 나라와 민족의 희망이라고 생각하는 사람을 찾아보기가 얼마나 어려운지요!

이 시대를 살아가는 비개신교인들은 100년 전 한국 기독교가 이 민족을 위해 수행했던 위대한 헌신과 공헌에 대해 거의 모릅니다. 아니 심지어 기독교인조차도 자신의 선조들의 역사에 대해서 무지한 실정입니다. 물론 이렇게 된 데에는 필자와 같은 기독교교육학자들의 덜 치열했던 문제의식과 서구 사상 위주의 연구에도 적잖은 원인이 있습니다. 신학교와 교회 현장에서 가르쳐졌던 교육사상과 내용들이 서구 인물들의 이론에 치우친 나머지 한국 교육가들의 삶과 사상에 대해 너무 소홀했습니다. 이는 어떤 변명도 통할 수 없는 치명적인 과오입니다.

필자는 수년 전부터 서서히 서구 사상가들로부터 눈을 돌려 정약용과 황상을 비롯한 우리 학자들의 이론과 실천을 겸비한 사상에 매료되기 시작했습니다. 그러던 차에 한반도에 기독교 복음이 전래된 직후부터 최근 역사에 이르기까지 기독교 신앙으로 자신을 무장하고, 나라의 인재를 키우며, 방향을 잃고 헤매는 이 민족의 등대 역할을 한 기독교교육사상가들의 발자취를 더듬어보고자 하는 열정에 사로잡혔습니다. 그리고 꼭 필요하고 귀중한 이런 작업을 통해 세 가지 목표에 도전하고 싶었습니다.

첫째, 오늘을 살아가는 개신교인들에게 한국 현대사의 한 장면을 빛냈던 기독교교육사상가들의 위대한 족적을 재조명함으로써 개신교인으로서의 자긍심을 회복시킬 뿐 아니라, 기독교 복음이 단순히 개인의 영혼 구원과 교회 성장에만 머물지 않고 역사와 민족과 사회 전체를 변혁시키는 초월적인 능력이라는 사실을 분명히 각인시키고 싶었습니다.

둘째, 작금의 한국 개신교의 못난 모습을 향해 심한 조롱과 비난의 목소리를 쏟아내는 비개신교인들에게 과거 한국 역사에서 개신교가 얼마나 귀중한 사명을 감당했는지를 설명하고 납득시키고 싶었습니다.

셋째, 머지않은 장래에 한국 기독교교육사상가들의 삶과 사상을 영어와 독일어 등으로 번역하여 지구촌 곳곳에 알리고 싶었습니다.

가끔 외국 학자들을 만나는 자리에서 가령 남강 이승훈의 삶과 사상에 대해 소개하기라도 하면, 그들은 정말 그처럼 훌륭한 인물이 한국에 존재했냐며 혹시 영어로 번역된 글이 있느냐는 등 큰 관심을 보입니다. 외국인들의 판단에는 이승훈, 최용신, 김용기 같은 인물이 서구의 페스탈로치, 몬테소리, 코메니우스 같은 이들과 비교하여 조금도 손색이 없다는 것입니다. 오히려 짧은 선교 역사에서 그들이 이루어낸 일들이 믿을 수 없을 만큼 위대하다고 감탄을 금치 못하는 모습을 여러 차례 목도했습니다. 이런 일을 반복해서 겪으면서 그간 한국 기독교가 배출한 훌륭한 인물들에 대한 교육적 조명과 선전이 너무도 미흡했음을 깨닫게 된 것이 이 책을 집필하게 된 동기입니다.

필자는 이런 소중한 작업을 가장 잘 맡아 수고해주실 수 있는 전문가들에게 부탁을 드렸으며, 모든 분들이 흔쾌히 허락을 하셔서 멋진 한 팀을 꾸렸습니다. 그리하여 저는 이승훈을 맡고, 미주장신대의 이상명 총장께서는 안창호를, 계명대의 이인경 교수께서 윤치병을, 대전신대의 정원범 교수께서 김교신을, 침신대의 김난예 교수께서 오천석을, 목원대의 조은하 교수께서 최용신을, 장신대의 한국일 교수께서 김용기를, 호신대의 오현선 교수께서 조아라를, 연세대의 민경식 교수께서 주영하를, 고신대의 조성국 교수께서 전영창을, 숙명여대의 김응교 교수께서 윤동주를, 웨신대의 원신애 교수께서 권정생을, 끝으로 서울기독대의 손원영 교수께서 박대선을 맡아 집필해주셨습니다.

이 귀중한 책이 나올 수 있도록 산고의 노력을 아끼지 않으신 모든 교수님들께 진심으로 감사의 말씀을 드립니다. 이런 주제를 놓고 대화 중에 책의 출간을 기꺼이 돕겠다고 자청해주신 새물결플러스의

김요한 목사님께도 감사를 드립니다. 김 목사님을 통해 좋은 동역자를 얻은 기쁨을 누리고 있습니다. 바라기는 이 책을 통해 한국 기독교 안에서는 말할 것도 없거니와 나아가 우리 민족 전체에게 선한 영향력을 크게 끼쳤던 위대한 참 스승이었던 기독교교육사상가들의 삶과 사상이 온 세상에 두루 퍼져서 이 땅 가운데 하나님 나라를 확장해가는 데 일조하기를 소망합니다.

2014년 7월 31일
광나루 서재에서
책임 집필자
김 도 일

1장

이승훈,

어둠과 절망의 땅에서 희망을 노래하다

김도일(장로회신학대학교 교수)

❖ 자신의 전부를 내어주고 떠난 사람

"일생을 남을 위하여 살았고 자기를 위하여는 아무것도 한 것이 없는
이승훈."

_남강 이승훈 묘비의 글

　남강 이승훈은 키가 비교적 작은 사람이었습니다. 그러나 그는 거
인의 삶을 살았습니다. 무엇보다 그는 자신을 위해서는 아무것도 취
하지 않은 채 일생을 오로지 기독교교육의 대의에 헌신한 대표적 인
물입니다. 평생 자신을 남강의 제자로 여겼던 함석헌은 서울올림픽이
열리던 1988년 11월 22일에 전제현에게 다음과 같은 유언을 남기면
서 스승 남강의 정신을 몸소 실천했습니다.

선생님[함석헌이 선생님이라 할 때는 늘 남강을 의미하는 것]께서 돌아가실 때, 선생님 유골로 골격 표본을 만들어 학생들 공부하는 데 쓰게 하라는 유언을 하셨어요. 그때 경성대학 의학부에서 표본을 만들었는데, 일본인들이 끝끝내 묻으라고 강요해서 선생님 뜻을 이루어드리지 못했는데, 이제 내가 그 뜻을 이루어드리고 싶습니다. 의논을 해서 내 뇌와 심장 같은 장기는 방부제에 담고 뼈는 살을 발려내고 표백을 해서 철사로 엮어 표본을 만들어서 오산학교 학생들이 썼으면 좋겠어요, 이건 내가 오래 전부터 마음에 작정을 해두었던 겁니다(전제현, 1994, 333쪽).

이 세상을 떠날 때 마지막 남은 몸까지 제자들에게 내어주면서 교육에 헌신한 남강의 정신은 이렇게 씨을 함석헌을 통하여 이어졌습니다. 1864년에 태어나 1930년까지 살다간 남강은 교육을 통해 위기에 빠진 나라를 구하고자 했습니다. 막상 자신은 역사의 회오리 속에서 많은 공부를 하지 못했지만 도산 안창호가 던진 일성, "나라가 없는 민족은 세계에 상놈이요, 전 민족이 다 상놈이 되거든 당신 혼자 양반이 될 수가 있겠소?"라는 연설에 큰 충격을 받고 자신의 몸을 던져 후학을 양성하고 돌보기로 작정한 것입니다(강준만, 2007, 13쪽).

❖ 암울한 시대, 희망의 씨앗에서 싹이 트다

이승훈의 아명(兒名)은 승일입니다. 그가 공인으로서 나라와 민족을 위해 헌신하기 전, 조선은 서구 열강의 침략 대상이었습니다. 하지만 당시 조선 왕실과 백성 대다수는 국제 정세에 대해 극도로 무지했습니다. 한편 그가 태어나 자라난 평안북도 정주는 일찍이 홍경래의 난이 일어난 본고장이기도 합니다. 홍경래는 극심한 사회적 모순을 양산하고 있던 조선 후기 평안북도 정주에서 정부에 대항하여 난을 일으키지만, 관군의 반격으로 난을 일으킨 지 일 년도 채 되지 못해 그를 따르던 자들과 함께 몰살당합니다. 홍경래의 난이 일어난 지 50년도 채 안 되던 해에 남강이 태어났습니다. 어머니는 승일이 태어난 지 여덟 달 만에 돌아가시고, 할머니 손에서 자라나던 중 열 살이 되던 해 할머니와 아버지마저 세상을 떠나게 되어 승일과 그의 형은 졸지에 고아가 되어 버렸습니다(함석헌, 1988, 18쪽). 함석헌은 이승일이 부모로부터 물려받은 세 가지 유산을 업신여김, 가난, 무식이라고 말하는데(함석헌, 1988, 18쪽), 당시 차별받던 평안도의 상놈으로 태어나 자란 승일은 과거(科擧)에 급제하여 양반이 되든지 아니면 돈이라도 많이 벌어 양반 벼슬을 사서라도 여주 이씨로 태어난 자신의 신분을 바꿔보는 것이 소원이었습니다.

부친 이석주가 별세한 이후 승일은 형 승모를 따라 생존을 위해 온갖 궂은일을 해야만 했습니다. 그러던 중 승일은 임일권이라는 너그러운 부자의 집에 사환으로 들어가 심부름으로 얻은 수입으로 생계를 유지하면서 자투리 시간에 공부를 게을리하지 않았고 또 틈틈이 주인의 상술을 배워 유기에 관한 지식과 상거래 기술을 습득했다고 함석헌은 증언하고 있습니다(함석헌, 1988, 18쪽). 남강의 전기에 대한 자료 중 함석헌의 그것보다 더 상세하고 깊은 자료는 찾아보기 어렵습니다. 그러면 어떻게 함석헌은 남강을 이렇게 자세히 알고 있었을까요? 전제현은 이렇게 증언했습니다.

함석헌이 오산[남강]과 직접적인 관계를 가졌던 기간은 그의 전생애의 7분의 1도 되지 않는 12년 정도이며, 그가 남강과 직접 생활을 함께하셨던 기간은 3년도 채 안 된다. 그런데도 함선생의 마음은 언제나 오산의 지붕 밑, 남강의 방 안에 머물러 있었던 것이다. 남강의 정신은 함선생에 의해 이어졌고 구체화되고 승화되어 씨을 사상으로 열매 맺어졌다 하겠다(전제현, 1990, 335쪽).

이런 증언을 보면 한 사람의 삶과 사상을 배우고 닮고 싶어하는 마음을 품는 것은 비단 세월의 길고 짧음에 달려 있는 것 같지는 않습니다.

남강의 어린 시절은 15세에 결혼으로 끝이 나고, 그는 놋그릇 등 짐장수로서의 새로운 삶을 시작하게 됩니다. 그는 이른바 보부상이 되어 약 10년간 평안도와 황해도를 거침없이 다니며 세상 물정을 익히고 상술을 발휘하여 40세의 나이에 일개 장사꾼에서 전국의 경제를 지배할 정도의 대무역상으로 성장하게 됩니다. 그러던 중 일본과 사업차 관계를 맺으면서 벌어진 사건으로 인해 민족 문제에 눈을 뜹니다. 당시 부산에서 엽전 품귀 현상이 일어나 서울보다 두 배가 높은 가치가 있다는 정보를 입수한 남강은 일만 냥이라는 엄청난 양의 엽전을 배에 실어 부산으로 떠나보냅니다. 그런데 그 엽전을 실은 배가 그만 목포 앞바다에서 일본 영사관 소속 선박과 충돌해 침몰을 당하고 맙니다. 남강은 일본을 상대로 소송을 벌이지만 결국 원금 일만 냥 수준의 배상으로 사건이 마무리되고 맙니다. 이 사건을 통해서 남강은 기업 운영조차도 일본의 눈치만 보는 대한제국 정부를 향한 안타까움과 힘없는 민족의 서러움을 뼈저리게 느낍니다. 그리고 이 사건을 계기로 남강은 계속해서 큰 경제적 손실을 입게 되어 결국 42세에 낙향합니다(이만열, 2007, 49-50쪽). 그때가 바로 1905년, 을사늑약이 체결되어 조선이 외교권을 박탈당한 해이기도 합니다. 이렇게 개인의 사적인 삶과 공적인 삶이 아직은 분리되어 전개되던 시절에, 남강은 서서히 국내외 정세에 눈을 뜨게 되면서 신문을 구독하고 계몽 단체인 서우학회에 가입하는 등 주변 정세에 대해 배우게 됩니다.

1907년에 남강은 당시 약관 30세의 젊은이였던 신사복 차림의 도산 안창호를 만나게 되는데, 이것이 그의 인생에 코페르니쿠스적인 전환을 가져온 결정적인 사건이 됩니다. 그날이 1907년 3월 2일이었는데 이때 안창호는 평양 모란봉 밑에서 국권수호운동을 역설하는 강연을 하고 있었습니다.

> 남강도 전부터 도산의 소문을 들어왔으므로 가서 연설을 듣기로 했다. 가보니 사람이 구름같이 모였는데, 양복을 입은 30세 청년이 열성에 불타서 민중 앞에 호소하는 것이었다. 그는 세계의 형편이 어떻다는 것과, 서양 사람이 그 발달한 문명의 힘을 가지고 동양을 어떻게 침노해오고 있다는 것과, 일본이 어떻게 그것을 배워 청일·노일 두 전쟁 이후 아주 야심을 가지고 영일동맹으로 영국의 승인을 얻어 우리나라를 먹기로 결심하고 있다는 것을 말했다. 우리가 이 4천년 역사의 조국을 잃지 않고 지키려면 썩어빠진 옛날의 모든 나쁜 버릇을 버리고 교육을 어서 바삐하여 국민이 일체가 되어 새사람이 되는 것밖에 길이 없다는 것을 부르짖었다(함석헌, 1998, 31쪽).

❖ 교육으로 조국의 미래를 품다

남강은 도산의 연설을 들으면서 가슴속 깊은 곳에서 올라오는 뜨거운 감동과 도전을 받고 바로 실천하기로 결심합니다. 이때의 사건을 나는 남강의 교육적 회심이라고 부릅니다. 이런 그의 일련의 변화가 남강의 공적 삶으로의 시작이라 할 수 있습니다. 남강은 도산과 힘을 합쳐 신민회를 조직하고, 남의 힘을 빌려 나라를 일으키기보다는 우리의 손으로 나라를 다시 살리기 위해 힘을 기르는 길은 미래 세대를 교육하는 길밖에 없다는 것에 의견을 모으게 됩니다. 우리가 역사에서 보듯 바로 그해 1907년 7월에 헤이그 밀사사건이 일어나고 그 사건을 계기로 고종이 일본의 강압에 의해 양위되어 8월에는 조선의 군대가 해산합니다. 그리고 1910년에 결국 조선은 일본에게 강제로 병합되는 비극적 운명을 맞이합니다.

남강은 홍경래처럼 의병을 조직한 것이 아니라 "군대 아닌 군대를 조직했고", 이를 위해 그해 성탄절 전날에 정주에서 오산학교를 시작합니다. "그는 여기서 젊은이에게 새 지식, 새 힘, 새 정신을 넣어주어 새 나라를 세우는 정예부대로 삼으려 했던 것"입니다(함석헌, 1988, 35쪽). 그는 곧바로 학생을 모집하여 7명의 학생으로 학교를 시작하는데(남강문화재단, 2004, 17쪽), 다음은 그가 개교식(1907. 12. 24.)에서 행했던 연설의 일부입니다.

지금 나라가 날로 기울어져 가는데 우리가 그저 앉아 있을 수는 없다. 이 아름다운 강산, 선인들이 지켜 내려온 강토를 원수의 일인들에게 내맡긴다는 것이야 차마 있어서는 안 된다.…총을 드는 사람, 칼을 드는 사람도 있어야 할 것이다. 그러나 그보다 더 긴요한 일은 백성들이 깨어나는 일이다. 세상이 어떻게 돌아가는지를 모르고 있으니 그들을 깨우치는 것이 제일 급선무다.…일심협력하여 나라를 남에게 빼앗기지 않는 백성이 되기를 부탁한다(김기석, 1988, 36쪽에서 재인용).

오산학교 설립 당시 첫 번째 건물인 경의재

남강이 오산학교를 신속하게 세울 수 있었던 데는 당시 관찰사로 재직하던 박승봉의 도움이 컸습니다. 남강은 처음에 향교 재산을 빌려 학교를 시작했으나 정주의 유림들의 불평과 반환 요구로 빌린 돈을 바로 돌려줄 수밖에 없었습니다. 그는 그 자금을 마련하기 위해 밤낮을 가리지 않고 열심히 일을 하면서 친구와 유지들의 자금을 융통하는 등 학교를 운영하는 일에 혼신의 노력을 다했습니다. 이때 그가 과거에 사업가로 크게 활동했던 경험이 빛을 발하게 됩니다. 그의 이런 사업가, 행정가로서의 기질과 재능은 후일 전국, 아니 전 세계에 퍼져 있는 한민족을 하나로 묶어내고 조선의 독립을 위한 일을 체계적으로 수행하는 데에도 긴요하게 쓰이게 됩니다. 남강은 오산학교의 지붕이 새면 자기 집의 기와를 가져다가 수리했고, 자기 세간을 팔아 교사와 학생들을 먹이면서까지 교육에 매진했습니다.

오산학교의 첫 교사로 여준과 서진순이 부임했고, 이어서 1910년에는 유영모, 이광수가 초빙되어 학생들을 지도하게 됩니다. 오늘의 학제로 치면 중학교와 고등학교의 중간 수준의 학교였지만 학생들에게 역사, 지리, 수학뿐만 아니라 대학에서나 가르칠 만한 법학통론, 헌법과 같은 수준 높은 과목도 가르쳤다고 함석헌은 증언합니다. 오산학교는 정규 과목 외에도 "사람이 되어라", "나라와 민족을 사랑하라"라는 훈화를 하고 아침에 일찍 일어나기, 정리 정돈 잘하기, 변소 사용 깨끗이 하기, 뜰 잘 쓸기, 청소하기 등에 대해서도 철저하게 가르쳤으며, 이 모든 일에 교사들이 솔선수범했는데 그중 제일 앞장선 이는 늘 남강이었다고 함석헌은 전합니다(함석헌, 1988, 37-38쪽).

오산학교는 단순한 지식을 가르치는 학교라기보다는 마치 구덩이에 빠진 나라와 그 속에서 신음하는 백성을 구원해내는 구원선과 같은 역할을 감당하기 위해 세워진 훈련소와 사관학교 같은 역할을 한 곳이었습니다.

1회 오산학교 입학생

2회 졸업생

❖ 기독교 신앙, 교육과 민족운동의 정신이 되다

1907년에 평양과 함흥 등을 중심으로 들불처럼 일어난 기독교 신앙운동은 분명 남강에게도 모종의 영향을 끼쳤을 것입니다. 그러나 공식적인 기록에 의하면 남강이 예수를 믿기로 결심한 곳은 평양이었으며 또 그때가 1910년 9월 하순 경이었다고 전해지는데, 아마도 일제강점(1910. 8. 29.) 직후였다고 추정할 수 있습니다. 나라를 빼앗긴 처절한 심정으로 몸과 마음이 지쳐 있던 차에 산정현교회(산정재교회라고도 부름)에서 특별 집회가 있다는 소식을 듣고 남강은 그 집회에 참석합니다. 당시 참석 인원은 생각보다 많지 않았지만, 그는 그곳에서 평양신학교 1회 졸업생 한석진 목사의 "십자가의 고난"이라는 제목의 설교를 듣고 마음에 깊은 감화를 받게 됩니다. 한목사의 설교가 나라를 걱정하며 괴로워하는 남강의 마음속 깊은 곳을 만져준 것입니다. 그리하여 그는 예수를 믿기로 결심합니다. 이 사건을 계기로 남강이 신앙을 갖게 되고, 더불어 오산학교에 기독교 신자인 다석 유영모가 부임함으로써 이전까지 유교 경전을 가르치던 것에서 벗어나 성경을 가르치기 시작하는 기독교학교로의 씨앗이 뿌려지게 되었습니다. 물론 이전에도 남강 자신은 기독교에 대해 별다른 거부감은 없었으나 "경계심을 갖고 조심스럽게 관망하던 기독교를 비로소 직접 적극적으로 알아보겠다고 작심하게 되는데"(김경재, 2005, 111쪽), 이런 남강의 변화에는 한목사의 설교가 결정적인 촉매제 역할을 했습니다.

함석헌은 남강이 기독교에 귀의하게 된 배경에 대해 다음과 같이 설명하고 있습니다.

남강은 성장 배경으로 볼 때 기독교 신앙을 접할 가능성이 짙었다. 그는 공부를 많이 한 유림이 아니다. 유교는 그에게 큰 영향을 주지 못했다. 또한 그는 권세를 휘어 쥔 명문 가계의 자손도 아니었다. 그에게 보수적인 굴레가 씌워질 요인은 없었다. 남강은 오히려 어려서부터 보부상을 하며 장사로 생애의 출발을 장식, 어려움과 서러움을 맛보았다. 그는 황해도 평안도를 편력한 자유스러운 상인이었다. 후에 그가 돈을 모아 바람직하게 쓸 궁리를 했을 때 기독교에로의 먼 접촉의 가능성은 열리기 시작한 것으로 짐작할 수 있다. 그러나 그것은 접목의 조심스러운 가능성에 지나지 않는다(함석헌, 1990, 33-34쪽).

남강은 정식으로 기독교로 귀의한 후에 교직원들에게도 자신의 입교 사실을 알리고 학교에서 집회를 갖기도 했습니다. 물론 그 전에도 유영모 선생(함석헌, 1990, 35쪽; 김흥호, 1987, 20, 35쪽)이 부임한 뒤로 조용히 성경을 가르치기는 했으나 그것은 어디까지나 과외활동에 그치는 수준이었지만 이제는 상황이 완전히 바뀌었습니다. 설립자가 기독교 신앙을 소유한 마당에 이제 한쪽 구석에서 조용히 성경을 가르칠 이유가 없어졌기 때문입니다. 오산학교는 훗날(1925) 평양신학교 2대 교장을 지내게 되는 라부열(Stacy L. Roberts, 1881-1946) 선교사가 오산학교의 명예교장으로 추대되고, 성경 과목은 유영모 선생이 담당함으로써 명실상부한 기독교학교로 우뚝 서게 됩니다(함석헌, 1990, 34쪽).

이후로도 남강은 열심히 신앙생활을 하여 본인이 세운 오산교회의 장로가 됩니다. 나아가 그는 평북노회를 중심으로 전국에 흩어져 있는 총회 산하 교회의 지도자들을 만나서 나라의 안위를 함께 걱정하고 실제적으로 나라를 되찾을 수 있는 방도를 의논하기에 이릅니다.

❖ 거친 비바람 속에서도 희망의 끈을 놓지 않다

한석진 목사가 설교한 것처럼 그리스도의 십자가 고난은 과연 한 사람을 그리스도께로 인도했고, 그 순간부터 남강은 더 이상 자연인이 아니었습니다. 예수의 제자로서 새로운 삶을 시작하게 된 것입니다. 그러나 그의 새로운 삶은 결코 순탄하지만은 않았습니다.

일제의 치욕적인 "한일강제병합" 이후 남강에게 찾아온 첫 번째 시련은 "안명근 사건"이었습니다. 당시 일본은 수상쩍은 작은 단서만 있어도 총칼로 위협하며 우리 애국지사를 비롯한 백성을 잡아다 감옥에 투옥시키고 갖은 고문과 핍박으로 민족운동을 말살하려 했습니다. "안명근 사건"(안명근은 안중근의 사촌동생으로 북간도에 독립군 무관학교를 설립하기 위해 자금을 모으던 충직한 인물) 또한 일본이 날조한 사건입니다. 1911년 2월 남강이 기차로 서울로 이동하던 중 일본 헌병대의 검문을 받았는데, 남강의 호주머니에서 안명근의 명함이 발견되자 자세한 자초지종도 확인하지 않은 채 잡아다 고문을 하지만 안명근과 관련이 없다는 사실이 밝혀지자 다른 누명을 씌워서 약 3개월간의 고문 끝에 제주도 유배 판결을 내립니다. 이렇게 해서 남강은 우리 역사의 마지막 유배자가 되어 1911년 4월, 억울하고 원통한 가슴을 부여잡고 제주도를 향해 무거운 발걸음을 내딛게 됩니다.

제주도에서 그는 낮에는 가난한 사람들을 도와서 함께 일을 했고 밤에는 호롱불을 켜놓고 성경을 읽으며 기도를 드렸습니다. 동이 틀 때면 저 멀리 수평선 너머 빼앗겨버린 조국의 땅을 바라보면서 기필코 잃어버린 조국을 되찾겠다는 각오를 다졌습니다. 그는 제주에 머무는 동안 일하며 기도했고 기도하면서 일했습니다. 함석헌에 의하면 남강은 제주에서도 정주에 있을 때처럼 여러 교회와 학교로부터 강의와 설교를 부탁받았다고 합니다. 그는 설교나 강의를 할 때면 늘 "잔잔한 말씨로 동네 사람들에게 설론(說論)"했다고 합니다. 하지만 그의 삶은 단순히 설교에서 끝나지 않았고, 아침이면 "손수 비를 들고 안뜰과 거리를 깨끗이 쓸었고 어린이들의 코를 닦아주고 옷고름을 매어주기도 했습니다. 집을 깨끗이 치우고 마을을 말끔히 소제하고 어린이들을 잘 가르치는 일이 나라를 위하는 길이라고 마을 사람들에게 힘주어 말했습니다"(함석헌, 1990, 45쪽).

유배자의 신세였기에 자유로운 몸은 아니었지만, 그는 제주도에 머무는 동안 제한적이나마 최선의 삶을 살았습니다.

남강은 제주도의 교인들에게 이렇게 호소했습니다.

제주도로 하여금 한반도의 본이 되게 하기 위하여 [우리는] 교회와 학교와 공장을 많이 세워야 한다. 제주도는 남해에 솟아 있는 섬이 되어 육지에는 목장과 약초 재배와 특수 농장이 적당하고 해안과 바다에는 어항과 어장을 만들어야 한다.…새로운 교육기관을 많이 만들어 힘써 배우고 부지런히 일하면 겨레의 영광을 회복하는 놀라운 광명이 여기로부터 본토에 비칠 것을 믿는다(함석헌, 1990, 45-46쪽).

남강은 이런 소망과 확신의 메시지를 전하여 큰 감동을 주었다고 전해집니다. 지금의 현실에서도 그의 가르침은 제주도 연구와 개발을 위한 유용한 통찰이라고 많은 이들이 전하고 있는데, 그의 이런 예언자적 가르침은 위로부터 주어진 것이라는 확신을 갖게 합니다(김도태, 2004). 그렇게 볼 때 남강이라는 큰 어른이 유배를 갔던 제주도는 이를 통해 나름대로 복을 받았다고 해도 과언이 아닐 것입니다. 그가 다니며 가르친 곳마다 개화 운동이 일어나서, 그가 유배 생활하던 짧은 6개월 동안의 가르침을 통하여 4년 후

제주도 유배지 북제주군 조천

에는 제주도에 학교가 두 배로 늘어났다는 증언도 있습니다(김선양, 1988, 18쪽: 본래 13개였던 학교가 24개로 늘어났다).

제주도에 유배되어 있는 동안 남강에게 두 번째 시련이 찾아옵니다. 바로 일본 조선총독부에서 날조한 소위 "105인 사건"이 그것입니다. 105인 사건은 1911년 일본이 무단 통치의 일환으로 민족운동을 탄압하기 위해 사건을 확대 조작한 끝에 최후로 105명의 애국지사를 투옥한 사건입니다. 일본은 멀리 제주도에 있는 남강도 이 사건의 주모자 중 하나로 몰아서 서울로 다시 압송하여 갖은 고문을 가합니다. 일제는 야만적인 고문을 통해 허위 자백과 사상 전환을 강요했으며, 이런 일제의 가혹한 고문으로 김근형 등 두 명이 사망하고 많은 사람이 실명하거나 정신병자가 되었다고 전해지고 있습니다(이교현, 2010, 154쪽).

이 사건으로 남강의 옥중 생활은 계속되는데 1912년에는 대구감옥에서, 1913년에는 경성의 마포형무소로 이감되어 1915년 2월 가출옥으로 석방될 때까지 복역하게 됩니다.

남강이 감옥에서 보낸 시간은 육체적으로는 말할 수 없는 고난의 연속이었으나, 기독교인으로서는 신앙의 세계를 더욱 깊이 경험하는

은혜의 과정이요, 연단을 위한 풀무질이었습니다. 감옥이 아니었으면, 일만 보면 참지 못하고 달려드는 그의 성품이나 삶의 양식으로 볼 때 필시 가만히 의자에 앉아서 성경이나 책을 연구하기가 쉽지 않았을 것입니다. 하지만 하나님은 그에게 옥중의 고난을 통해 새로운 영적 체험을 하게 하셨는데 이와 관련한 그의 고백을 들어보겠습니다.

감옥에서 어떻게 그리도 기쁜지 몰랐어요. 곧 하나님 당신이 내 머리 위에 계신 것 같았어요.…내가 성경을 가까이 하기는 감옥 중에서였다오. 마침내는 감옥이 조금도 괴롭게 생각되지 않았어요(박영효, 1985, 49쪽; 김경재, 2005, 112쪽에서 재인용).

재판을 받기 위해 호송되는 105인 사건 연루자들

남강은 젊은 사람들도 꺼리는 감방의 변기 청소를 자진해서 도맡았습니다. 남강은 옥중에서도 "성도는 신앙 지켰네"라는 찬송가를 자주 불렀으며, 나아가 신앙을 지키는 것 이상의 성장과 성숙의 기회를 옥중에서 얻었다고, 그를 흠모하고 존경한 함석헌이 증언합니다.

그[남강]는 1913, 1914년을 꼬박 신앙생활로 헌신했다. 감옥에서 다져진 신앙이었다. 그는 감옥에서 성경을 읽고, 울면서 기도했고, 동지들을 위로했다.…그는 후에 삼일운동으로 투옥되는 등, 후에 춘원이 말하듯, "옥에 들어가기가 세 번이요, 있기가 전부 아홉 해, 선생의 백발이 옥중에서 난 것"이었다(함석헌, 1990, 48쪽).

그에게 감옥에서의 고난은 시편 기자의 그것과 매우 흡사합니다. "고난당한 것이 내게 유익이라 이로 말미암아 내가 주의 율례들을 배우게 되었나이다"(시 119:71). 남강 이승훈에게 고난은 곧 하나님을 찾는 통로였으며, 그에게 감옥은 신앙의 학교였습니다.

❖ 조국을 향한 꺼지지 않는 남강의 애국애족 정신

남강은 52세 되던 1915년 2월에 가출옥해서 다시 오산학교로 돌아옵니다. 이때부터 남강은 마치 남은 삶은 덤으로 얻은 사람처럼 옥중 생활을 하기 전과는 확연히 다른 차원의 신앙생활을 하게 되었다고 합니다. 이전에도 교회에 출석하기는 했지만 출타하는 일이 잦아 예배 참석을 소홀히 한 적이 많았으나, 이제는 옥중 신앙 학교를 통해 굳건한 신앙을 얻었고, 세례를 받고자 하는 결단도 서게 되었다고 김도태는 증언합니다. 이어서 남강은 교회 성도들의 천거로 장로의 직분도 받습니다. 그런 후 일사천리로 남강은 평양신학교에 입학까지 하게 됩니다(김도태, 1950; 이만열, 2007, 66쪽에서 재인용).

물론 그의 평양신학교 입학은 목사가 되기 위함이 아니었습니다. 당시 평양신학교의 교수로 재직하던 라부열은 남강이 훗날 민족을 위해 봉사할 재목이라는 생각에서, 그가 목사가 되지 않을지라도 예수교의 교리에 대해 더 잘 배우고 익혀서 교회를 섬길 뿐만 아니라 나라와 민족의 큰 일꾼이 되라는 의미에서 신학교에서 공부하는 것을 추천한 것 같습니다. 결국 그는 1917년 1월 31일에 평안북도 선천읍 남예배당에서 열린 평북노회(11회) 회기 중에 장로로 안수를 받습니다(김승태, 2002, 13-17쪽; 이만열, 2007, 66쪽, 각주 48번에서 재인용). 이때 남강이 장로가 되어 교회와 노회 그리고 총회를 출입하며 활동한 것은 훗날 기미년 삼일만세운동이라는 거사를 계획함에 있어 너무도 중요한 경험이 되었습니다. 이를 통해 남강은 각 지교회와 노회에서 활동하는 목사와 장로들과 교류를 하게 되는 등 실로 넓고 깊은 인간관계를 형성한 것 같습니다. 더욱이 그가 약 3년 동안(1916년 3월에 시작해서 1919년 삼일만세운동 참여로 끝이 나는) 평양신학교에서 수학하면서 기독교가 추구하는 복음 정신, 즉 하나님은 가난한 자, 소외된 자를 긍휼히 여기시는 분이라는 것을 자세히 배워 이대로 살게 되는 계기가 되었습니다(이만열, 2007, 67쪽).

남강은 신학교에서 구약신학을 배우면서 하나님의 정의를 깨우치고 또 "감사 선생"이라는 호칭을 들을 정도로 감사를 생활화하는 신앙인이 되어갔던 것입니다(이만열, 2007, 69쪽). 남강은 조선후기 반상의 구분이 있던 시기에 상놈의 신분을 안고 태어나 부모의 지원을 받지 못해 공부를 많이 하지는 못했지만, 늦게 입문한 신학교의 만학도로서 학구열을 불태웠으며, 신앙인이 갖춰야 할 정당한 지식과 또 일제에 빼앗긴 나라를 되찾기에 필요한 폭넓고 진지한 인간관계를 형성할 수 있는 장로로서의 지위를 충분히 활용했습니다. 바로 이런 경험과 지식과 관계가 그를 삼일만세운동의 촉매제로 민족을 살리고 나라를 되찾게 하는 출발점에 우뚝 서게 한 것입니다.

남강은 기미년(1919)의 삼일만세운동을 성사시키는 데 결정적인 역할을 합니다. 당시 조선에서는 세 종교의 지도자들이 함께 움직여야만 이 막대한 거사를 성사시킬 수 있었습니다. 그 세 종교란 바로 천도교(대표 손병희), 불교(대표 한용운), 기독교(대표 이승훈)입니다. 역사가들의 증언에 의하면 "만일 남강 이승훈 같은 인물이 없었다면" 그토록 짧은 기간 안에 기독교계의 잠재된 역량을 한데 묶어 대대적인 만세운동에 참여하도록 이끌어낼 인물이 없었을 것이라고 합니다 (김경재, 2005, 114쪽).

남강이 장로로서 평북노회를 대표하여 노회와 총회에서 활약하면서 쌓은 덕망과 인간관계에서 보여준 리더십 때문에, 그가 삼일만세운동을 주도적으로 이끌 때 모두가 생각하기를, 남강 이승훈이야말로 당연히 조선 기독교의 대표라고 믿었습니다. 삼일만세운동이라는 거사를 계획하면서, 1918년 12월에 상해에 파견된 선우혁을 다시 평양으로 파송하며 그가 선우혁과 같이 올린 눈물의 기도는 우리 모두의 심금을 울립니다. 그는 이렇게 기도했다고 합니다. "어떻게 하시렵니까? 이 불쌍한 백성에게 독립을 허하시렵니까? 안 허하시렵니까? 이번 기회에 어떻게 하시렵니까?" 눈보라를 맞으면서 하나님의 사람 둘이 목 놓아 울부짖으며 드렸던 이런 기도가 있었기에 하나님은 삼일만세운동을 허락하셨고(함석헌, 1990, 72쪽), 비록 그토록 원하던 독립이 즉각 이루어지지는 않았지만 결국 시간이 흘러 우리 민족에게 해방을 가져다주었으며 나아가 우리나라가 오늘날 열강 속에서 자랑스럽게 뻗어나가는 대한민국이 된 것이라고 확신합니다.

여기서 꼭 언급해야 할 두 가지 인용문이 있습니다. 첫째는 남강이 1919년 2월 13일에 만세운동 참여를 주저하던 평양의 몇몇 목사들에게 던진 일성이 그것입니다. "나라 없는 놈이 어떻게 천당에 가?

이 백성이 모두 지옥에 있는데 당신들만 천당에서 내려다보면서 거기 앉아 있을 수 있느냐?"(김기석, 1964, 184쪽; 함석헌, 1990, 72쪽에서 재인용) 둘째는 같은 해 2월 27일 정동교회에서 열린 기독교 측의 최종 회합에서 선언서에 누가 먼저 서명을 해야 하는가에 대한 논쟁이 벌어졌을 때, 다른 사무로 늦게 들어온 남강이 소리를 지르며 한 말입니다. "순서가 무슨 순서야! 이거 죽는 순서야! 누굴 먼저 쓰면 어때? 손병희를 먼저 써"(김기석, 1976, 189쪽; 함석헌, 1990, 72쪽에서 재인용). 당시 조선에 거주하던 백성이 약 2천만 명이었으며, 그중 겨우 1퍼센트 될까 말까한 기독교인 중에서 가장 헌신적이고 존경을 받던 남강 이승훈이 조선 백성을 이끌었기에 기미년에 삼일만세운동이라는 거사가 성사될 수 있었던 것은 두말할 나위가 없습니다. 이런 인물이 한 세대에 몇 명만이라도 나온다면 우리나라는 세계의 일류 국가가 되어 지구촌을 이끌 수 있을 것입니다. 남강이 만일 생존했더라면 그는 실로 넬슨 만델라와 같이 모든 민족의 존경과 흠모를 한 몸에 받으면서 대한민국의 정신적·도덕적 위상을 높이는 데 이름을 떨쳤을 것입니다. 이처럼 남강은 자신의 가슴에 고이 품은 그리스도를 향한 신앙을 통해 자기 민족을 사랑했고, 억눌려서 숨도 쉬지 못하던 이 민족의 숨통을 트게 했으며, 더욱이 그의 이런 헌신적이고 이타적인 신앙의 실천이 조선이라는 나라를 무력으로 지배했던 일본인들조차도 그를 함부로 업신여기지 못하게 했던 것입니다. 비록 그는 부모로부터 업신여김과 가난과 무지를 물려받았으나 자신은 후세에게 그리스도를 믿는 자유와 사랑의 신앙을 통해 자기 정체성, 풍요로움, 깨달음에 이르는 길을 제시했던 진정한 신앙의 사람이었습니다.

❖ 앎과 삶을 몸으로 보여준 참 스승

남강은 누구보다 부드럽고 겸손한 마음을 가진 학습자였습니다. 그는 자신보다 26살이나 어린 유영모의 가르침을 겸손하게 받아들였으며 유영모의 성경 강해와 신앙 지도를 최선을 다해 따랐습니다(김경재, 2005, 113쪽). 그는 실로 공자보다도 더 부드러운, 해면조직 같은 마음을 가진 이로서 그 겸손한 수용성은 아무도 흉내 낼 수 없는 인물이었습니다.

그러기에 유영모 같은 이들이 한결같이 존경을 표했으며 김소월, 주기철, 함석헌, 이중섭, 한경직 같은 제자들이 남강의 정신을 이어받아 자신의 분야에서 그것을 삶으로 보여주었던 것입니다. 그 이유는 남강이 그들보다 더 똑똑해서도 더 많이 배워서도 아닙니다. 다만 남강은 자신이 깨닫지 못한 것을 어린아이가 가르쳐준다고 해도 무릎을 꿇고 배울 사람이라는 점에서 존경을 받았습니다. 그는 배움의 정신(teachable spirit)을 평생 간직한 학습자이자, 삶으로 보여준 실천적 교육가였습니다.

더욱이 남강의 교육사상의 핵심은 제자들을 자신처럼 사랑하고, 그들을 위해 헌신적인 희생정신을 실천한 것에서 찾을 수 있습니다. 국문학 교수인 김경수가 남강의 전기를 읽다가 발견한, 엄동설한에 얼어버린 배설물 기둥을 처리하는 남강에 대한 일화는 감동적이다 못해 눈시울을 적시기에 충분합니다.

학교를 처음 세웠을 때 모든 것이 불비하여 변소도 변변치 못했다. 그 래서 겨울이면 얼어붙은 똥이 점점 산을 이루어 나중에는 일을 보려는 사람이 앉을 수가 없었다. 그런데 모든 학생이 똥을 누기는 누구나 다 누되 하나도 그것을 치우려는 사람은 없었으므로 때때로 자기가 [남강이] 손수 도끼를 들고 그것을 까냈다고 한다. 그러노라면 똥이기 때문에 이따금은 튀어 입에까지 들어오는 일이 있었으므로 자기는 그 것을 먹게 되었다. 그러나 자기는 조금도 그것을 마다 아니하고 도리 어 즐거운 마음으로 했노라는 이야기를 했다(함석헌, 1988, 14-15쪽; 김경수, 2004, 83쪽에서 재인용).

남강은 오산의 학생들을 사랑과 정성을 다해 돌보는 데 하루 24 시간을 온전히 쏟았습니다. 그는 매일 저녁 두 번씩 학생들의 기숙사 를 돌아보면서 제자들을 살펴주었습니다. 다음과 같은 졸업생들의 글에서 그의 사랑과 희생의 교육사상을 엿볼 수 있습니다. "선생님은 바른 교훈과 옳은 권유에만 체면과 장식이 없으셨던 분이요. 직재(直 裁)한 가르침 그것뿐이었다." 김기석의 증언에 따르면, 남강은 "오산 학교의 설립자요, 교사요, 실무 책임자요, 교장이요, 심부름하는 사환 이요, 배우는 학생이요, 목수요, 청소부요, 연락원"이었습니다(김도태, 1950, 349쪽).
  남강은 무엇이든지 확인하고 결심하면 곧바로 실행에 옮기는 불 도저 같은 사람이었습니다. 그런 그의 실천적인 삶은 훗날 삼일만세 운동을 조직하고 결성하여 실행할 때도 나타나거니와, 1910년 10월 에 기독교 신앙을 받아들인 후에 교정 내에 교회를 짓는 일에서도 잘 드러납니다. 회심한 이후 교사와 더불어 교회가 필요하다고 확신한 그는 바로 실행에 옮겨 "큰일만 목수의 손을 빌리고 다른 것은 손수 교인과 학생의 손"(김도태, 2004, 19쪽)으로 교회 건물을 위한 벽돌을 하나씩 쌓아 올려서 직접 교회당을 지었습니다. 이로써 기독교로 입교하기 전에 그가 가졌던 부지런함과 정직함에다, 기독교 신앙을 갖고 난 후 성경 속에 나타난 하나님의 의(義)를 향한 마음과 가난한 자와 억눌린 자를 해방시키고 자유케 하라는 복음 정신까지 더해져서 남강은 주위의 모든 사람들에게 존경을 받았으며, 무엇보다도 하나님이 기뻐하시는 신실한 신앙인으로 우뚝 서게 되었습니다.

후일 서구의 교육학자 토마스 그룸(Thomas Groome)이 공유된 실천(Shared Praxis)이라는 이론에서 실천을 찾아내는 교육을 주창했지만, 그가 역설했던 이론은 이미 남강의 실천적 삶에서 실제화 되었다고 말할 수 있습니다. 아마도 억눌린 자를 위한 페다고지를 역설하면서 배우지 못한 노동자들의 눈을 뜨게 해주기 위해 실천적 교사의 삶을 살았던 남미의 파울로 프레이리(Paulo Freire)의 삶이 남강의 그것과 맥을 같이한다고 할 수 있을 것입니다. 남강이 오산학교를 개교한 지 3년 만에 조선이 망하게 되었을 때 학생들을 학교 뒷산에 데리고 올라가 한참 동안을 하염없이 눈물을 흘렸다는 일화는 나라 사랑과 민족 사랑에 온몸을 바친 남강의 마음을 읽게 합니다. 훗날 도산이 남강의 묘소에 찾아와 한참 동안 말없이 바라보았다고 하는데(김도태, 2004, 83-84쪽), 아마도 그때의 침묵은 도산의 무실역행 사상을 몸으로 직접 살아낸 한 위인의 발자취를 묵상하는 침묵이었을 것입니다. 비록 자신의 손으로 직접 책 한 권 지어내지 않았고 현대의 학문적 이론을 접할 기회가 없었을지라도, 남강은 이론과 실천, 앎과 삶, 신앙과 생활의 일치와 균형을 이뤄낸 진정한 교육사상가요 교육실천가였습니다. 국권을 잃은 비참한 형편이었지만 남강은 총과 칼이 아닌 교육으로 우리나라의 미래인 젊은이들을 키워냄으로써 어둠과 절망의 땅에 희망의 싹을 틔운 진정한 애국자, 교육실천가였습니다. 단언컨대 한국 사람이 오늘처럼 끈질기고 강한 마음의 근육을 갖게 된 것은 남강 이승훈의 덕입니다.

참고 도서

강준만, 『한국 근대사 산책』, 인물과 사상사, 2007.
김경수, "남강의 생애와 오산 정신", 『남강의 민족운동과 남강의 민족통일』, 남강문화재단 오산창립 100주년 기념사업회 학술분과위원회 발표자료, 2004.
김경재, 『울타리를 넘어서』, 유토피아, 2005.
김기석, 『남강 이승훈』, 현대교육출판사, 1964.
김도태, 『남강 이승훈전』, 문교사, 1950.
_____, "남강의 민족운동", 『남강의 민족운동과 남강의 민족통일』, 남강문화재단 오산창립 100주년 기념사업회 학술분과위원회 발표자료, 2004.
김선양, "남강 이승훈의 교육사상", 『남강 이승훈과 민족운동』, 남강문화재단출판부, 1988.
김흥호·유영모, 『잊을 수 없는 스승들』, 조선일보사, 1987.
남강문화재단, 『남강 이승훈과 씨알 함석헌』, 남강문화재단출판부, 1990.
박영효, 『씨을 : 다석 유영모의 생애와 사상』, 홍익제, 1985.
이교현, 『겨레의 스승』, 남강문화재단출판부, 2010.
이만열, 『역사에 살아 있는 그리스도인』, 한국기독교 역사연구소, 2007.
전제현, "남강과 함석헌", 『함석헌 선생 추모문집』, 오산학교 동창회, 1990.
파울로 프레이리, 『페다고지』, 그린비, 2012.

한경직, "남강 선생의 정신", 『남강 이승훈과 씨을 함석헌』, 남강문화재단출판부, 1990.

한규무, 『기독교 민족운동의 영원한 지도자: 이승훈』, 역사공간, 2008.

함석헌, "남강의 민족운동과 남강의 민족통일", 남강문화재단 오산창립 100주년 기념사업회 학술분과위원회 발표자료, 2004.

_____, "남강 이승훈의 생애", 『남강 이승훈과 민족운동』, 남강문화재단출판부, 1998.

저자 소개

김도일
장로회신학대학교 기독교교육학과 교수
Presbyterian School of Christian Education 교육학 박사
- 대표적 저서로 『맑은 영성 맑은 가르침』 『온전성을 추구하는 기독교교육』 『현대 기독교교육의 흐름과 중심사상』이 있다.

2장

윤치병,
신언행(信言行) 일치의 사람

이인경 (계명대학교 교수)

❖ **"할 수 있어도 하지 않음"**으로써 **"절제"**의 삶을 살다

"목사님, 왜 이리 늦으셨어요? 도대체 어디까지 가신 거예요?"

　어느 날 사모님이 목사님께 저녁거리로 산나물을 캐어다 달라고 부탁했답니다. 그런데 청을 흔쾌히 받아들여 집을 나섰던 목사님이 해가 이미 서산에 기울고 땅거미가 깔리는데도 집에 돌아오지 않자 사모님은 몹시 걱정이 되었습니다. 집 밖에 나서기만 하면 지천에 널린 게 산나물인데, 도대체 목사님은 어디 가서 헤매고 있는 건가 하는 생각에 사모님은 잔뜩 조바심이 났습니다. 밤이 이슥해서야 마침내 목사님이 집에 돌아왔습니다. 물론 산나물을 캐가지고요. 사모님은 애를 태우며 걱정했던 마음과 궁금함 그리고 나무람이 함께 섞인

신언행(信言行) 일치의 사람　**37**

투로 목사님께 어떻게 된 일이냐고 하였겠지요. 그러자 목사님이 대답하길, 물론 집 근처에도 나물이 있긴 하지만 하루 종일 농사일에 지친 교인들과 마을 사람들이 돌아오는 길에 저녁거리 나물을 캘 터인데 그걸 자기가 캐버리면 교인들, 마을 사람들이 가져갈 것이 없어질까 봐 일부러 인적이 드문 산골짜기까지 다녀왔다는 겁니다.

저는 이 이야기를 듣고 가슴이 뭉클했습니다. 여러분, 생각해보세요. 목사님 가족의 하룻저녁거리 나물이 얼마나 되겠습니까? 집 근처에서 캐어 먹는다 한들 무에 그리 대수겠습니까? 그러나 이 목사님은 그렇게 생각하지 않았던 겁니다. 교인들, 마을 사람들 중에 누군가가 아침에 일 나가면서 저녁거리로 보아둔 나물을 목사님이 혹시라도 캐온다면 그 때문에 지친 몸을 이끌고 돌아오는 그 사람이 얼마나 속상해할까를 염려하였던 게지요.

이 이야기에 등장하는 목사님이 바로 비당 윤치병(尹恥炳) 목사입니다. "할 수만 있다면 무조건 해야 된다"라는 약육강식과 무한경쟁의 가치를 강요하는 사회에서, 이미 교회 내에도 슬그머니 이런 논리와 가치가 자리 잡은 지 오래라고 한다면 지나친 표현일까요? 이런 때에 윤치병 목사는 한국교회에 절실히 요청되는 "할 수 있어도 하지 않음"과 "할 수 있어도 할 수 없음"의 "절제의 윤리"가 어떤 것인지를 삶으로 보여줍니다.

윤치병 목사는 1890년 3월 17일 충남 논산에서 윤상엽의 차남으로 태어나, 당숙 윤상찬의 양자로 자랐습니다. 본명은 "주병"(柱炳)이었는데, 1910년의 한일병합으로 나라가 망한 수치를 당했다 하여 부끄러울 "치"(恥) 자로 바꾸었다고 합니다. 열다섯 살에 이기효와 결혼하여 삼형제를 두었습니다.

1908년 중앙중·고등학교 전신인 기호학교에 입학한 윤치병 목사는 학감 유일선의 전도로 예수를 믿게 됩니다. 예수를 믿고 난 후 "누가 더 크냐?"라는 성공에 대한 야망을 접고 평생 예수의 제자로 살기로 결심했습니다. 이것이 윤치병 목사의 삶의 방향을 바꿔놓은 첫 번째 계기라고 하겠습니다. 뒤에서 다시 언급하겠지만, 예수 믿기 이전과 예수 믿은 이후의 윤치병 목사의 삶의 목표와 목적이 완전히 달라집니다.

처음 출석한 교회에서 만난 일본인 와다시의 영향으로 성경의 기적 이야기를 믿지 않던 윤치병 목사는, 고베 신학교에서 성경의 기적 이야기를 긍정하는 신학을 공부하면서 수차례 갈등하다가 그것을 믿음으로 받아들이게 되었다고 합니다. 이것은 합리적이고 지적인 신앙만을 추구하던 윤치병 목사의 신앙에 또 하나의 새로운 측면이 생긴 계기가 됩니다.

고베 신학교 졸업 후 일본인 마스토미가 고창에 세운 오산학교와 오산교회에서 교사와 목회를 병행하다가 8년 만에 그만두고, 일본 세이쇼쿠 영어학교에서 공부했는데 그 기간 중에 발생한 동경대지진 때 죽을 고비를 가까스로 넘겼다고 합니다. 이때 받은 충격이 이후 윤치병 목사의 삶과 목회 여정에 어떤 식으로든 영향을 미쳤으리라 짐작됩니다. 윤치병 목사는 와다시의 소개로 마스토미를 만나게 되고, 마스토미의 후원을 받아 김영구, 양태승 등과 함께 고베 신학교에서 공부했습니다. 마스토미와 윤치병 목사의 관계는 이후로도 계속됩니다만, 여기서는 자세히 다루지 않겠습니다. 마스토미의 한국 내 활동에 대해서는 학계와 교계의 평가가 엇갈리며(이규수, 『식민지 조선과 일본, 일본인』, 다할미디어, 2007; 김충렬, 『마스토미 장로 이야기』, 한국장로교

출판사, 2009), 이 글에서 다룰 주제가 아니라고 생각하기 때문입니다.

　　1925년 귀국한 윤치병 목사는 최태용 목사와 만나게 됩니다. 1925년 12월 6일 서울 YMCA 강당에서 개최된 "조선기독교 혁명선언" 강연회에 참석한 윤치병 목사는 기독교조선복음교회 초대감독인 최태용 목사의 개인 신앙 잡지인 「천래지성」과 「영과 진리」의 독자가 되면서 최태용 목사와 함께 한국교회의 신앙 혁명을 모색하는 동지가 됩니다. 윤치병 목사는 1936년에 장로교회를 탈퇴했지만 실제로는 이미 그 이전부터 장로교회라는 틀에 얽매이지 않았습니다. 윤치병 목사에게 보낸 주기철 목사의 편지와 발신 날짜를 통해 이를 확인할 수 있습니다.

> 동래읍에서 열리는 부산 구역 교역자 수양회에 참예參預하였다가 일전에 돌아와서 형님의 하서下書를 보았습니다. 일이 필경 그렇게 되고 보니 교회와 형님을 위하여 유감 됨이 많습니다. 그러나 시비是非는 제이第二의 문제이고 합하지 못할 바에는 갈라서는 것도 무방한 일이외다. 들어가 여러 사람의 총중叢中(무리를 지어 있는 사람들 속)에 서시든지 나아와 홀로 서시든지 오직 진리에 고착固着(굳게 붙음)하시기만 바라오며, 또한 여태까지 형님이 밟아 오신 길이 진리를 위하여 싸워 나온 자체인 줄을 아오니 주께서 분명히 형님과 같이하실 줄을 믿습니다. 만인의 사명이 반드시 한 길이 아니겠사온즉 형님은 형님 길에서 주님께 영광을 돌리소서.
>
> 1931. 6. 15.
>
> (주기철 지음, 『주기철』, 홍성사, 2008, 149-150쪽)

최태용 목사와 백남용 목사를 이단으로 규정하고 장로교회 내에 남아 있는 그 추종자들을 치리한 주기철 목사였지만, 최태용 목사와 백남용 목사 등과 뜻을 같이한 윤치병 목사에게는 여전히 존경과 신뢰의 끈을 놓지 않은 것을 이 편지에서 엿볼 수 있습니다.

윤치병 목사는 1927년부터 매년 개최된 금마집회에서 성경 연구회를 인도했고, 1935년 12월 22일 기독교 조선 복음교회 창립 예배 때 최태용 목사에게

금마집회(1940)

목사 안수를 주었습니다. 1936년 제1회 복음교회 총회 참석이 문제가 되어 장로교회를 탈퇴하여 봉월리 복음교회를 개척하고, 1947년 금마교회로 부임해서는 1979년 7월 29일 소천할 때까지 금마에 있었습니다(백도기·서재경, 『聖貧의 牧者 非堂 尹瓩炳 牧師』, 한민미디어, 1998; 기독교대한복음교회 약사편찬위원회 간, 『복음교회 50년 약사』, 기독교대한복음교회 약사편찬위원회, 1985; 「익산문화」 제2집, 익산고적 선양회, 1992; 최태용 저, 채문규 역, 『최태용 전집』, 꿈꾸는터, 2009).

아래에 윤치병 목사의 학력과 목회 경력, 교육 경력, 저술과 예술 활동을 간략하게 소개합니다. 표기한 연도는 자료마다 차이가 있지만, 다음과 같이 정리해보았습니다. 여기서 한 가지 눈여겨볼 것은 윤치병 목사가 익산중학교 역사 선생으로 있을 때에 쓴 『金馬古蹟』(금마고적)이라는 책입니다. 조사와 어미를 제외하곤 거의 한자로 되어 있으며 10여 쪽 분량인데, 언젠가 기회가 되면 번역했으면 좋겠다는 생각입니다.

학력

- 기호학교(1908-1911)

- 일본 고베 신학교(1913-1916)

- 일본 세이쇼쿠 영어학교(1923-1925)

목회 경력

- 전북 고창 오산교회 담임(1917)

- 서울 안동교회 조사(1925)

- 경북 영주 영주읍교회(현재 영주제일교회) 전도사(1927-)

- 경안노회에서 목사 안수(1930)

- 전북 김제 봉월리 장로교회(1931-)

- 전북 김제 봉월리 복음교회(1936-)

- 전북 익산 금마교회(1947-1979)

교육 경력

- 전북 고창 오산학교 교사(1916-1923)

- 장로교 연경원 강사(해방 직후)

- 익산중학교 강사(1948-1968)

- 전주성경학원 전임강사(1943)

저술, 예술 활동(서예전)

-「복음과 감사」발행

  (1931. 9.-1933. 2.)

-『금마고적』(1949)

금마고적

- 서예전

(1965 군산, 1969 서울, 1972 이리)

❖ "누가 더 크냐?"에서 "그까짓 것"으로

윤치병 목사는 기호학교에 다닐 때 항상 큰 인물이 되기를 갈망했다
고 합니다. 공자 이상은 되어도 공자 이하로는 만족하지 않겠다고 생
각하고, 남산 꼭대기에 올라가 서울을 내려다보며 높이 되려는 야망
을 품었다고 합니다. 그러나 예수를 믿고 나서는 출세의 야망을 쾌히
내려놓았다고 합니다(백도기,『聖貧의 牧者 非堂 尹恥炳 牧師』, 11-12쪽).

> 하루는 남산에 올라가서 장안을 내려다보며 이를 악물고 맹서했지요.
> 내가 이 나라에서 제일 큰 인간, 제일 위대한 인간이 되지 않고는 만
> 족하지 않으리라구요. 그런데 성경을 읽다가 세례 요한이 이 땅에서
> 는 가장 큰 자이지만 하늘나라에서는 가장 〈작은 자〉라는 말씀을 읽
> 고나서 그 생각을 안 하기로 했지요. 하하하하…(백도기,『聖貧의 牧
> 者 非堂 尹恥炳 牧師』, 210-211쪽).

"누가 더 크냐?"의 문제에 사로잡혀 있던 윤치병 목사에게 기독교
와의 만남은 삶의 방향을 완전히 바꾸어놓았습니다. 아래의 글은 그
일을 염두에 두고 쓴 것으로 읽힙니다.

> 나는 그때에 아주 중대한 결심을 하였었다. 그러나 얼마 안 되어 그
> 결심을 번복하고 지금의 내가 사는 믿음의 방식을 택했다. 그 결심에

는 절대한 각오가 필요하였었다. 그 결심을 수행하는 수단 방법 때문이 아니라 삶의 목적을 선택할 즈음에 지금의 내가 살고 있는 이 믿음의 삶이 그때의 결심보다도 낫다고 인정한 까닭이었다. 지금 나의 삶은 남 보기에는 변변치 못하리라.

나도 스스로 자기의 부족을 한한다. 그러나 나는 가끔 그 일을 추억하며 지금의 삶이 함부로 할 수 없는 일이었음을 스스로 일깨운다. 또 오늘의 삶에도 다른 좋은 많은 것들이 있을 수 있겠지만 역시 어제처럼 여일하게 살아가겠다. 지금 하는 일을 하나님은 그때 내게 시키셨다. 아직 다른 명령이 없으시니 오늘 내가 한 일이 좋은가 모자란가 어떠한 것인지를 모르나 나는 그 일을 계속할 수밖에 없다. 아니 그게 그중 좋으리라. 그렇기 때문에 하나님께서는 지금 나를 이대로 두시는 것이다("일각천금"(一刻千金), 「복음과 감사」, 1932년 8월).

예수를 믿고 난 후의 윤치병 목사에게 인간은 두 부류일 뿐이었습니다.

대체로 인간은 누구만 못하다고 해서 걱정합니다. 그러나 믿고 보면 인간은 두 부류로 나누어집니다. 1. 믿고 구원받고 영생하는 인간. 2. 안 믿고 멸망하는 인간. 그러니 우리가 시방 이러니 저러니 하는 영욕, 성패, 득실, 대소 모두가 결국은 "그까짓 것"에 그치고 맙니다(백도기, 『聖貧의 牧者 非堂 尹恥炳 牧師』, 46-47쪽).

윤치병 목사는 예수 믿기 전에 가졌던 자신의 성공을 향한 야망을 "그까짓 것"에 불과한 것으로 여겼으며, 사람을 사회적 성공의 잣대로 판단하지 않았습니다. 윤치병 목사는 하나님의 영광을 위해서, 하나님의 사명을 받들기 위해서, 성공이라는 잣대는 버려야 한다고 역설했습니다.

얼마 안 되는 생에 우리는 왜 그렇게 염려 고통합니까? 선악 외에 성패를 생각하는 까닭입니다. 왜 성패를 생각하게 됩니까? 하나님을 높이는 데에 실수하는 탓입니다("徹底"[롬 11:36], 「복음과 감사」, 1932. 10.).

우리도 우리 생에서 하나님의 영광을 나타내기 위하여서는 나의 신을 벗을 필요가 있습니다. 바깥에서는 모세의 신이 아무 문제가 없었지만 여호와 앞에 이르러서는 그 신을 벗게 되었습니다.

그와 같이 우리가 하나님의 사명을 받들기 위해서 버릴 것은 이 세상에서는 흔히 통용되던 것들입니다. 아니, 어떤 것은 이 세상에서는 없어서는 안 될 것이라고 하고, 믿는 사람들도 그르다고 하지 않는 것들입니다. 대망, 이상이 없고서는 성공하지 못한다는 것은 세상에서는 당연한 이치라고 생각합니다. 그러나 우리는 내가 어떻게 하겠다는 "나"보다도 영광 가운데 계신 하나님을 우러러보고 경탄해야 합니다. 우리는 보좌에 앉으신 하나님을 보고 이십사 장로와 함께 면류관을 벗어 놓고 찬송을 드릴 일입니다. 우리는 완전히 하나님의 영광에 삼킨바 되어야 합니다. 물론 우리는 자아의 의식을 잃는 것은 아니겠지요. 그러나 그것은 가나의 혼인 잔치집 항아리에 물을 채우는, 나사로의 무덤의 돌을 굴리는 힘이 되는 것으로 족합니다. 우리는 지금 물을 채우는, 돌을 굴리는 힘만 있으면 이로써 주의 영광을 나타낼 것이요, 그 이상의 "나"는 벗으라 하시는 명령에 순종하여 단연히 거절할 것입니다("겸손의 한도"[빌 2:1-11], 「복음과 감사」, 1932. 12.).

김두식 교수가 지적한 대로, 오늘 한국교회에는 "개인적인 성공이 곧 하나님의 영광이라는 신성모독적 가치관이 자리 잡기 시작했"으며 "이때 하나님의 영광을 결정하는 기준은 세상에서 성공을 가늠하는 기준과 정확히 일치"합니다. 그리하여 "개인적인 성공이 곧 하나님께 영광이 된다는 생각은, 성공하지 못한 사람들이 교회에 발붙일 수 없도록 만들었습니다." 결국 "사회적 지위가 교회에서 말을 하는", 즉 돈, 권력, 명예를 가진 사람이 발언권과 결정권을 주도하는 현실이 오늘 한국교회의 현주소라는 것입니다(김두식, 『교회 속의 세상, 세상 속의 교회』, 홍성사, 2010). 한국교회의 이런 현실에 비춰볼 때 지금이야말로 윤치병 목사의 "그까짓 것"이라는 말씀이 절실히 요청된다고 하겠습니다.

❖ "자기성찰"과 "섬김"으로써 겸손의 삶을 살다

사회적 성공의 잣대를 "그까짓 것"으로 여긴 윤치병 목사의 생각과 자세는 겸손을 강조하는 글과 겸손 그 자체의 삶으로 나타납니다.

겸손이야말로 우리 신자에게 온갖 덕의 근본이 되는 것입니다. 우리가 하나님 앞에 나아가서 그의 큼(大)과 나의 작음(小)을, 그의 거룩함(聖)과 나의 죄를 아울러 생각할 때에, 우리는 자연히 겸손해질 수밖에 없는 것입니다.…우리가 속되다 하는 인간에게는 하나님의 형상이 들어 있으며(창 1:27), 우리의 현재의 존재는 전혀 예수 그리스도께서 하나님의 형상으로 강생하여 이루신 겸손으로 말미암은 것이 아니겠습니까? 정말 신앙생활은 제일이 겸손이요 제이 제삼도 겸손일 수밖에 없습니다.

1. 겸손은 지적(知的)으로 자기 인식을 옳게 합니다. 하나님 앞에서 자기를 본 자는 어느 때든지 자기 운명에 대하여 "그러나 내가 하고자 하는 대로 마옵시고 아버지의 뜻대로 하옵소서"(마 26:39) 하는 기도를 드리니, 결코 자기의 육의 뜻을 고집하지 못합니다. 그의 눈은 흐려짐이 없어서 자기의 운명을 인식하는 데 능히 그릇됨을 면합니다.…

2. 겸손은 의적(意的)으로는 사람을 섬길 수 있게 합니다.…타자인 하나님의 존엄하심과 자기의 무가치를 본 우리는, 하나님과 동등하시지만 오히려 몸을 낮추어 사람으로 탄생하신 그리스도를 믿는 우리는, 대야를 들고 제자의 발을 씻기신 주의 발자취를 따를 수밖에 없습니다. "남에게 대접받고자 하는 대로 남을 대접하라" 하셨습니다. 대야를 들고 남의 발을 씻길 때에 나는 힘들겠지만, 씻김을 받는 자는 좋을 것입니다. 나의 청구권을 뒤에 세우고 남의 그것을 앞에 세우는 우리는 십자가를 지기까지 남을 섬기지 않고는 도저히 양심의 만족을 얻지 못할 것입니다.

3. 겸손은 정적(情的)으로는 자기의 멸망으로써 남의 구원을 바랄 것입니다. "나는 그리스도 안에 있어 진리를 말하고 거짓말을 하지 아니하는지라. 내 마음에 큰 근심이 있어 항상 애통함을 내 양심이 성신을 힘입어 나를 위하여 증거하노니 나의 형제 곧 골육지친을 위하여 내가 그리스도께 끊어질지라도 원하는 바로다"(롬 9:1-3).

이는 애국자인 바울의 동족에 대한 사랑을 표현한 말입니다. 이는,

자기의 청구권보다도 남의 그것을 앞세운 것은, 자신의 영광보다도 사람의 운명을 더 생각하신 그리스도의 십자가와 같이 겸손한 일입니다. 더욱이 남을 먼저 하고 나를 뒤에 할진대, 자기가 그렇게 열렬히 바라는, 생명으로써 구하는 구원을, 자기의 멸망을 돌아볼 겨를이 없이, 남이 그것을 얻기를 바람은 당연입니다. 우리의 겸손은 이에 이르러서 철저하였다 하겠습니다.

…그러나 자기보다 앞세우는 남의 구원을 바라는 정(情)은 도저히 나의 자유가 손닿지 못하는 곳의 일입니다. 자신의 치욕을 돌아보지 않고 사람의 구원을 위하여 하나님의 높음에서 인간의 낮음에 강림하여 종의 모양을 취하신 그리스도의 겸손은 하나님의 전능하심으로만 될 일입니다. 우리가 아무리 자기를 버리고 남을 위한다 할지라도, 우리의 능력은 겸손을 실행하는 데도 제한이 있어서 도저히 마음이 원하는 대로 되지 못합니다.

…우리가 하나님을 뵈올 적에 갖는 겸손으로써 사람에게 대할 때에는, 비록 이 한도 안에서라도, 주께 상 받을 생을 살 수 있습니다…("겸손의 한도"[빌 2:1-11], 「복음과 감사」, 1932. 12.).

위의 글에서 강조된 겸손은 "자기성찰"과 "섬김" 그리고 "자기희생"에 다름 아닙니다. 윤치병 목사는 큰 자와의 비교나 큰 자가 되려는 생각을 접고 겸손의 삶, 즉 "자기성찰"과 "섬김"과 "자기희생"의 삶을 살았습니다. 윤치병 목사는 자신보다 한참 나이 어린 소년에게도 "형님"이라고 부르고, 나이 어린 소녀나 처녀에게도 "누님"이라고 호칭했다고 합니다. 윤치병 목사는 자신의 후임 목사이자 아들뻘 되는 백도기 목사를 향해서도 "형님"이라고 불러서 백도기 목사를 몹시

난처하게 만들었다고 합니다(백도기, 『聖貧의 牧者 非堂 尹致炳 牧師』, 16-17쪽). 금마교회 교우들도 윤치병 목사가 누구에게나 "누님", "형님" 하고 호칭했다고 기억하고 있습니다. 이는 단순히 농으로 그런 것이 아니라 몸에 배인 겸손의 표현이라 하겠습니다. 자신을 한없이 낮추는 섬김의 자세가 아니라면 가능하지 않은 일이지요.

윤치병 목사가 익산중학교 졸업식 때 졸업생들에게 해준 이야기와 전북 지사에게 보낸 편지에는, 자기성찰의 중요성을 강조한 윤치병 목사의 평소 생각이 담겨 있습니다.

> 나는 여러분 중에 대통령이 나오는 것을 바랄 맘은 없습니다. 여러분 중에서는 "우리 대통령이 되어 달라"고 해도 나는 부족하니까 더 훌륭한 사람을 고르라고, 사양하는 사람들이 많이 나오게 되기를 바랍니다(백도기, 『聖貧의 牧者 非堂 尹致炳 牧師』, 21쪽).

> 당신이 지사가 된 것을 축하합니다. 그러나 당신보다 더 잘 일할 사람을 발견할 때는 그 사람을 지사로 추천하고 스스로 물러날 각오를 갖고 일하시기 바랍니다(백도기, 『聖貧의 牧者 非堂 尹致炳 牧師』, 21쪽).

이런 이야기를 주위 사람들에게 한 윤치병 목사였기에, 자신의 능력이 출중함에도 불구하고 자신에게 목사 안수를 받은 최태용 목사를 앞에 세우고 자신은 뒤에서 묵묵히 주어진 일을 감당한 것이 아닌가 싶습니다.

❖ "나눔"과 "내어줌"으로써 성빈(聖貧)의 삶을 살다

백도기 목사의 표현에 따르면, 가난이 윤치병 목사를 평생 따라다녔다고 합니다. 그러나 그 가난은 윤치병 목사 스스로 선택한 가난이었다고 합니다. 윤치병 목사는 다른 사람을 자신보다 더 가난한 사람으로 보았기에, 남들로부터 대접을 받는 것을 불편해했고 무엇이라도 주기를 좋아했다고 합니다(백도기, 『聖貧의 牧者 非堂 尹致炳 牧師』, 211쪽).

금마교회 교우들(2010. 10. 3. 주일예배 후, 금마교회 교우 김영헌 장로, 김정래 권사, 백덕기 장로, 이덕남 권사, 이용환 장로, 진순님 권사와의 인터뷰)이 기억하는 윤치병 목사는 자신의 필요에는 한없이 인색하고 남에게는 자신이 가진 것을 아낌없이 주는 분이었다고 합니다. 그들이 들려준 이야기 속의 윤치병 목사에 대한 공통적인 기억은 "청빈하고 겸손하게 사셨다"는 것과 "타인을 배려하셨다"는 것입니다. 그리고 그들이 윤치병 목사에 대해 가지고 있는 마음은 "그리움"과 "존경"이었습니다. 자신들의 기억 속에 있는 윤치병 목사를 복음 교단 안에서 뿐만 아니라 한국 교계와 세계 교계에 더 자세히 소개했으면 하는 것이 그들의 바램이었습니다.

진순님 권사는 회상하길, 쑥을 캐어다 윤치병 목사에게 갖다드렸는데 목사님이 그 쑥으로 죽을 끓여서 도로 가져다주셨다고 합니다. 윤치병 목사 사택 바로 근처에 살았던 김영헌 장로의 증언에 따르면, 어느 믿는 가정에 쌀이 떨어졌다는 말을 들은 윤치병 목사는 자신의 쌀독에도 그날 저녁밥 해먹을 것밖에 없음에도 불구하고 쌀을 다 퍼서 그 가정에 갖다주었다고 합니다. 또한 윤치병 목사가 회중시계의 시계줄을 고무줄로 대신하는 것을 안타깝게 생각한 교회학교 교사들이 돈을 모아 시계줄을 선물했는데, 윤치병 목사는 시계줄 값을 알아내어 교사들에게 돈을 되돌려주었다는 이야기도 유명한 일화입니다.

여기 김정래 권사가 들려준 많은 이야기 중 몇 가지를 소개하겠습니다. 한번은 목사 사택의 광에 도둑이 든 적이 있는데 가까이 사는 교인들이 불을 비추고 잡으려 했더니 윤치병 목사가 불을 끄라고 호통을 치면서 오히려 도둑에게 "힘대로 많이 가져가시오. 회개하고 예수만 믿으시오"라고 하고는 도망갈 개구멍까지 가르쳐주었답니다. 윤치병 목사의 호의(?)에 감격한 도둑이 다른 곳에서 훔친 깨와 고추 등을 목사님 드시라고 강대상 위에 놓고 갔는데, 윤치병 목사는 도둑맞은 주인들을 수소문해서 모두 다 돌려주었다고 합니다. 또 윤치병 목사가 익산중학교 강사로 있을 때에는 봉급을 받으면 한 푼도 자신이 필요로 하는 일에 쓰지 않고 전부 가난한 학생들 수업료로 주었다고 합니다. 그는 평생 좋은 옷 한 번 안 입고 신발도 짚신과 고무신만 신었다고 합니다.

익산중학교 1회 졸업생들 사이에는 윤치병 목사에 대한 유명한 일화가 있습니다. 윤치병 목사가 장례식에 갔다 돌아오는 길에 부여의 어느 버스 정류장에서 칭얼대는 아이를 업은 낯선 아낙네에게 자신의 여비를 모두 주고는 부여에서 금마까지 거의 100리 길을 걸어오느라 신발은 온데간데없고 버선도 발등에만 형체가 남아 있었다는 이야기입니다(「익산문화」 제2집, 익산고적선양회).

이렇듯 윤치병 목사는 자기자신은 지독하게 가난하게 살았으면서도 자신보다 더 가난한 사람들과 "나누고" 더 나아가 자신의 것을 몽땅 "내어주는" 삶을 살았습니다. 그랬기에 "청빈"이란 말로는 그의 삶을 다 표현할 수 없어 "성빈"의 삶을 살았다고 하는 것이 아닐런지요?

그래서였을까요? 6·25한국전쟁 당시 지역 공산당원들이 다른 교회 목사들은 잡아가면서도 윤치병 목사는 오히려 보호했다고 합니다.

윤치병 목사에 대한 문서 자료나 구두 증언에서 공통적으로 발견할 수 있는 것은, 윤치병 목사가 기독교인과 비기독교인, 자기 교회 교인과 타 교회 교인, 자기 교단과 타 교단을 구분하지 않고 한결같이 대했다는 것입니다. 윤치병 목사에게는 특정 종교, 특정 교단, 특정 교회의 틀이 좁게만 느껴졌습니다. 윤치병 목사는 교인들뿐만 아니라 마을 사람들, 낯선 곳에서 만난 낯선 사람들, 심지어 도둑들까지 배려했습니다. 이는 모든 인간이 다 "하나님의 형상"으로 지음 받은 존엄한 존재라는 인식과 맞닿아 있습니다. 윤치병 목사는 개개인이 처한 어떠한 조건, 즉 빈부, 종교, 교단, 나이, 학벌, 사회적 지위 등에 따라 사람을 차별하지 않았습니다.

❖ 신언행(信言行) 일치의 삶을 살다

오늘 우리는 적자생존의 원리와 죽임의 문화가 만연한 무한경쟁사회에서 오직 "나"만을 생각하도록 명시적으로든 암묵적으로든 강요당하고 있다고 해도 과언이 아닙니다. 그럼 과연 이 상황에서 교회는, 기독교인은 예외라고 말할 수 있을까요? 더했으면 더했지 덜하지 않다고 생각합니다. 한국교회는 무한경쟁의 가치 추구로 인해 어그러진 관계를 회복하기 위한 노력을 하기보다는, 무한경쟁사회에서 경쟁력이 없다는 이유로 부당한 대우를 받는 사람들과 함께하기보다는, 오히려 무한경쟁의 가치에 편승하고 그것을 신앙적·신학적으로 정당화했으며, 나아가 무한경쟁사회에서 살아남을 수 있는 경쟁력을 달라는 내용의 설교와 기도를 가르치고 실행하기에 급급했습니다. 또한 한국교회에는 "개인적인 성공이 곧 하나님의 영광이라는 신성모독적 가치관이 독버섯처럼 자리 잡기 시작했"으며 이런 가치관은 "성공하지 못한 사람들이 교회에 발붙일 수 없도록 만들었습니다"(김두식, 『교회 속의 세상 세상 속의 교회』). "연민의 신학"이 아니라 "번영의 신학"이, "신앙 의인"이 아니라 "성공 의인"이 한국교회의 주류신학이 되었습니다.

1990년대 이후 한국교회는 위기를 맞이했다고 합니다. 교회 성장이 정체되었고 교회에 대한 사회의 부정적 인식이 확대되었으며 그에 따라 교회의 사회적 영향력이 감소했다는 것입니다(이원규, 『기독교의 위기와 희망』, 대한기독교서회). 기독교윤리실천운동이 2008년부터 4회에 걸쳐 실시한 "한국교회의 사회적 신뢰도 여론조사" 결과에 따르면, 한국교회에 대한 우리 사회의 부정적 인식이 매우 강하다는 것을 알 수 있습니다. 특히 "2013년 한국교회 사회적 신뢰도 여론조사" 결과를 보면, 한국교회의 신뢰도는 19.4퍼센트이며 이를 5점 척도로 환산하면 2.62점으로 "보통"에 해당하는 3점에도 못 미치는 것으로 나타납니다. 그렇다면 응답자들이 한국교회의 신뢰 회복을 위한 최우선적 과제로 꼽은 것은 무엇일까요? 그것은 바로 "윤리와 도덕실천운동"입니다(http://blog.naver.com/PostView.nhn?blogId=e_library&logNo=120207345854). 이는 역으로 현재 한국 기독교인들이 신언행 불일치의 삶을 살고 있음을 드러내줍니다.

윤치병 목사는 자신이 믿고 그 제자가 되어 살고자 한 예수님의 모습을 닮았습니다. 그는 예수님의 "인자는 섬김을 받으러 온 것이 아니라 섬기러 왔으며"(막 10:45)라는 말씀을 평생의 좌우명으로 삼

고, 인생의 목표를 "누가 크냐?"에서 "그까짓 것"으로 선회하여 "자기
성찰"과 "섬김"으로써 겸손의 삶을 살았으며 "나눔"과 "내어줌"으로
써 성빈의 삶을 살았습니다. 우리는 이런 윤치병 목사의 삶에서 건강
하고 성숙한 신앙의 모습을 발견합니다. 윤치병 목사는 "믿음"(信)과
"앎"(知, 言)과 "행함"(行) 중 어느 한쪽에도 치우침 없이 그 모든 것을
하나로 꿰뚫어서 일치된 삶을 살았습니다. 윤치병 목사는 외롭고도
힘든 그 길을 묵묵히 그러나 의연하고 확고하게 걸어갔습니다.

* 일러두기―이 글은 『여성·신학·윤리』(동연, 2013)에 실린 글을 부분적으로 수정한 것입니다.

참고 도서

1차 자료(윤치병의 글)

"겸손의 한도"(빌 2:1-11), 「복음과 감사」(1932. 12.).

"모세의 신"(출 3:5), 「복음과 감사」(1933. 1.).

"일각천금"(一刻千金), 「복음과 감사」(1932. 8.).

"徹底"(롬 11:36), 「복음과 감사」(1932. 10.).

2차 자료

김두식, 『교회 속의 세상, 세상 속의 교회』, 홍성사, 2010.

김충렬, 『마스토미 장로 이야기』, 한국장로교출판사, 2009.

백도기·서재경, 『聖貧의 牧者 非堂 尹恥炳 牧師』, 한민미디어, 1998.

이규수, 『식민지 조선과 일본, 일본인』, 다할미디어, 2007.

이원규, 『기독교의 위기와 희망』, 대한기독교서회, 2003.

주기철 지음, KIATS 엮음, 『주기철』, 홍성사, 2008.

최태용, 『최태용 전집』, 꿈꾸는터, 2009.

『복음교회 50년 약사』, 기독교대한복음교회 약사 편찬위원회, 1985.

「익산문화」 제2집, 익산고적선양회, 1992.

익산금마교회 교우들과의 인터뷰(2010. 10. 3.).

http://blog.naver.com/PostView.nhn?blogId=e_library&logNo=120207345854

저자 소개

이인경
계명대학교 교양교육대학 교수
연세대학교 기독교윤리학 박사
- 대표적 저서로『여성·신학·윤리』『에큐메니칼 페미니스트
윤리』『기독교와 대화하기』(공저)가 있다.

3장

안창호,
격랑 이는 바다에 배를 띄우다

이상명(미주장로회신학대학교 총장)

❖ 희망으로 끝나는 애가(哀歌)를 부르다

1900년대 초 일제강점기에 3개의 여권을 가지고 무려 40,000킬로미터를 외유(外遊)한 구한말의 지식인이 있었습니다. 말이 외유이지 실제로는 나라의 주권을 잃은 한 디아스포라 지식인의 고난에 찬 여정이었습니다. 여객기가 없던 당시에 그는 일제의 식민지 지식인으로서

안창호가 미국 샌프란시스코에서 조직한 공립협회 창립 임원. 앞줄 오른쪽이 안창호(1905).

증기선을 타고 태평양을 다섯 번, 대서양을 한 번 건넜다고 합니다. 또한 그는 60평생(1878-1938) 가운데 15년 이상을 미국에서, 10년을 중국에서 보냈습니다.

여기서 그가 기록한 엄청

난 여행 행적을 높이 평가하려는 것은 아닙니다. 다만 그가 일본, 중국, 러시아, 미국, 멕시코, 호주, 독일과 영국 등을 오가며 지구를 한 바퀴 돌 수밖에 없었던 이유에 자연스레 관심이 갑니다. 그가 무려 37년 동안 12개국 120여 개 도시를 다녔던 것은 일제에 의해 국권을 강

미국 캘리포니아 리버사이드의 한 오렌지 농장에서 작업 중인 안창호(1912).

탈당한 후 세계 도처에 뿔뿔이 흩어진 디아스포라 한인들을 결집하고 그들을 계몽하기 위함이었습니다. 곧 그것은 일제의 잔학한 식민 정책으로 고국을 등지고 바깥세상으로 뿔뿔이 흩어지고만 디아스포라 한인들과 지도자들을 규합하여 스러져가는 국권을 회복하고 조국의 독립을 앞당기고자 하는 열망으로 가득 찬 여정이었습니다.

1910년 8월 29일, 일본에 의해 한반도가 강제 합병되어 외교권을 송두리째 빼앗긴 경술국치의 날에 도산은 망국의 한을 담은 〈거국가〉(去國歌)라는 노래를 남기며 망명길에 올랐습니다. 이 노래는 국내뿐만 아니라 디아스포라 한인 사회 안에서도 빠르게 번져나가며 민족혼을 불러일으켰습니다. 〈거국가〉는 뿌리 없는 부평초처럼 전 세계를 부유하는 디아스포라에 빗대 자신의 정체성을 표현한 도산의 페이소스와 비장함이 진하게 묻어나는 애가입니다. 가사의 일부를 이곳에 옮겨봅니다.

간다간다 나는간다 너를두고 나는간다

잠시뜻을 얻었노라 까불대는 이시운(時運)이

나의등을 내밀어서 너를떠나 가게하니

이제부터 여러해를 너를보지 못할지나

그동안에 나는오직 너를위해 일하리니

나간다고 서러마라 나의사랑 한반도야

(중략)

내가너를 작별한후 태평양과 대서양을

건널때도 있을지며 시베리아 만주뜰에

다닐때도 있을지라 나의몸은 부평(浮萍)같이

어느곳에 가있던지 너를생각 할터이니

너도나를 생각하라 나의사랑 한반도야…

(한국고등신학연구원[KIATS] 엮음,『겨레의 스승 안창호』, KIATS, 2012).

이 노래를 지은 이는 1878년 11월 9일 평안남도 강서군 초리면 칠리 봉상도에서 농부의 아들로 태어난 안창호(安昌浩)입니다. 대동 강 하류에 위치한 봉상 도는 도롱섬으로 널리 알려진 곳입니다. "도 산"(島山)이라는 호와 "섬메"라는 필명은 그가 태어났던 도롱섬에서 유래한 것이라고 합니

미국 남캘리포니아 대학에 위치한 도산 안창호 패밀리 하우스. 현재 한국학 연구소(809 W. 34th St. Los Angeles, CA 90089).

다. 도산이 태어났던 19세기 한반도는, 그것을 둘러싼 패권을 거머쥐려는 서구 열강, 즉 청나라와 러시아의 대륙 세력과 일본과 미국의 해양 세력 사이의 각축장으로 전락한 상태였습니다.

　도산의 이 노래는 바빌로니아에 멸망당한 유다의 무너진 성터와 참혹한 삶의 현장을 목격한 예레미야의 애가를 닮았습니다.

> 유다는 욕보면서 살아오다가 끝내 잡혀가 종살이하게 되었구나. 이
> 나라 저 나라에 얹혀살자면 어디인들 마음 붙일 곳이 있으랴. 이리
> 저리 쫓기다가 막다른 골목에 몰려 뒷덜미를 잡힌 꼴이 되었구나(애
> 1:3, 공동번역).

　시인 김동환은 도산을 가리켜 "한국의 예레미야"라고 불렀습니다. 망국의 한을 담은 예레미야의 애가는 일제에 의해 강점당한 조국을 뒤로하고서 이산자(離散者)의 신세가 된 도산의 애잔한 노래와 공명합니다. 하지만 예레미야가 부른 애가처럼 도산의 노래도 다음과 같은 희망으로 끝맺습니다. "이후상봉 할때에는 기를들고 올터이니."

　1882년의 임오군란과 1884년의 갑신정변에 이어 도산이 16세 되던 해인 1894년에 조선에 대한 지배권을 놓고 청나라와 일본이 한반도에서 격돌하게 됩니다. 이 모든 민족적 비극이 나라에 힘이 없어 생긴 것임을 간파한 도산은 교육을 통해 나라의 힘을 길러야 함을 일찍 터득하게 됩니다. 민족을 계몽하고 국민의 의식을 개조하려는 교육자로서의 비전은 이때 싹튼 것이라 보아야 할 것입니다.

❖ 격랑 이는 바다에 배를 띄우다

도산이 기독교 신앙에 눈을 뜬 이야기를 하기 전에, 먼저 민족주의 시인 이상화의 〈빼앗긴 들에도 봄은 오는가〉라는 시의 일부를 소개하려고 합니다. 이제 잠시나마 그의 시 세계로 떠나겠습니다.

지금은 남의 땅 ― 빼앗긴 들에도 봄은 오는가?

나는 온몸에 햇살을 받고
푸른 하늘 푸른 들이 맞붙은 곳으로
가르마 같은 논길을 따라 꿈속을 가듯 걸어만 간다.

입술을 다문 하늘아 들아
내 맘에는 나 혼자 온 것 같지를 않구나
네가 끄을었느냐 누가 부르더냐 답답워라 말을 해다오.
(중략)

내 손에 호미를 쥐어다오
살찐 젖가슴 같은 부드러운 이 흙을
팔목이 시도록 매고 좋은 땀조차 흘리고 싶다.
(중략)

나는 온몸에 풋내를 띠고
푸른 웃음 푸른 설움이 어우러진 사이로

다리를 절며 하루를 걷는다 아마도 봄 신령이 잡혔나보다.

그러나 지금은 — 들을 빼앗겨 봄조차 빼앗기겠네
(이상화, 『빼앗긴 들에도 봄은 오는가』, 미래사, 2003).

시인은 일제에게 짓밟힌 채 묵정밭같이 된 국토에 해방의 봄은 오는가 하고 구슬프게 묻습니다. 비록 나라는 빼앗겨 얼어붙어 있을망정 민족혼을 일깨워줄 봄은 빼앗길 수 없다는 시인의 저항적 몸부림이 시어를 통해 형상화되고 있습니다. 시인은 "푸른 웃음"을 주는 자연의 기쁨과 "푸른 설움"으로 표현된 국권상실의 비애가 뒤범벅이 된 마음으로 "푸른 하늘 푸른 들이" 어우러지는 생명의 세계로 푸른 봄이 찾아온 들판을 꿈꾸고 있습니다. 물론 시인이 노래한 푸른 봄은 조국의 독립이겠지요. 그리고 겨우내 얼어붙은 들판에 풋내 가득한 봄날의 기운이 흘러 생명이 약동하듯, 도산의 봄 역시 빼앗긴 주권을 되찾는 독립이었습니다.

도산은 1932년 4월 상하이 홍커우(홍구) 공원에서 발생한 윤봉길 의거(주-일왕의 생일연인 천장절[天長節]과 상하이 점령 전승 기념행사에 폭탄을 투척한 사건)에 연루되었다는 혐의로 혹독한 고문과 함께 허위 자백을 강요하는 일제 검찰의 심문을 받게 됩니다. 그때 "너는 독립운동을 계속할 생각이냐?"라는 검사의 질문에 도산은 한 치의 망설임도 없이 꼿꼿한 자세로 다음과 같이 의연하게 답변합니다.

그렇다. 나는 밥을 먹는 것도 대한의 독립을 위하여, 잠을 자는 것도 대한의 독립을 위하여서 해왔다. 이것은 나의 몸이 없어질 때까지 변함이 없을 것이다(안병욱 외 3인 공저,『안창호 평전』, 청포도, 2007).

혹한의 겨울이 가면 생명이 약동하는 봄날이 오는 법입니다. 이것이 자연의 순환이고 이치입니다. 그러나 역사는 수수방관하며 기다리기만 하는 자에게 자유와 주권을 공짜로 주지는 않습니다. 자유와 독립은 생각하고 행동해야 비로소 주어지는 것입니다.

도산은 빼앗긴 들에 푸른 봄이 오도록 하기 위해 개혁과 계몽의 호미를 들고서 국민의 심전(心田)을 개간한 교육자입니다. 그리고 그의 교육사상 속에는 기독교 신앙이 면면히 흐르고 있습니다. 이제 기독교 신앙을 만나 민족의 스승이 되기까지 그가 밟아온 이력을 살펴보기로 하겠습니다.

청일전쟁이 끝나가는 1895년경 18세의 도산은 신학문을 배우려는 열망으로 상경하여 미국 장로교 선교사 언더우드(H.G. Underwood)가 설립하고 밀러(F. S. Miller) 목사가 운영하던 구세학당(주-"예수교학당", "밀러학당" 혹은 "민노아학당"으로도 불리다가 1905년에 "경신학교"로 개명됨)에 입학했습니다. 구세학당에서 3년간 영어를 비롯하여 세계 역사, 수학, 과학 등의 학문을 배우고 기독교교육을 받으면서 도산은 서구의 근대적인 문명에 눈뜨게 되었고, 이를 통해 기독교적인 계몽가로서 활동할 수 있는 사상적 기반을 마련할 수 있었습니다. 기독교가 도산의 사상에 미친 영향에 대해 일제강점기에 활동한 사회운동가이자 언론인이었던 주요한은 다음과 같이 말합니다.

도산이 사랑의 세계를 말하고, 자유 인권을 존중하며, 동포간의 무저항주의를 주장한 것 등은 기독교 사상의 영향임을 알 수 있다(주요한,

『안도산전서[상]』, 범양사, 1990).

도산은 자신이 믿는 기독교의 복음이 자신과 민족을 구한다는 확신을 분명히 간직했습니다. 당시 감리교 총리사였던 양주삼은 도산이 사망한 1938년에 기독인 도산에 대해 다음과 같이 평합니다.

안창호는 해외 망명 전까지는 장로파 기독교의 독신자로서 동 교회 신도 간에 신망이 두터웠다(최기영, "도산 안창호의 기독교 신앙", 「도산사상연구」 제5집, 도산사상연구회, 1998).

구세학당을 졸업한 도산은 1898년 평양 쾌재정(快哉亭)에서 시민운동이자 시민사회 단체였던 만민공동회 발기회를 열어 정부와 관료를 비판하고 청맹과니 같은 민중의 각성을 촉구하는 연설을 하게 됩니다. 이 연설로 청년 안창호는 20대의 약관에 일약 스타덤에 오르게됩니다. 도산은 힘이 독립의 기초요, 민족의 미래와 생명인 것을 다음과 같이 설파합니다.

"국민이 도덕 있는 국민이 되고 지식 있는 국민이 되고 단합하는 국민이 되어서 정치, 경제, 군사적으로 남에게 멸시를 안 받도록 하는 것이었다."
"그러한 국민이 되는 길은 무엇이냐?"
"국민 중에 덕 있고 지(智) 있고 애국심 있는 개인이 많이 생기는 것이다."
"그렇게 하는 길은 무엇이냐?"

"우선 나 자신이 그러한 사람이 되는 것이다. 내가 덕 있고 지 있고 애국심 있는―즉 힘 있는―사람이 되면 우리나라는 그만한 힘을 더하는 것이다"(이광수, 『도산 안창호』, 범우사, 2000).

쾌재정 연설은 이후 민족을 계몽하고 선도하는 교육자로서의 행보를 걸어갈 도산의 사상을 이미 반영하고 있습니다. 같은 해, 도산은 독립협회(주-1896년 7월에 결성된 민간단체로 국민에게 개화 정신을 심어주고 독립사상을 고취시키면서 민족의 자립, 국민의 민권, 개인의 자유사상을 일깨워줌)에 가입함으로써 독립운동에 뛰어들었습니다. 구세학당의 학생으로서 신학문과 기독교 신앙에 눈을 뜬 도산은 이제 민족의 선각자가 될 인재를 양성하는 스승이 됩니다. 교육을 통해 인재를 양성하고 실력을 키우는 것이 독립의 발판이라 생각한 도산은 그 일을 위해 점진학교(1899), 대성학교(1908), 중국 난징에 동명학원(1926)을 차례로 설립했습니다.

격랑 이는 바다는 때로 사람의 생명을 앗아가기도 하지만 노련한 선장을 만들기도 하는 법입니다. 파란만장한 역사와 혼란의 시대를 헤쳐나가는 지혜와 능력을 가진 사람들을 키우는 것은 격랑 이는 바다에 배를 띄우는 것과 같습니다. 도산은 말합니다. "나라가 흥성하게 잘되고 잘살려면 역사의 주체인 국민의 의식 수준이 높아져야만 어떠한 장애 요소도 벗어날 수 있다." 도산은 반듯한 인격의 그릇으로 구국의 거친 항해를 준비할 민족을 만들기 위해 인재를 양성하고 국민의 의식을 개혁하는 데 주력했습니다. 그러므로 도산은 항상 말하기를, "나부터 건전한 인격으로 다시 태어나야 한다. 국민 한 사람 한 사람이 건전한 인격을 갖는 것은 우리 민족을 건전하게 하는 유일한 길이다"라고 했습니다(유한준, 『안창호 리더십 조국을 사랑하라』, 북스타, 2013). 도산이 말한 자아혁신이란 실상 그 자신이 걸어간 인생 행로였고, 주권 잃은 민족이 대동단결하여 실천해야 할 과제였습니다.

❖ 회개와 사랑, 민족개조를 위한 동력으로 삼다

대한민국 임시정부 국무원 일동(1919). 앞줄 오른쪽부터 시계 방향으로 현순, 안창호, 신익희, 김철, 윤현진, 최창식, 이춘숙.

혼곤한 영혼의 잠에 취한 사람들을 흔들어 깨우는 추상 같은 들소리를 외쳤던 세례자 요한이 역사의 전면에 나타나서 외친 일성(一聲)은 "회개하라"였습니다. 도산은 들사람 요한이 외쳤던 "회개"를 인격 완성을 위한 첫걸음으로 생각했습니다. 나아가 "회개"라는 기독교적 용어를 수용하여 민족 각 개인의 변화를 주장하는 개조의 방식으로 이해했습니다. 1919년 상하이에서 행한 도산의 연설은 이것을 반영하고 있습니다.

> 예수보다 좀 먼저 온 요한이 맨 처음으로 백성에게 부르짖은 말씀이 무엇입니까? "회개하라"는 말이었습니다. 그 후에 예수가 맨 처음으로 크게 외친 말씀이 무엇입니까? 역시 "회개하라"였습니다. 나는 이 "회개"라는 것을 곧 개조라 생각합니다(도산 안창호, 『나의 사랑하는 젊은이들에게』, 지성문화사, 2013).

도산은 이 연설의 끝에서 "한국 민족아! 너희가 개조할 자신이 있느냐?"라고 진심 어린 질문을 합니다. 이로 보건대 도산이 "회개"라는 개념에 기독교적인 의미만이 아니라 "인격혁명"과 "민족개조"라는 교육적 차원을 부여했음을 알 수 있습니다. 그가 "회개"를 "개조"로 치환한 것은 너와 나 그리고 우리의 회개가 민족개조를 가져오고, 이러한 개조가 독립에 선행되어야만 하기 때문이었습니다. "인간"을 "자기 개조의 동물"로 규정한 도산에게 기독교 신앙의 알짬은 "회개"와 함께 "사랑"이었습니다. 기독교의 본질을 "사랑"으로 본 도산은 그 외연을 민족의 사랑으로 확대했습니다. 나아가 그는 사회를 개량하는 것과 전 민족을 구원하는 것이 사랑의 극치요, 신령한 것이라고 강조했습니다. 그는 사랑을 관념과 교리 속에 가둬두지 않으려 했고, 사회개조를 위한 실천적 에너지로 활용하려고 했습니다(참조-이만열, 『역사에 살아 있는 그리스도인』, 한국기독교역사연구소, 2007).

도산은 "민족혁신"이란 구성원 각자의 자아의 회개(개조)를 통해서 가능하다고 보았습니다. 이것은 국권을 상실한 나라의 역사와 문화에 대한 비판적인 자기성찰을 통해 자주독립뿐만 아니라 새로운 나라를 재건하려는 도산의 사상에 기초한 것입니다. 이와 같은 "민족개조론"과 더불어 교육과 산업진흥을 통해 실력을 배양해야 한다는 "실력양성론"은 도산이 자신의 교육을 실행하는 쌍두마차와도 같습니다. 물론 이러한 도산의 쌍두마차를 힘차게 달리게 하는 것은 "회개"와 "사랑"의 실천이었습니다. 기독교 신앙은 도산에게 목전에서 벌어지고 있는 민족의 참담한 실상을 타개하고 세계 속에서 민족의 미래를 볼 수 있는 혜안을 주었습니다. 여기서 우리는 기독교 신앙과 겨레의 얼과 사회적 실천을 통합한 도산의 선각자와 교육자로서의 면

모를 볼 수 있습니다.

나아가 민족의 사활(死活)을 논하며 도산이 내놓은 해결책은, 참되고 실속 있도록 힘써 행하는 "무실역행"(務實力行)과 사랑이 더 충만해지고 두터워지도록 갈고닦는 "정의돈수"(情誼敦修)의 실천이었습니다. 이 둘은 인재양성과 민족개조를 위한 도산의 교육사상과 정치철학을 그대로 집약해놓고 있습니다. 주요한이 편집한 잡지「동광」(東光, 1926년 6월호)에서 도산은 다음과 같이 주장합니다.

정의는 친애와 동정의 결합입니다. 돈수라 함은 있는 정의를 더 커지게, 더 많아지게, 더 두터워지게 한다는 것입니다. 다시 말하면 친애하고 동정하는 것을 공부하고 연습하여 이것이 잘되어지도록 노력하자는 것입니다.

"정의돈수"는 도산이 1913년에 미국 샌프란시스코에서 민족운동단체로 창립한 흥사단의 행동강령이기도 합니다. "정의돈수"와 함께 도산은 나를 사랑하고 타인을 사랑하는 "애기애타"(愛己愛他)의 정신을 자주 강조했습니다. 여기서 우리는 기독교교육 사상가로 불러도 손색이 없을 만큼 도산의 사상이 기독교적 신앙에 그 뿌리를 두고 있음을 다시 확인하게 됩니다. 1936년 10월 4일 평양의 남산현교회에서 도산은 기독교교육 사상가로서의 면모를 잘 보여주는 연설을 합니다.

우리 기독교인이 민중의 선각자가 되어서 먼저 실천적 사랑의 생활을 하므로 모든 방면에 나아가고, 또한 새로워져서 이 강산에 천국을 세우도록 용진해 나아갑시다(KIATS 엮음, 『겨레의 스승 안창호』).

이 연설에는 도산의 사상에 배어 있는 기독교적 체취가 흠씬 풍겨 납니다. 일제의 마수(魔手)에 할퀴어져 상처 나고 갈가리 찢긴 민족의 영혼을 개조하기 위해서 도산은 실천적 사랑을 하자고 외칩니다. 이러한 도산의 정신은 민족의 현실을 외면한 내세지향적 신앙에서 벗어나 평생을 실천적인 기독교 사상가로 살다간 그의 신행일치(信行一致)적 발자취에서 더욱 빛을 발합니다. 로마 제국의 군사적 정복과 경제적 수탈로 인해 비인간화 되어가던 1세기 팔레스타인 땅의 백성에게 "네 이웃을 네 자신과 같이 사랑하라"(롬 13:9), 그리고 "너희 아버지의 자비로우심 같이 너희도 자비로운 자가 되라"(눅 6:36)라고 선포하신 예수님의 말씀이 20세기 초 암울한 조선 땅에서 선각자로 산 도산의 외침에서 쟁쟁하게 들리는 듯합니다.

❖ 서로를 비추는 거울이 되어

도산은 평양 대성학교 개교식 훈화에서 "본보기" 교육의 중요성을 강조했습니다. 그는 본보기 인물을 양성하고 본보기 학교를 세움으로써 민족의 독립을 되찾을 수 있는 힘 있는 백성을 양육하려고 했습니다. 도산이 주장하는 본보기 교육은 그것을 모방하려는 열망이 민족의 전 영역으로 확대 재생산되어 백성을 개조하려는 프락시스(praxis, 실천)적 교육이었습니다.

나는 "본보기"라는 것을 매우 중요시합니다. 이론이 아무리 좋아도 그것이 실천되어서 한 "본보기"를 이루기 전에는 보급력이 생기지 못한다고 나는 생각합니다. 소위 학교교육에 대한 천언만언(天言萬言)보다도 "본보기" 학교 하나를 일구어놓는 것이 요긴하니 그리하면 사람들은 그것을 모방하려 하기 때문입니다(KIATS 엮음, 『겨레의 스승 안창호』).

도산의 본보기 교육은 바울이 자신의 서신에서 거듭 강조했던 본보기 신앙교육과 일맥상통합니다.

내가 그리스도를 본받는 자가 된 것같이 너희는 나를 본받는 자가 되라(고전 11:1).

우리에게 권리가 없는 것이 아니요 오직 스스로 너희에게 본을 보여 우리를 본받게 하려 함이니라(살후 3:9).

바울에게 있어 "본보기"는 신앙교육의 핵심이었습니다. 교사나 지도자가 자신의 삶으로 보여주는 본보기 교육보다 더 나은 교과서는 없을 것입니다. 그리스도의 생애는 바울에게 본보기였고, 또 바울은 그것에 기초한 삶의 방식을 회중에게 가르쳤습니다. 나아가 그는 그리스도를 본보기 삼은 자신을 회중이 닮아야 할 모델로 제시했습니다. 이처럼 본보기 교육은 한 사람을 변화와 성숙으로 이끄는 데 주효한 실천적인 교육 방법입니다.

도산은 본보기 교육을 통해 개인의 인격을 수련하고 민족의 개조를 실천하려 했습니다. 이러한 도산의 교육사상을 엿볼 수 있는 그의 글 몇 대목을 여기에 옮겨봅니다.

> 나 하나를 건전 인격으로 만드는 것이 우리 민족을 건전하게 하는 유
> 일한 길이다.…나 하나만은 내 말을 듣지 아니하느냐. 내 말을 들을 수
> 있는 나를 먼저 새사람을 만들어놓아라. 그러하면 내가 잠자코 있어도
> 나를 보고 남이 본을 받으리라(안병욱 외 3인 공저,『안창호 평전』).

> 우리 중에 인물이 없는 것은 인물이 되려고 마음먹고 힘쓰는 사람이
> 없는 까닭이다. 인물이 없다고 한탄하는 그 사람 자신이 왜 인물 될
> 공부를 아니하는가(도산 안창호,『나의 사랑하는 젊은이들에게』).

앞서 언급한 "무실역행"과 "정의돈수"를 도산의 교육 원리라고 한
다면, "본보기 교육"은 그의 교육 방법이라고 할 수 있겠습니다. 비
록 바울처럼 자신을 그리스도를 본받는 자라고 문자적으로 언급한
적은 없지만, 도산은 기독교 신앙에 기초한 "모방의 교육"(mimetic
education)이 가져올 변화와 개조의 가능성을 확신했음에 틀림없습
니다. 새 포도주는 새 부대에 넣어야 하듯(막 2:22; 마 9:17; 눅 5:38) 각
자가 다른 사람들의 본이 되고 서로를 비추는 거울이 될 때, 도산은
조선이 빼앗긴 주권을 회복하고 세계를 선도할 새로운 민족으로 태
어날 수 있음을 확신했던 것입니다.

도산은 국권을 강탈당한 민족에게 자신이 먼저 희망이 되고자 자
기 개조를 몸소 실천한 교육자였습니다. 격랑 이는 바다에 떠워진 배
가 되어 희망의 항구로 항해할 사람들을 세우기 위해 한인이 있는
곳이면 세계 어디든 찾아갔던 도산은 기독교적 사상으로 혼란과 미

몽(迷夢)에 빠진 민족에게 생명의 길을 열어주고자 스스로 길을 개척한 선각자이기도 했습니다. 나라의 독립을 되찾아 세계 시민으로서 세계를 선도할 민족을 꿈꾸면서 그 꿈을 이루기 위해 세계주의자(cosmopolitan) 디아스포라로 한평생 살다간 "영원한 청년"이었던 도산. 교육의 토대가 무너지고 사표(師表)가 사라진 이 시대에 언행의 일치를 통해 본보기 교육을 몸소 보여준 그가 그립습니다.

참고 도서 ─────────────────────────────────

안병욱 외 3인, 『안창호 평전』, 도서출판 청포도, 2007.

안창호, 『나의 사랑하는 젊은이들에게』, 지성문화사, 2013.

유한준, 『겨레를 일깨운 민족의 스승 안창호 리더십』, 북스타, 2013.

이광수, 『도산 안창호』, 범우사, 2000.

이만열, 『역사에 살아 있는 그리스도인』, 한국기독교역사연구소, 2007.

이상화, 『빼앗긴 들에도 봄은 오는가』, 시인생각, 2013.

주요한, 『안도산전서-상』, 범양사, 1990.

주요한 엮음, 「동광」(東光), 1926. 6월호.

최기영, "도산 안창호의 기독교 신앙", 「도산사상연구」 제5집, 도산사상연구회, 1998.

한국고등신학연구원 엮음, 『겨레의 스승 안창호』, KIATS, 2012.

저자 소개

이상명

미주장로회신학대학교 총장

Claremont Graduate University 철학 박사

- 대표적 저서로 『구약성서 인물에게서 듣다』『신약성서 인물에게서 듣다』, *The Cosmic Drama of Salvation: A Study of Paul's Undisputed Writings from Anthropological and Cosmological Perspectives*가 있다.

4장

김교신,

새로운 조선을 성서 진리 위에 세우다

정원범(대전신학대학교 교수)

❖ 인생의 스승을 만나다

김교신은 1901년 4월 18일 함경남도 함흥 사포리에서 부친 김염희와 모친 양신 사이에 장남으로 태어났으나, 세 살 때 아버지를 여의고 엄격한 홀어머니 밑에서 유년 시절을 보냈습니다. 그의 가문은 유교적 가풍을 이어받은 집안이어서 일찍부터 한학을 배웠으며, 1916년 함흥공립보통학교를, 1919년에 함흥공립학교를 졸업했습니다. 그 후 일본으로 건너가 동경 세이소쿠영어학교(正則英語學校)에 입학하여 당대의 저명한 영문학자 사이토 히사부로 밑에서 영어를 수학하고 그때부터 「런던타임즈」를 즐겨 읽으며 세계 정세에 눈뜨게 되었고, 후일 영어 성경반을 지도할 수 있는 토대를 만들었습니다.

1920년 4월 6일 동경에서 동양선교회 성서학원 재학생 마쓰다(松田)의 노방 설교를 듣고 마음에 깊은 감동을 받아 기독교 신앙을 가지게 되었고, 야라이정 홀리니스 성결교회에 입교하여 2개월 후 세례를 받았습니다. 그는 8년이 지난 1928년에 이때의 심정을 다음과 같이 술회했습니다.

> 60은 고사하고 80에도 "종심소욕불유구"(從心所慾不踰矩)의 역(域)을 천답(踐踏, 밟음)할 희망이 불견(不見)하여 자못 낙망의 심연에 빠지려는 순간 나에게 다시 새로운 희망과 용기를 주어 서게 한 것은 청년 전도사를 통하여 온 기독교 복음의 소리였다(노평구 엮음, 『김교신 전집』 2권, 부키, 127쪽).

그러나 그해 11월 야라이정 교회의 목사가 반대파의 음모로 축출되는 내분 사태를 보면서 큰 충격을 받아 교회에 대한 회의를 품고 고민하다가 결국 교회 출석을 단념하게 되었습니다. 다음의 글에서도 밝혀지듯이 당시의 상황은 그에게 신앙의 일대 위기였습니다.

> 온갖 불의와 권모가 횡행하는 조선 사회에서 생장한 내가 유일의 이상적 생활과 이상 사회를 동경하여 기독교회에 입참(入參)하였던 신앙의 초기에 이러한 불의(不義) 음모의 하열(下劣)한 술책이 교회 내에서 행함을 보고는 단지 교회 탈퇴뿐 아니라, 과연 기독교 신앙의 근저까지 동요치 않을 수 없었다. 한동안은 교회에 참석치 않고 하숙방에서 홀로 예배하였다고 일지에 기록되어 있으니 말하자면 나의 신앙 생활의 일대 위기이었던 것이다(『김교신 전집』 2권, 277-278쪽).

그러던 중 일본 무교회주의의 창시자인 우치무라 간조의 문하에 들어가 7년간 그의 성서 강의를 청강하면서 우치무라의 저서인『구안록』,『종교와 문학』등을 탐독했는데, 이 과정에서 우치무라의 신앙과 사상은 김교신에게 결정적인 영향을 주었습니다. 1936년 김교신이 남긴 다음의 글은 김교신의 성서 중심의 신앙과 애국심이 우치무라의 신앙과 애국심과 크게 다르지 않다는 것을 잘 보여줍니다.

> 우리가 본대로 우치무라 선생의 전모를 말하라면 무엇보다도 먼저 우치무라 선생은 용감한 애국자이었다. 기독교적 성도라기보다 첫째로 황실에 진심 충성하고 국민을 열애하는 전형적 무사요, 대표적 일본제국신민이었다. 그야말로 우치무라 선생에게서 애국자라는 요소를 뺀다면 "고자 우치무라"가 될 것이다. 우치무라 선생의 모발부터 발톱까지 전부 참 애국자의 화신이었다고 우리는 본다. 우치무라 선생은 기독교를 본연의 복음대로 전했다. 무교회주의라는 일개주의를 수립 창도한 자로 관찰함은 대단한 피상적 관찰이다.…그의 본류는 항상 불변하는 그리스도의 복음 자체를 선양함에 있었다. 그러므로 우치무라 선생에게서 무교회주의를 빼고라도 넉넉히 성경의 중심 진리를 배울 수 있다고 우리는 말하였다(『김교신 전집』1권, 271-272쪽).

이렇게 우치무라 선생으로부터 애국심을 배웠고, 복음의 오의(娛義)를 배웠던 김교신은 "우치무라 선생은 나에게 무이의 선생이었다. 감히 말하노니 우치무라 간조 선생은 나에게 '유일의 선생'이다"라고 했습니다(『김교신 전집』2권, 280쪽).

❖ 사람 교육하는 일, 이보다 더 즐거운 일이 또 있을까

1922년 4월 김교신은 동경고등사범학교 영문과에 입학했다가 다음 해 지리박물과로 전과해서 공부했고, 1927년 3월 동경고등사범학교를 졸업하고 귀국하여 교육 활동을 시작하게 됩니다. 이때부터 그는 함흥의 영생여자고등보통학교(1927. 3.-1928. 2.), 서울의 양정고등보통학교(1928. 3.-1940. 2.), 서울의 경기고등보통학교(1940. 9-1941. 2), 개성의 송도고등보통학교(1941. 3.-1942. 3.) 등에서 약 15년간 평교사로 가르쳤습니다. 그는 교육하는 일을 가장 즐거운 일이라고 생각하여, "세상 아무런 일보다도 인간을 교육하는 일, 이보다 더 만족하고 즐거운 일은 다시없다. 교육학의 이론에 적합하고 신앙을 기초로 한 교육을 시행할 수 있다고 할진대 우리는 평생토록 직(職)을 교육하는 것 이외에 구할 의사가 없는 자이다"라고 했습니다(『김교신 전집』1권, 125쪽).

❖ 성서를 조선에, 조선을 성서 위에

「성서조선」 창간 동인

「성서조선」을 창간했던 김교신은 「성서조선」 창간사에서 자신의 마음을 사로잡은 것은 조선과 성서, 오직 이 두 가지뿐이었다고 말합니다.

아를 위하여 무엇을 행하고 조선을 위하여 무엇을 계(計)할꼬. 오직 비분개세(悲憤慨世)만이 능사일까.…

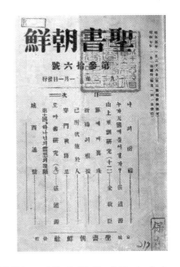

우리는 다소의 경험과 확신으로써 오늘의 조선에 줄 바 최진최절(最珍最切, 가장 진귀하고 가장 정성스러움)의 선물은 신기치도 않은 구신약 성서 한권이 있는 줄 알뿐이로다. 그러므로 걱정을 같이 할 소망을 일궤(一軌, 하나의 방향)에 붙이는 우자(愚者) 5-6인이 동경 시외 스기나미촌에 처음으로 회합하여 "조선성서연구회"를 시작하고 매주 때를 기(期)하여 조선을 생각하고 성서를 강(講)하면서 지내온 지 반세여(半歲餘)에 누가 동의하여 어간(於間)의 소원 연구의 일단을 세상에 공개하려 하니 그 이름을 「성서조선」이라 하게 되도다. 명명(命名)의 우열과 시기의 적부(適否)는 우리의 불문하는 바라. 다만 우리 염두의 전폭을 차지하는 것은 "조선" 두 자이고, 애인에게 보낼 최진(最珍, 가장 진귀한)의 선물은 성서 한 권뿐이니 둘 중 하나를 버리지 못하여 된 것이 그 이름이었다(『김교신 전집』 1권, 20-21쪽).

이렇게 김교신의 마음의 전부를 차지했던 조선과 성서를 합해서 만들어진 것이 바로 「성서조선」이었습니다. "세상에서 제일 좋은 것은 성서와 조선. 그러므로 성서와 조선"이라고 했던 김교신은 「성서조선」 출간의 목적을 이렇게 밝혔습니다.

오직 우리는 조선에 성서를 주어 그 골근(骨筋)을 세우며 그 혈액을 만들고자 한다.…우리는 오직 성서를 배워 성서를 조선에 주고자 한다.…그러므로 이러한 구형적(具形的, 온전한 형태를 갖춘) 조선 밑에 영구한 기반을 넣어야 할 것이니 그 지하의 기초공사가 즉 성서적 진리를 이 백성에게 소유시키는 일이다. 널리 깊게 조선을 연구하여 영원한 새로운 조선을 성서 위에 세우라. 그러므로 조선을 성서 위에 (『김교신 전집』 1권, 22쪽).

새로운 조선의 건설은 모래 위에 짓는 건축이 아니라 반석 위에 세우는 건축이 되어야 한다고 생각한 김교신은 새로운 조선을 성서 위에 건설하고자 「성서조선」을 출간했던 것입니다. 이런 이유로 인해 그는 "나의 본업은 「성서조선」을 만드는 것이고 교사는 부업"이라고 말하기도 하였습니다(노평구 엮음, 『김교신을 말한다』, 부키, 212쪽).

❖ 민족혼을 심어준 참 스승

1940년대 경기중학교 5학년 졸업반 학생들이 졸업 기념으로 써내려간 공책에 한 학생이 김교신 선생을 기억하며 작성했던 시 한편이 들어있습니다.

선생님의 팔목에 있는 상처는 어떻게 된 것이냐고 제자인 시인이 묻
는다.
그러면 선생님께서 겨레를 사랑하시려고 했다가 수갑을 차였을 때의
상처라고 대답하신다.

다시 제자는 선생님의 가슴에 있는 흉터는 어찌된 흉터냐고 묻는다.

선생님께서 그것은 나라를 사랑하시려고 했다가 묶였을 때의 흉터라고 대답하신다.

다시 제자는 선생님의 등에 있는 핏자국은 어찌 된 핏자국이냐고 묻는다.

다시 선생님께서 그것은 주를 위해, 인류를 사랑하고 자유를 사랑하고 평화를 사랑하시려고 했다가 매를 맞은 핏자국이라고 대답하신다(『김교신을 말한다』, 338쪽).

이 글은 학생들의 마음속에 새겨진 김교신 선생의 민족 사랑, 나라 사랑의 마음이 얼마나 뜨거운 것이었는지를 잘 보여줍니다. 박동호 역시 김교신 선생의 뜨거운 애국정신에 대해 이렇게 말합니다. "교회에서나 학교에서나 일본의 우리 민족에 대한 식민지 정책에 대해 바른 비판을 해주는 이가 거의 없었으나 김선생님은 기회가 있을 때마다 우리들에게 이 점에 대해 말씀해주셨습니다. 선생님은 민족적 설움과 분함을 참지 못하여 어디 가서 실컷 울고 싶다고 하시며 눈물이 글썽글썽할 적이 많으셨습니다. 학교 조회 때 황국신민서사를 불러야 했는데 우리는 선생님의 뜻을 따라 우리들은 망국신민서사로 불렀습니다"(『김교신을 말한다』, 195쪽).

김교신 선생은 입춘날인 어느 일요일에 학생들과 함께 북한산을 오른 후 학생들에게 발밑에 쌓여 있는 눈을 치우라고 했습니다. 눈을 치우자 뜻밖에도 눈 밑에서 파릇파릇한 풀들이 나왔습니다. 바로 그때 김교신 선생은 미소를 머금으며 학생들에게 이렇게 말했습니다.

여러분, 이렇게 추운 날씨에도 입춘이 되면 눈 아래 있는 풀도 생기를 도로 찾는 것처럼, 여러분도 삶의 생기를 도로 찾아야 하고, 또 제군들과 같이 젊은 청년들이 우리 민족의 생기를 도로 찾아 줄 수 있도록 돼야 한다. 눈은 풀에 대하여 무서운 장애물이다. 그러나 그 풀은 입춘이 되면 날씨가 춥더라도 생기를 도로 찾게 된다. 여러분 청년 학도들이 머리에 간직하고 있는 민족의식과 여러분 가슴에 간직하고 있는 민족정기는 피압박민족으로 영원히 소멸되는 것이 아니라 영구히 여러분의 머리와 가슴에 살고 있으나 지금 생기를 도로 찾지 못하고 있을 뿐이다. 그러니 절대로 낙담하지 말고 입춘의 시기가 되면 풀이 생기를 찾는 것처럼 우리도 민족의식과 민족정기를 도로 찾아 일본인의 압박에서 벗어나 독립을 찾을 때가 있을 것이니, 여러분은 원대한 포부와 희망을 가지고 열심히 공부함은 물론 앞으로 민족과 국가를 위해 이바지할 수 있는 능력과 교양을 쌓는 것이 긴급한 임무다(『김교신을 말한다』, 199쪽).

김교신 선생은 이처럼 학생들에게 다양한 방식으로 민족혼을 심어주었는데, 특별히 정규 과목인 지리 과목에서는 역사적이고 지리학적인 가르침을 통해서 학생들에게 매우 과학적으로 민족혼을 심어주었습니다. 그는 「조선지리소고」(1934. 3.)라는 논문을 통해 민족의식을 다음과 같이 일깨워주었습니다.

상술한 바와 같이 지리적 단원으로 보나 그 면적과 인구로 보나 산악과 해안선의 지세로 보나 이 위에 천혜로 주신 기후로 보나 한 구면 혹은 한 무대의 중심적 위치로 놓인 그 대접(待接)으로 보나 조선의 지리적 요소에 관한 한으로는 우리가 불평을 토하기보다 만족과 감사를 표하지 않을 수 없다. 이는 넉넉히 한 살림살이를 부지할 만한 강산이요, 넉넉히 인류사 상에 큰 공헌을 제공할 만한 활(活)무대이다. 그러나 조선의 과거 역사와 현장을 통관(通觀)한 이는 누구든지 그 위치의 불리함을 통탄하여 마지않는다. 황해가 대서양만큼 넓거나 압록강 저편에 알프스 산맥 같은 고준(高峻)한 연봉이 둘러쌌더라면, 조선해협이 태평양만큼이나 넓었더라면 좀더 태평하였을 것을, 그렇지 못하니 중, 일, 노 3대 세력 중에 개재(介在, 끼어 있음)하여 좌충우돌하는 형세에 반만년 역사도 별로 영일(寧日)이 없이 지나왔다고 듣는 자로서 과연 동정의 눈물이 없을 수 없다. 마는 이는 약자의 비명인 것을 미명(未免, 면하지 못함)한다. 약자가 한갓 태평을 구하여 피신하려면 천하에 안전한 곳이라곤 없다. 남미 페루국에 선주(先住)하였던 인디언족의 수도 쿠스코(Cuzco)는 우리 백두산보다 훨씬 더 높은 곳에 있었어도 스페인인들의 참혹한 침략을 피할 수 없었고, 티벳은 해발 4,000미터 이상의 고원에 비장(秘藏)한 나라이었으나 천하 최고의 히말라야산맥도 이 신비국으로 하여금 영인(英人)의 잠식을 피케 하는 장벽은 되지 못하였다. 그러므로 우리는 깨닫는다. 겁자(怯者)에게 안전한 곳이 없고 용자(勇者)에게 불안한 땅이 없다고. 무릇 생선을 낚으려면 물에 갈 것이요, 무릇 범을 잡으려면 호굴에 가야 한다. 조선 역사에 영일이 없었다 함은 무엇보다도 이 반도가 동양 정국의 중심인 것을 여실히 증거하는 것이다. 물러나 은둔하기는 불안한 곳이나 나아가 활약하기는 이만한 데가 다시없다. 이 반도가 위험하다할진대 차라리 캄차카 반도나 그린란드 도의 빙하에 냉장하야 두는 수밖에 없는 백성이다. 현세적으로 물질적으로 정치적으로 고찰할 때에 조선

반도에 지리적 결함, 선천적 결함은 없는 줄로 확신하다. 다만 문제는 거기 사는 백성의 소질, 담력 여하가 중요한 소인인가 한다(『김교신 전집』1권, 62-63쪽).

이런 가르침을 받았던 류달영은, 김교신 선생이 지리 과목의 대부분의 시간을 일본 지리를 가르치도록 되어 있었음에도 불구하고 당시의 규정에 아랑곳하지 않고 상당한 시간을 할애해서 우리나라 지리를 가르쳐주었고, 그 가르침을 통해 조국에 대한 새로운 인식과 가슴 벅찬 조국애와 긍지를 가지게 되었음을 다음과 같이 말하고 있습니다.

우리는 거의 일 년을 통해서 우리나라 지리만을 배웠습니다. 자기를 분명히 알아가는 것이 인생의 근본이라고 주장하셨습니다. 대고구려를, 세종대왕을, 이순신을 배웠습니다. 식민지 교육 밑에서 자신에 대해 소경들이었던 우리 소년들은 비로소 자신에 대해서 눈을 뜨기 시작했습니다. 우리 국토가 넓지 못한 것을, 우리 인구가 많지 않은 것을, 백두산이 높지 못하고 한강이 길지 못한 것을 한탄하지 않게 되었습니다. 스스로를 멸시하기 쉬웠던 우리들은 조국에 대한 재인식을 근본적으로 하게 되었습니다. 산천 조화의 아름다움은 세계에 따를 곳이 없는 극치인 것, 좋은 기후, 특유한 해안선의 발달, 차고 더운 두 해류의 교차, 바다와 물의 풍부한 자원, 동양의 심장 같은 반도로 대양과 대륙으로 거칠 것이 없는 발전성의 내재 등등, 어린 우리들은 조선의 젊은 아들로서 뛰는 가슴을 누르기 어려웠습니다(『김교신을 말한다』, 131쪽).

❖ 참 신앙으로 이끌어준 스승

김교신 선생은 성서적 진리의 기초 위에 새로운 조선이 건설되어야 한다고 생각했기에 무엇보다 가장 고귀한 책인 성서를 조선에 주고자 했고, 그리스도의 복음으로 조선인의 영혼을 새롭게 하고자 했습니다. 조선에 필요한 것은 무엇보다도 기독교임을 그는 이렇게 말합니다.

> 조선에는 부도 필요하다. 힘도 필요하다. 위대한 작품도 필요하다. 그러나 가장 필요한 것은 기독교다. 그러나 그것은 불행히 기독교 청년회의 기독교가 아니다. 교회의 기독교가 아니다. 제도의 기독교가 아니다. 의식의 기독교가 아니다. 16세기 종교개혁자들이 체험한 기독교다. 바울의 기독교요 요한의 기독교다. 성서의 기독교다. 영적 기독교다. 산 기독교다. 즉 그리스도다. 그렇다. 현재의 조선에 절실한 것은 기독교요, 그 기독교는 살아 계셔 역사하시는 그리스도 자신이다. 우리는 교회를 요하지 않으나 그를 요하며, 청년회를 요하지 않으나 그를 요하며, 제도와 의식을 요하지 않으나 그를 요한다. 그를 얻고 우리는 전부를 얻은 바 되며, 그를 잃고 우리는 전부를 잃게 된다(김정환, 『김교신』, 한국신학연구소, 33쪽).

김교신 선생은 조선 백성의 부정직, 경박, 변절 등의 사례들을 생각하며 조선 백성의 민족성에 대해 깊은 탄식을 토로한 적이 있습니다. 그러나 그것은 자기 자신의 한심한 자태에 비길 바가 아니라고 하면서 이렇게 고백합니다.

눈을 돌이켜 나 자신을 응시할 때에 비로소 절망의 참맛을 맛본다. 인류의 장래와 반도의 운명이 한심스럽다 할지라도 나 자신의 한심한 자태에 비길 바가 아니다. 내가 아는 모든 형제의 불신, 소기(小器), 경박, 변절, 무골(無骨, 강직함이나 줏대가 없음)을 모두 합하여도 나 한 사람의 심한 결함에는 비할 수 없다. 과연 나는 모든 악념의 원천이요, 모든 죄악의 소굴이요, 배워도 진취가 없고, 행하여도 적덕(積德, 덕을 쌓음)이 없고, 오늘 밤을 기약할 수 없는 영혼이 명년(明年, 내년) 창고를 설계하는 자요, 진주는 발견하였어도 소유를 진매(盡賣, 다 팔아 버림)하여 매득(買得, 매입)하려는 과단성을 결(缺)한 자이다(『김교신 전집』1권, 34쪽).

조선의 운명과 조선 백성의 민족성에 탄식하고 자신의 모습에 대해 절망하지만, 그럼에도 그는 기독교 신앙을 통해 우리에게 새로운 희망이 있다는 사실을 다음과 같이 선언했습니다.

그런데 이 할 수 없는 절망 덩어리인 나에게 그리스도의 생명이 연결되는 순간순간에 이상한 새 사실을 또한 발견하였다. 나는 본래 땅에 속하여 땅에 애착한 것인데 땅에서 떠나 하늘까지 비약할 수 있는 자임을 실험하였다. 서철(西哲, 서양철학자 여기서는 아르키메데스를 말함)은 "나에게 지점(支點, 지렛목, 받침점)을 주라, 그리하면 지구를 움직이리라"는 진리를 영계에서 재발견하였다. "나에게 신앙을 주라", 나 자신도 매우 유망한 자이거니와 나의 신앙적 근친자(近親者, 혈연이 가까운 사람)는 더욱 유위한 가경가애(可敬可愛, 가히 존경하고 사랑할만함)한 자 아닌 이가 없다. 그리스도로 인하여 하나님을 믿는 신앙에 입각할 때에 우리가 조선 반도와 세계 인류의 운명에 관하여 크게 역사함이 있고자 한다. 전도(前途)에 양양한 희망이 있다. 만만(滿滿)한 야심이 있다(『김교신 전집』 1권, 34-35쪽).

따라서 김교신 선생은 조선 민족에게 가장 절실한 것은 기독교라고 주장합니다. 그런데 그가 말하는 기독교는 제도적인 기독교가 아니라 진정한 기독교입니다. 왜냐하면 당시의 교회의 신앙이 죽었다고 생각했기 때문입니다.

오늘날 교회의 신앙은 죽었다. 그 정통이라는 것은 생명 없는 형식의 껍질이요, 그 진보적이라는 것은 세속주의다. 이제 교회는 결코 그리스도의 지체도 아니오, 세상의 소금도 아니오, 외로운 영혼이니 피란처조차도 되지 못한다. 한 수양소요, 한 문화 기관이다. 기독교는 그런 것이어서는 안된다! 다른 종교는 몰라도 적어도 기독교만은 형식에 떨어지고 세속주의에 빠져서는 안 된다. 그리스도가 십자가에 못 박힌 것은 바로 그 형식의 종교와 세속주의를 박멸하기 위하여서가 아니었던가? 이제 다시 그와 영합하는 것은 분명히 그리스도를 배반하는 일이다. 그리스도를 믿는 자는 그를 생명으로 아는 자가 아니면 안 된다. 그에게 절대 복종하고 절대 신뢰하는 자가 아니면 안 된다.…믿음이란 그저 말로나 외모의 행동으로 하는 것이 아니오, 자기의 전 생명을 그리스도에게 넘겨주는 일이다. 종래 자기 기준, 인간 중심으로 살던 것을 그리스도 표준, 하나님 중심으로 하는 일이다. 자기에 대하여 죽고 그리스도로 사는 일이다.…그러므로 모든 교회 법규를 다 지키고 외양의 행동을 선히 하여도 "나"를 하나님께 바치지 않는 이상 신앙은 아니다(『김교신 전집』 2권, 243쪽).

김교신 선생은 세속화된 기독교와 형식적인 신앙을 비판하며 참된 기독교, 순수한 신앙을 강조하는데, 참된 신앙은 그리스도에게 절대 복종하고 절대 신뢰하는 것이고, 자기 기준을 버리고 하나님 중심으로 사는 것이며, 전 생명을 그리스도에게 바치는 것이라고 주장합니다. 또한 그는 세속화되고 형식화된 기독교도 반대하지만, 미국식 기독교도 반대하며 조선의 기독교를 주장하면서 이렇게 말합니다. 즉 "유치하고 젖 냄새 분분한 미국식 기독교! 조선 기독교가 완전히 발육되려면 우선 온갖 미국과의 관계를 그 교회와 교육기관에서부터 절연하여야 하리라"(1933. 2. 1. 일기, 『김교신』, 42, 332쪽)라고 했고, "기독교도 조선 김치 냄새나는 기독교"가 되어야 한다고 주장했습니다 (1934. 12. 11. 일기, 『김교신』, 42쪽).

이렇게 김교신 선생이 말하는 기독교는 세속주의적인 기독교, 형식화된 기독교, 국적 없는 기독교, 교회주의적이고 교권주의적인 기독교가 아니라 살아 있는 참된 기독교입니다. 참된 기독교를 표현하기 위해 그는 무교회(주의)라는 말을 사용했는데 그 의미를 다음과 같이 설명합니다.

나에게 무교회주의란 것은 진정한 기독교를 의미하는 것이요, 무교회주의란 진정한 크리스천을 의미하는 것이다. 교회의 유무, 세례의 유무 등은 하등 관계없다. 무교회주의 곧 복음, 무교회주의자 곧 신자이다.…무교회주의란 결단코 교회를 타파하며, 교회와 대립 항쟁하는 일 같은 것을 사명으로 하는 것은 아니다.…구원은 그리스도에게 있다는 것을 명백히 하는 것이 무교회주의의 사명이다.…무교회주의는 환언하면 그리스도의 정신이요, 세인의 생각하는 이상 훨씬 적극적이요, 고귀 심원한 정신이다. 이는 기독교라고 부르는 이외에 적당한 칭호가 없다(『김교신 전집』 2권, 263쪽).

기독교의 제일 대지는 하나님과 사람의 화평을 도모하는 동시에 사람과 자기의 이웃 사람을 중히 여기는 교훈인 것은 너무나 명백한 일이다.…신교 교회가 교회주의에 타락하지 않았다면 무교회주의가 생길 필요가 없었다. 무교회주의는 일명 "전적 기독교"이다(『김교신 전집』 2권, 261쪽).

그러므로 김교신 선생의 무교회 정신이란 바로 진정한 기독교를 추구하는 정신이라 할 수 있습니다.

❖ 참 인간됨으로 이끌어준 스승

많은 제자들의 입을 통해 밝혀지듯이 김교신 선생은 참 스승이었습니다. 많은 제자들이 "우리는 초등학교에서 대학에 이르기까지 수십 명의 교사를 대하여왔다. 그러나 교사하면 우선 김교신 선생을 연상할 정도로 이분이 가장 인상 깊게 회상되는 진정한 스승이었다"라고 한결같이 술회하고 있습니다(『김교신』, 45쪽). 서울시립대 박물학 교수를 지냈던 구건은 김교신 선생의 인상을 이렇게 기록했습니다.

중학 초년생 때 나의 눈에 비친 김선생은 기인, 그러나 매력적인 교사였다. 한 해 지나서 받은 인상은 언행 바른 신사, 박학다식의 독서가요 교사였다. 그런데 독서와 함께 선생의 기억력은 참 놀라웠고 또 정확했었다. 다시 한 해 지나서 알게 된 선생은 참된 애국자, 초인간적인 면려, 역행의 교육자이고 또 무교회 신앙의 종교가였다. 후일의 인상은 예수의 십자가의 속죄로 자유를 얻은 정의, 독립의 사람이었다. 그는 참만을 알고 소신대로 믿고 살고 일한 자유인이었다. 자유, 정의, 독립은 그의 성격의 근간이었다. 그의 투철한 교육 정신은 젊은이들의 심금을 울렸었고, 그의 신앙은 신에 통했으며, 그의 자유, 정의, 독립정신은 사회의 목탁이었다. 그의 체력 역시 측량키 어려울 정도로 강했으며, 그의 정력은 실로 무한이어서 독서력과 기억력도 한이 없었다. 그의 요지부동의 굳은 신념은 비길 데가 없었다. 그리고 이 모든 것 밑에 십자가 신앙이 있어 이가 그의 생명을 이루고 또 그의 생애의 지주였다. 그의 종생(終生)의 사업은 청년을 위한 참 인간 교육이었고 성서조선과 성서강연을 통한 순수 복음 전도이었으니 오직 국가 민족의 백년대계로 앞날을 위해 일했을 뿐, 그 외는 아무 것도 안중에 없는 참 거룩한 생애였다고 사료될 뿐이다(『김교신을 말한다』, 182-183쪽).

이렇게 많은 제자들이 증언하듯이, 김교신 선생은 참 애국자, 참 인격자, 참 교육자, 참 신앙가, 순수 복음전도자였습니다. 그런데 여기서 중요한 것은 "그의 종생의 사업은 청년을 위한 참 인간 교육이었다"라는 표현인데, 이런 평가는 우리 민족의 희망이 사람에게 달려 있다고 생각한 김교신 선생의 다음의 말에서 잘 드러납니다. 즉 "우리의 희망은 거대한 사업 성취나 혹은 신령한 사업 헌신에 있는 것이 아니라 진실한 인물의 출현에 있다. 그가 아무 사업도 성취한 것 없이 그리스도와 같은 참패로써 세상을 마친다 할지라도 참 의미에서 하나님을 믿고 그와 함께 걷고 함께 생각하며 함께 노역하는 자면 우리의 희망은 전혀 그에게 달렸다"(『김교신 전집』 1권, 35-36쪽). 이렇게 민족의 희망이 사람에게 달려 있다고 보았기 때문에 그는 참 사람을 길러내는 일에 자신의 평생을 바쳤습니다. 구건은 김교신 선생의 특별했던 수업의 모습을 떠올리면서 그의 교육 목적이 참 사람을 만드는 일이었음을 다음과 같이 술회했습니다.

박물 시간에 고구려 이야기가 나온다. 세종, 이순신 등의 사화가 나온다. 그야말로 파격적인 수업이었다. 그러기에 선생 시간은 언제나 감동과 감격에 찬 시간이었다.…아무런 거리낌 없이 그것도 함경도 사투리로 하시는 선생의 말씀에는 일종의 매력이 있었다. 박물 시간에는 곤충 또는 식물계의 신비스러운 이야기가 한없이 쏟아져 나왔다. 그러나 후일에 생각해 보니 선생은 학과에 대해서는 중점적으로 개요만을 이야기하시고 나머지는 학생 스스로 공부하게 하고 대신 여타의 시간에는 사람 자체를 만들려고 노력하신 것으로 깨닫게 되었다(『김교신을 말한다』, 185-186쪽).

고려대 심리학과 교수였던 김성태도 김교신 선생의 수업 방식이 인물 위주였고, 그의 수업의 목적도 참 인간을 길러내는 것이었음을 이렇게 말했습니다.

김선생님의 지리 수업의 특징은 인물을 위주로 가르치시는 것이었다. 어느 지역을 문제 삼을 때 그 지방 출신의 인물이라든가, 그 지방과 관련 있는 인물에 대해 언급이 많으셨다. 위인들의 언행에 대해 감격의 눈물을 섞어 가며 낭랑하게 말씀하실 때 나는 완전히 그분에게 빠져 버리는 것이었다. 지금도 잊혀지지 않는 것은 양자강 유역을 배울 때 적벽강 대목에서 제갈량의 이야기를 많이 하셨고 곁들여 전후출사표, 소동파의 적벽부를 외게 하셨다. 심양 땅 이야기에서는 도연명을 말씀하시고 귀거래사를 외게 하셨다. 한문은 일본식으로 읽으면 진미를 모른다고 우리말 한문으로 외는 것을 권하셨다.⋯후에 김선생님 전집에서 읽은 대목 같은데 어느 지방을 가르칠 때 지형이며 산물도 중요하지만 그 지방의 역사와 인물이 강조되어야 한다는 것을 암시한 대목을 본 것 같다. 인물 위주의 지리, 말하자면 인간 위주의 과학이어야 한다고 벌써부터 우리를 깨우쳐 주신 것이다.⋯김선생님의 말씀 중 지금도 내 뇌리에 그 음성이 생생하게 남아 있는 한 구절이 있다. 이군이었던가 좀 과격한 친구였는데 수업시간에 이런 이야기, 저런 이야기 나왔을 때에 우리의 살길이 문제가 되어 이 친구가 정치적으로 생각해서 간악한 일인 때문에 우리가 고생이니 그들과의 투쟁만이 우리의 살길이 아니냐고 대들었다. 그때 선생님은 웃으시면서 "일본인에도 훌륭한 사람이 있단다"고 외치시면서, 우리가 살길은 일인이 거꾸러지는 것으로 되는 것이 아니라 우리들 자신이 잘살 수 있는 참 인간이 되는 것이라는 말씀을 하셨다(『김교신을 말한다』, 210-211쪽).

김교신 선생은 성서를 연구하는 목적도 바로 사람다운 생활을 하는 데 있다고 생각하며 말하기를 "우리가 성서를 공부하는 것은 사람이 사람다운 생활을 하기 위하여, 또 그 생활하는 능력을 얻기 위하여서다"라고 했습니다(『김교신 전집』 2권, 72쪽).

❖ 참 사람됨의 요건들

신앙심

김교신 선생에게 참 사람됨의 시작은 신앙이었습니다. 그는 "인격이 존엄한 까닭은 하나님의 형상대로 창조된 때문이므로 하나님이 높임을 받는 곳에서라야만 사람의 인격도 고귀한 빛을 나타낸다"라고 보았기 때문입니다. 그래서 그는 "조물주 여호와를 무시한 사회와 국가와 세계에서 인격의 존귀성이 비산(飛散)한다"고 했습니다(『김교신 전집』 2권, 42쪽). 또한 그는 신앙이 도덕의 출발점이요 도덕의 총화라고 생각했고, 신앙이 국가 융성의 원동력이라고 생각했습니다. 그는 말합니다. "생활의 근본 방침에 있어서 하나님께 대한 태도, 곧 신앙이 도덕이다. 하나님을 경외하고 이웃을 자기처럼 사랑하는 것이 도덕의 시작이요 신앙의 완결이다. 하나님과의 바른 관계, 이것이 도덕의 총화요, 갱생 융성의 원동력이라고 고래의 예언자가 번을 갈아 서면서 외치는 소리다"(『김교신 전집』 1권, 197쪽).

정직함과 신실함

김교신 선생에게 참 사람의 또 다른 근본 요소는 정직함과 신실함입니다. 그는 조선의 갱생을 위한 조선인의 제1급선무가 무엇인가를 질문하면서 무엇보다 먼저 회개할 것을 주장했는데, 우리 민족이 회개하여 회복해야 할 두 가지 요소, 즉 참 사람됨의 두 요소가 바로 정직성과 신실성임을 다음과 같이 말했습니다.

우리는 오늘의 문제요, 실제의 제일의적 급무로 젊은 조선인의 소원을 피로(披露, 널리 펼쳐 보임)하노니 조선 형제여, 우선 "회개"합시다. 하나님 앞에 자과(自過, 자신의 잘못)를 인식 회개하는 하나님과 사람 사이의 "정직성"과 사람과 사람 사이의 "신실성", 이 두 가지는 이양일원(二樣一元, 두 가지 모양이지만 근본은 하나임)의 기반이다. 신실을 결(缺)한 개인들을 모아 완전한 조직체를 이루려 함은 마치 시멘트 가루를 섞지 않고 사립만으로 조합하려 함과 같은 것이다.…조선의 정치와 경제를 염려하는 이는 우선 회개하라. 의분의 기개(氣槪)를 흠(欠, 부족)함을 탄하는 이도 회개하라. 그리하여 하나님과 사람의 관계를 정히 함으로써 사람과 사람 사이에 신실이 생기고 대분(大憤, 크게 분냄) 진용의 능력을 받아 나중에는 이방 사람이 구하는 바 여러 가지 축복까지도 받을 것이다(『김교신 전집』 1권, 31쪽).

신의

김교신 선생이 참 사람됨을 위해 강조한 것은 신의였습니다. 그는 학생들에게 신뢰받는 인간이 될 것을 많이 강조했는데, 양정고 22회 졸업생들은 졸업식장에서 그 사실을 다음과 같이 말하고 있습니다.

신의! 타(他)로부터 신임을 받는 인간이 되라고 우리 선생이 외치신 것은 실로 우리들이 제1학년 여름방학을 맞는 날이었다. 선생은 소시에 자기 모친에 대해 신의를 깨뜨린 일이 있음을 참회하시며 교장(教場)에서 손수건을 적시셨도다. 우리 이를 목도하였음이여! 아, 그날이래 심중에 굳게 잡고 놓치지 않는 노력이란 실로 신의 있는 사람이 되는 것이로다. 신의! 이 있어 인간은 왜 천국이 아니겠는가! 평화향(平和鄕)이 못될 것인가! 선생이여, 우리들은 다 신의를 위해 목숨을

버릴 것임이니이다. 원컨대 마음을 놓으시기를!(『김교신 전집』 1권, (68-69쪽)

또한 그는 우리들에게 희망이 되는 사람은 빈부귀천을 떠나 신뢰할 수 있는 사람임을 강조하여 말하기를 "정치, 교육, 종교 등의 상류가 흐리고 부패한 오늘에 목수와 토역 등의 하류에만 청정을 기대함은 무리한 일인지 모르나 상하가 또한 외형에 있는 것이 아니요 내질에 있다. 신의할 만한 목수 한 사람, 그는 정치가, 교육가 이상의 대인물이요. 진실한 미장이 한 사람은 구설(口說)의 종교가 이상의 소망을 우리에게 약속한다"(『김교신 전집』 1권, 120-121쪽)라고 했습니다.

정의감

김교신 선생에게 참 사람됨의 요소로 빼놓을 수 없는 것은 바로 정의입니다. 그가 "도덕은 오로지 의만을 목표로 할 것이다. 즉 다시 말하면 의이신 하나님만을 목표로 할 것이다"(『김교신 전집』 4권, 114쪽)라고 말했기 때문입니다. 그는 다니엘과 세 친구에 대해 말하기를, 그들은 "다만 망하면 망할지라도 의(義)에 당(當)한 것, 신의에 합한 일이면 감행하고, 땅 짚고 헤엄치듯이 안전한 일이라도 불의한 것은 거절한 것뿐이다"라고 하면서, "신앙생활은 기술(奇術)이 아니라 천하의 대도공의(大道公義)를 활보하는 생활이다. '망하면 망하리라'는 각오로써"(『김교신 전집』 1권, 160쪽)라고 했습니다. 또한 그는 "'의는 나라를 융성케 하고 죄는 백성을 욕되게 한다'(잠 14:34)라는 것이 기독교 국가 도덕이다"(『김교신 전집』 1권, 197쪽)라고 했습니다. 이처럼 그는 정의를 신앙생활의 요체요, 사회생활의 요체라고 생각하면서 불의와 타협하지 않았고, 정의의 대도를 세워나갔습니다. 그의 제자들은 말합니다. "선생은 불의를 심히 미워하고 의 아닌 일을 하는 때에는 그것이 자기 자신이건, 가족이건, 평생의 동지들이건, 자기 민족이건 한결같이 냉혹하게 처단했습니다. 우리가 재학 시대에 선생의 별명이 '양칼'이었습니다. 이것은 선생이 불의를 미워함에 사정이 없는 성격을 잘 표현한 별명인데 걸작이라고 믿습니다"(『김교신을 말한다』, 135쪽).

정의를 신앙생활, 도덕생활의 요체로 보았기 때문에 그는 정의감이 없는 종교인들을 다음과 같이 비판했습니다. "전문가 중에도 가장 불쌍한 것은 종교 전문가이다. 종교를 전업으로 삼는 자처럼 세상에 무익유해한 것은 없다. 종교 전문가라는 것은 섶에 오르게 된 누에처럼 그 체질이 투명무색하여 혈기가 없는 것이 그 특징이다. 저들은 허위 조작을 보고 듣고도 성내지 않고, 불의를 목도하면서도 노발할 줄 모르며, 억울한 일 당하는 것을 보면서도 구제할 마음이 발동하지 아니함으로써 도를 통했고 세속을 초탈한 까닭인 줄로 자긍한다. 우리는 그러한 초인간을 타기하고자 한다"(『김교신 전집』 1권, 257-258쪽).

사랑

김교신 선생에게 참 사람됨의 근본 요소는 신앙이었으며 동시에 사랑이었습니다. 그가 "하나님을 경외하고 이웃을 자기처럼 사랑하는 것이 도덕의 시작이요 신앙의 완결이다"라고 말하고 있기 때문입니다. 다음의 글은 그가 이를 잘 실천했음을 보여줍니다.

교사의 초기에는 교단 위에서 볼 때에 생도의 순량한 자와 불량한 자가 확연히 갈라져 보였다. 그리고 순량한 자가 귀엽게 보이는 반면에 불량한 자는 심히 가증해 보였었다. 그러나 오늘날 당해서는 선량한 자와 불량한 자가 모두 한결같이 귀여워 보이며 사랑스러워 보여서 가르치기보다 먼저 어루만지고 싶으니 이제 비로소 교사 자격이 생겼다 할 것인가. 또는 이젠 벌써 교사 자격을 상실하였다 할 것인가. 우리가 스스로 판단키 어려우나 심판적 태도가 자취를 감추고, 동정 연민의 정이 노출하게 된 변화의 흔적만은 숨길 수 없다(『김교신 전집』 1권, 67쪽).

김교신 선생은 기독교를 사랑의 종교라고 말하면서 사랑의 중요성을 강조했지만, 그 사랑은 언제나 정의를 배제하지 않는 사랑이었습니다. 그가 "의의 골근이 없는 시멘트 콘크리트 같은 사랑만을 창도하면 사회의 찬사를 받는 줄을 우리가 모름이 아니다. 우리 선생도 물론 완전무결한 이는 아니었지만 무엇보다 악을 폭격하는 의의 위력이 강렬하였으므로 뭇 소인들이 저를 기피하며 훼방하였다. 의의 폭격적 요소를 뽑아낸 사랑을 우리에게 권치 말라"(『김교신 전집』 2권, 134쪽)라고 한 사실에서 알 수 있듯이, 그가 말하는 사랑은 언제나 정의와 함께하는 사랑이었습니다.

그는 누구보다도 정의의 사람이었습니다. 그러나 동시에 그는 누구보다도 자주 진리에 감동하여 울고, 은혜에 감동하여 울고, 아름다운 것을 보고 울고, 착한 것을 보고 울고, 의로운 것을 보고 울고, 안타까웠던 것을 보고 울었던 눈물의 사람이었습니다. 이것은 그가 그만큼 마음이 따뜻했던 사람이었음을 보여줍니다. 김정환은 이렇게 말합니다.

하여간 그는 눈물을 자주 흘렸다. 라디오에서 심청전을 듣다가도, 자녀의 전학 수속을 하다가 문득 어머니와 하나님의 은혜를 회상하고도, 학업 성적과 품행이 나쁜 학생을 타이르다가도, 산에 가다가 단풍의 아름다움을 보고도, 그리고 시편을 공부하다가도 울었다. 1939년 5월 14일자 일기에는 새벽 4시 반에 깨어 시편 42, 43편을 주해하고자 정독하다가 감동되어 눈물로서 손수건 두 장을 다 적셔버렸다고도 적고 있다(『김교신』, 105쪽).

이런 김선생의 모습에 대해서 서울대 교수였던 류달영도 말하기를, "우리는 선생을 의에만 치우친 심판관형의 냉혹한 인물로만 알기 쉽고 또 '히니꾸'를 잘하는 인물로만 알기 쉽습니다. 그러나 선생처럼 쉽게 감격하고 뜨거운 눈물을 잘 뿌리는 분도 드물 것입니다. 피상적으로 선생을 만나는 사람들은 예레미야와 같은 그의 눈물의 생활을 지나쳐 보기가 쉽습니다. 선생은 눈물을 마시고 살아간 분입니다. 그의 일기를 읽어가노라면 그의 눈물의 내면적인 생활을 엿볼 수가 있습니다. 어느 해 겨울 새벽에 시편 42편을 읽던 선생이 눈물에 막혀 4-5번 읽기를 중단하면서 겨우 끝까지 읽는 것을 본 일이 있습니다. 착한 이야기, 의로운 이야기를 들으면 언제나 눈물을 머금고 했습니다"라고 했습니다(『김교신을 말한다』, 137쪽).

눈물이 많았던 김교신 선생은 특별히 약자들을 사랑했습니다. 김정환은 약자에 대한 김교신 선생의 사랑에 대해 이렇게 말합니다. "그의 사랑은 교실의 학생에게 국한되지 않고 소록도의 문둥병 환자들, 그리고 선생이 교직에서 추방된 뒤에는 흥남질소비료공장에서 강제 징용되어 일하고 있는 오천 명의 노무자에게도 확대되었다. 그는 이들의 복리, 후생, 교육을 위하여 투신하다 전염병에 걸려 며칠 만에 세상을 떠났다(1945. 4. 25.)"(『김교신』, 62-63쪽).

자비, 인자, 겸손, 온유, 관용

김교신 선생에게 참 사람됨의 또 다른 요소들은 자비, 인자, 겸손, 온유, 관용이었습니다. 그는 말합니다. "바울은 새사람의 덕성으로서 다섯 요소(자비, 인자, 겸손, 온유, 관용)를 들었지만 이것이 곧 위인의 요소이다. 위인이란 인간다운 인간, 남자다운 남자를 말한다. 그러나 남자답다는 것은 반드시 투견투계의 유(類)를 말함이 아니다. 그 가슴에 자비의 마음 즉 용광로 같은 연민 동정의 심정을 소유한 인간이야말로 참으로 남자다운 남자라고 불리울 것이다. 모세가 그런 사람이었다. 석가가 그런 사람이었다. 이사야, 예레미야 등이 그런 사람이었다. 장차 올 사회에 있어서는 자비의 마음, 인자, 겸손, 온유, 관용의 덕을 갖춘 사람만이 참 인간이고 따라서 참 위인이 될 것이라는 것이다"(『김교신 전집』 2권, 140쪽). 지금까지 보았듯이 김교신 선생은 기본적으로 성서적 진리에 근거해서 참 사람됨을 규명했으며, 그 자신이 참 사람됨을 실천하는 가운데 제자들을 참 사람됨으로 이끌었을 뿐만 아니라 성서 진리의 토대 위에서 새 조선을 건설하고자 했던 민족의 참 스승이었습니다.

참고 도서

노평구 엮음,『김교신을 말한다』, 부키, 2001.

＿＿,『김교신 전집』1권, 부키, 2001.

___, 『김교신 전집』 2권, 부키, 2001.

___, 『김교신 전집』 4권, 부키, 2001.

김정환, 『김교신』, 한국신학연구소, 1994.

저자 소개

정원범

대전신학대학교 기독교윤리학 교수

장로회신학대학교 신학 박사

- 대표적 저서로 『가톨릭 사회윤리와 인간존엄성』『신학적 윤리와 현실』『자크 엘룰의 윤리사상』이 있다.

5장

오천석,
하늘정원에 피는 꽃

김난예(침례신학대학교 교수)

❖ **노란 손수건**

다음 작품은 한 문학 소년이 미국 유학 시절 외국 잡지에서 읽은 것 가운데서 고통과 시련 속에서도 타인을 위해 삶의 빛을 밝힌 사람들의 감동적인 실화 22편을 번역해 엮은 『노란 손수건』의 표제 이야기입니다.

4년 동안 뉴욕 형무소에서 지낸 범죄자 빙고는 3년 반 전에 아내에게 자신을 기다리지 않아도 이해할 수 있다는 편지를 씁니다. 그리고 어떤 답장도 없이 세월은 흐릅니다. 갑작스런 가석방이 확실해지자 빙고는 다시 아내에게 편지를 써서 자신을 받아들인다면 마을 어귀 참나무에 노란 손수건을 매어달라고 합니다. 노란 손수건이 참나무에 매달려 있으면 버스에서 내려 집으로 갈 것이며, 노란 손수건이 보이지 않는다면 재혼을 했거나 받아들일 생각이 없다는 뜻으로 알고 모든 것을 잊겠다는 내용의 편지였습니다.

형무소에서 풀려난 빙고는 플로리다의 브론스위크 마을로 가는 버스를 탑니다. 그리운 아내와 아이들이 있는 집을 향해 막연한 희망과 절망의 두려움을 안고 버스를 탑니다. 침묵에 잠긴 빙고는 자신의 앞날이 어떻게 열릴지 사뭇 불안하기만 합니다. 빙고와 함께 버스를 탄 호기심에 가득 찬 여자가 더 이상 참지 못하겠다는 듯 다가가 말을 걸었습니다. 그는 한참을 머뭇거리다 겨우 침묵을 깨고 괴로운 표정으로 사연을 털어놓았습니다. 승객들은 모두 그 남자의 얘기에 몰입해 있었고, 남자의 목적지가 다가옴에 따라 승객들은 남자와 같은 심정으로 초조해하면서 밖을 내다봅니다. 막연한 기대 뒤에 잠시 후 눈앞에 나타날 절망의 순간을 대비하여 빙고는 마음속으로 단단히 각오를 합니다. 그러나 버스 승객들의 함성과 함께 눈앞에 나타난 참나무에는 온통 노란 손수건으로 뒤덮여 있습니다. 20개, 30개, 아니 수백 개가 바람 속에 환영의 깃발로 물결치고 있었습니다(오천석, 1981, 129-136쪽).

2006년 12월 29일, 『노란 손수건』 300쇄를 돌파한 기념으로 샘터 출판사는 서울 대학로 혜화역 2번 출구 앞에서 시민들이 자신의 희망을 노란 손수건에 직접 적어 플라타너스 나무에 매다는 행사를 진행했습니다. 마치 노란 희망의 꽃처럼…. 그로부터 8년이 지나, 또 다른 노란 리본이 여기저기에 매달려 있습니다. 그러나 바람에 흩날리는 노란 리본에 적힌 글귀들이 우리를 슬프게 합니다.

"친구들아, 고맙다. 너희들로 인해 대한민국이 어떤 나라인지 깨달았다."

"영어 교사에서 이민으로 장래 희망 바꿈."

"장래 희망, 이민."

"침몰하는 대한민국 호."

(「오마이뉴스」, 2014. 5. 5.).

2006년 혜화역 2번 출구 앞

2014년 4월 16일 세월호 침몰…. 침몰하는 배를 뻔히 바라보면서도 우리는 단 한 명의 생명도 구하지 못했습니다. 인간 생명을 중시하기보다는 사리사욕을 추구하며 성과와 이익만을 좇는 황금만능의 사회구조, 정부와 기성 세대의 무책임과 무능함의 총체적인 결과였습니다. 일시에 눈앞에서 사랑하는 가족과 친구와 동료들을 잃어버리고 깊은 분노와 절망과 슬픔에 빠져 있는 아이들이 "국가가 국민들에게 해준 것이 대체 무엇이란 말입니까?", "도대체 우리나라에도 희망이 있습니까?"라고 묻고 있습니다.

❖ 문학 소년의 희망을 그리다

스무 살의 앳된 청년이 미국행 배에 몸을 실었습니다. 미국 유학을 마치고 나서 프랑스나 러시아로 가서 문학을 더 공부하기 위함이었습니다. 그는 이미 한국 최초의 동화 앤솔러지『금방울』, 그림 형제의 동화집『그림 동화』, 최초의 세계 문학 앤솔러지『세계 문학 걸작집』을 번역했습니다. 그가 교실에서 여학생들에게 들려주었을 법한 이야기들을 번역하여 엮은『금방울』은 소파 방정환의『사랑의 선물』보다 앞서 1921년에 출판된 최초의 근대 동화집입니다. 그는 문학과 음악을 사랑하여 코넬 대학 문학부에 입학하여 셰익스피어를 읽는 등 문학에 심취했습니다.

그는 평안도 강서에서 부농 출신의 감리교 목사인 오기선의 맏아들로 태어난 오천석(1901-1987)입니다. 그의 아버지는 기독교 계통의 사립학교에서 교장직을 맡고 있었기에, 그는 5세부터 향리의 교회학교에 다녔습니다. 한일보호조약이 체결되자(1905), 교육만이 위기에 처한 나라를 구할 수 있는 길임을 깨달은 민족 선각자들은 사립학교

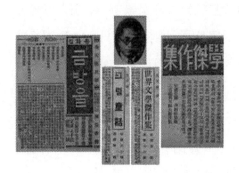

를 세워 인재 양성을 통한 구국 운동을 시작했습니다. 오천석은 소학교 시절을 회상하며 마치 알퐁스 도데의「마지막 수업」을 떠올리게 되었다고 말합니다.

나는 나이가 어려서 무등(無等)이었지요. 그때는 지금처럼 학년제가 아니고 등급제였습니다.…소학교 시절에는 악대가 있어서 손으로 북을 치며 연주하는 등 즐거운 학교생활이었지만 한일합방으로 끝났습니다(「경향신문」, 1973. 11. 2., 5면).

평양, 해주, 서울은 물론 일본을 오가며 활동한 아버지 덕분에 그

는 아버지의 임지를 따라 서울에서 소학교를 졸업하고 식민 지배국인 일본의 동경청산학원에서 중학부를 마쳤습니다. 이 시절 그는 여러 문인들과 함께 생활하며 친분을 맺기도 했습니다. 오천석이 중학교를 졸업할 때 한국에서는 삼일운동이 일어났고, 동경 유학생들 사이에서도 조국의 독립을 쟁취하기 위한 운동들이 날로 더해갔습니다. 그때 오천석은 문학에 심취해 있었는데 특히 톨스토이, 도스토예프스키 등 러시아 문학에 매력을 느껴 많은 문학 서적을 읽었습니다. 김동인, 이광수와도 만나 친분을 쌓으면서 「창조」라는 잡지에 참여하여 천원(天園)이라는 이름으로 작품 활동을 했습니다. 천석(天錫)이란 이름은 "하늘이 내려준"이라는 뜻이며, 천원(天園)이란 "하늘정원"을 뜻합니다. 일제 치하에서는 본명을 쓰는 것이 극히 위험했기에 부득이 다른 이름으로 작품 활동을 했던 것입니다.

그러나 일제하에서 공부를 더 할 수 없다고 판단한 오천석은 귀국하여 1년 남짓 교사 생활을 했습니다. 후일 그는 교사 생활을 이렇게 회상했습니다.

나의 교원 생활은 마냥 즐겁기만 하였다. 어린이들과의 생활은 나에게 새로운 세계를 열어주었다. 그때만 해도 당시 17세였던 내 나이와 비슷한 처녀들이 있어 처음에는 어색하기도 했지만 그것은 잠시, 무엇을 열심히 알려고 하는 소녀들의 맑은 눈동자를 대할 때 나에게는 교사라는 직업의 고귀성에 대한 의식이 싹트기 시작했다.…나는 교실에서 정성을 다하여 그들의 무지의 눈을 뜨게 하는 데 힘썼고, 운동장에서는 동심으로 돌아가 그들과 더불어 즐겁게 놀았다. 주말이 되면 인천 바닷가로 가서 조개잡이도 하였다. 아마도 교직이 나의 성격과 취미에 맞았던 모양이다(오천석,『외로운 성주』, 15쪽).

오천석이 번역가로 등장한 것도 바로 이 무렵이었습니다. 그는 교사로서의 삶을 즐거워했으나, 월간지「학생계」의 주필을 맡아 1년 정도 활동하면서 그것이 일제의 탄압으로 지속되지 못하고 이내 중단되자 큰 갈등을 겪습니다. 그는 천성이 온화하고 부드러우면서도 불의에 타협하지 않는 곧은 성격의 소유자였기에 일제의 문학 탄압은 그를 더욱 고통스럽게 했습니다. 부득이 그는 문학청년의 꿈을 찾아 결국 미국행 배를 탄 것입니다.

❖ 어둠 속에서 한줄기 희망의 빛이 비치다

그러나 미국 유학 생활의 처음 1년 동안 정열을 쏟아오던 문학을 접고 교육학에서 새로운 한 가닥의 희망을 찾습니다. 그는 그때의 심정을 이렇게 말합니다.

> 조국에 있을 때와는 달리 장래에 대한 불안을 느꼈어요. 또 번민도 많았구요. 귀국하면 조국을 위해 무엇을 해야 하는가를 생각했지요. 고민 끝에 나는 교육만이 조국을 위하는 길이라는 것을 깨달았지요(「경향신문」, 1973. 11. 2., 5면).

결국 오천석은 자신의 꿈과 희망이었던 문학의 길을 뒤로하고, 조국을 위해 무엇을 해야 하는가를 골똘히 생각하는 가운데 교육학 공부로 진로를 바꾸게 됩니다. 그는 일제 치하에서의 문학 활동이 어떤 것인지를 이미 몸으로 경험했기에 교육만이 조국을 위하는 길이라고 판단했습니다. 1920년대 미국에서는 교육학이 독립된 학문으로서 자리 잡고, 진보주의와 경험 중심의 교육이 한창 일어나고 있던 때였습니다. 또 그때만 해도 우리나라에는 교육학 전공자가 없었기에, 그는 교육학을 공부하고 교수가 되거나 교육행정가가 되겠다는 마음도 있었습니다(오천석, 『외로운 성주』, 25쪽).

그러나 그가 교육학을 선택하게 된 결정적 동기는 도산 안창호와의 만남이었으며, 그때 안창호로부터 받은 영향은 평생 지속됩니다. 그는 도산 안창호가 미국에서 유학생 청년들을 모아 흥사단을 조직하고 있을 때 시카고에서 그를 만났습니다(1923). 유학생들은 도산과 함께 3일간 밤을 지새우며 나라의 장래에 대한 이야기를 했습니다. 을사조약과 한일강제병합으로 우리 문화와 전통은 물론 자신의 고유한 이름과 성을 쓸 수도 없는 시대, 내가 누구인가라는 자신의 정체성마저 분열되거나 잃어버린 시대, 공부를 해도 희망이 없는 식민지 국민으로 살아가야 하는 암울한 시대 속에서 혈기왕성한 청년이었던 도산은 나라를 이 꼴로 만든 어른들이 우리 젊은이들을 무슨 낯으로 대할 수 있느냐고 항변했습니다.

그 자리에서 천원은 도산에게 "우리나라에도 희망이 있습니까?"라고 물었습니다. 이것은 도산에게 던진 질문이기도 했지만 그 자신에게 던진 질문이기도 했습니다. 도산은 눈물 섞인 목소리로 나라의 장래를 다음과 같이 말했습니다.

날이 잔뜩 흐리고 비가 억수같이 내리는 것을 보면, 마치 이 비가 평생을 두고 내릴 것같이 생각될 것이다. 그러나 언젠가 비는 그치고 날은 개고 태양 볕이 보인다. 그 이치와 마찬가지로 세상도 변한다(오천석, 『외로운 성주』, 45쪽).

천원에게 도산의 이 말은 교육만이 이 나라에 봉사하는 길이라는 것을 확신하게 만들었고 그 결과 과감히 문학의 길을 접을 수 있게 했습니다. 또한 일개 유학생에 불과한 자신을 만나 진지한 태도로 대화에 임하는 도산의 인격과 식견, 민족을 사랑하는 정신과 민족개조론에 깊은 감명을 받고 그것에 공감하게 됩니다(오천석, 『외로운 성주』, 44-45쪽). 천원이 학비를 벌어가며 공부해야 하는 힘들고 고된 유학 생활은 물론 나라가 없는 상황에서 "공부해서 뭐하나?"라는 회의가 들 때마다 도산은 큰 용기를 주었습니다. 도산의 민족정신은 천원의 민족교육과 삶에 깊이 뿌리내린 하나의 희망이었습니다.

또한 천원은 노스웨스턴 대학원 석사 과정에서 공부하는 동안 존 듀이가 쓴 『민주주의와 교육』에 깊은 감명을 받았습니다. 그는 후에 존 듀이가 있는 컬럼비아 대학교에서 박사 과정을 공부하며 민주주의 교육에 심취하게 됩니다. 듀이는 이미 은퇴한 후였으나 천원은 그의 강의를 수강하면서 거기서 새로운 희망을 보았습니다. 도산과의 만남 이후 조국 재건과 민족개조의 희망을 모색하던 그에게 듀이의 개혁론적 민주주의 교육은 희망의 씨앗이었으며 새교육 운동의 좌표가 됩니다. 그가 얼마나 듀이의 교육사상에 매료되었는지는 그의 회고록에 잘 나타나 있습니다.

동양으로부터 온 젊은 학도에게 가장 큰 영향을 준 것은 듀이의 교육사상이었다. 그의 사상에 점점 가까이 접근해감에 따라 나는 우리나라 교육 실정을 생각하지 않을 수 없었다. 적어도 천여 년이라는 장구한 세월에 걸쳐 일점의 수정도, 일보의 진보도 없이 계속되어 온 전통교육 방식이 끝난 뒤로부터 우리에게 강요된 교육은 일정의 억압 교육이었다. 이것과 비교하여 볼 때 듀이의 사상은 너무도 비약적이었고 너무도 새로운 것이었으며 너무도 이질적인 것이었다. 나는 마치도 하나의 새 세계를 발견하는 듯싶었다. 나는 다른 학설을 돌아봄 없이 이에 도취해버렸고 언젠가는 우리나라에도 이러한 교육을 실시할수 있는 기회가 주어지기를 바라는 마음 간절하였다(오천석,『외로운성주』, 54쪽).

❖ 쓰러진 정원에 서서 희망을 바라보다

천원 오천석은 역사의 격동기에 태어나 을사조약(1905), 한일합방(1910), 삼일운동(1919), 8·15해방(1945), 6·25한국전쟁(1950), 4·19의거(1960), 5·16군사정변(1961), 12·12사건(1979) 등 파란만장한 역사의 터널을 지났습니다. 암울했던 격변의 시대를 살면서 그는 신앙으로부터 인간의 존엄성과, 학문으로부터 민주주의의 의미와, 시대로부터 민족중흥이라는 것이 교육을 통해 가능하다는 희망을 보았습니다. 하지만 일본의 식민지 교육정책은 중등 수준 이상의 교육 기회를 극도로 제한하면서 저급한 수준의 노동력을 양성하려는 목적으로 단지 초등교육의 기회만을 점진적으로 확대하고 있었습니다. 고등교육의 기회는 지극히 제한되었으며, 유학통제 정책으로 유학생들은 유학 준비와 학업 과정 그리고 귀국 후 활동에 이르기까지 감시의 대상이 되었습니다. 식민지 말에 인구 1만 명당 초등교육기관 재학생은 830명인데 반해 중등교육기관은 40여 명, 전문학교 이상의 고등교육기관에는 2명 정도가 재학했다는 통계가 이를 잘 보여주고 있습니다(오성철, 1998, 228-232쪽).

오천석은 아버지의 도움으로 미국 유학을 할 수 있었고, 컬럼비아 대학에서 취득한 "민족동화 수단으로서의 교육: 한국에 대한 일본의 교육정책 연구"라는 철학 박사 학위논문(1931)을 통해 일제의 민족말살 정책에 동원된 교육의 부당성을 폭로했습니다. 귀국 후 보성전문학교(현 고려대학교) 교수로 재직하면서(1932-1935) 신문, 논설, 논문, 강의 및 강연 등으로 일본의 침략 교육에 항거하며 한국 민족의 교육 발전을 위해 힘썼으나 사회 전반에 걸친 일본의 감시와 탄압이 가중되고 조여오는 일본 경찰의 미행과 탄압으로 더 이상 교육 활동을 할 수 없게 되었습니다. 잃어버린 조국은 그의 역량을 발휘할 수 있는 기회와 무대를 제공하지 못했기에 할 수 없이 감시망을 피해 잠시 상해로 피신했다가(1942) 귀국하여(1944) 해방을 맞이합니다.

그러나 무늬만 광복이었을 뿐 분단으로 인해 남한에서는 인천에 미군이 상륙하고 미군정이 시작됩니다. 천원은 장차 독립국가가 될 때를 대비하여 무엇을 할 것인가를 생각하던 중 미국 유학 동지들과 영자 신문 「The Korea Times」를 발간하는 한편, 교육을 어떻게 할 것인가를 논의합니다. 미군정 당국자들은 사회 전반의 갈등과 혼란을 잠재우고 질서유지를 하면서 일본적 색채를 없애는 대신 미국식 교육을 우리나라에 이식시키는 과제를 수행해야만 했습니다.

당시 미군정은 해방과 함께 휴교된 학교를 다시 열고, 일본인들이 했던 교육 관련 업무를 대신할 한국인을 찾고, 한국인 교육 지도자들로부터 교육 문제에 대한 조언을 얻는 일이 급선무였습니다(오천석,

『한국신교육사[하]』, 8쪽). 그리하여 미군정의 교육 책임자인 락카드 대위는 미국식 민주교육을 정착시키기 위해 미국 유학 경험을 가지고 미국 민주교육제도에 익숙한 오천석을 만나자마자 곧 문교부 차장으로 임명합니다.

천원은 제일 먼저 초등학교를 다시 열기 위해 「한글 첫걸음」을 발간하고, 교원 강습회를 열어 새 나라를 이끌 교원 양성에 힘썼으며, 국대안(國代案)을 마련했습니다. 국대안은 격렬한 반대에도 불구하고 일본 교육기관이었던 기존 학교를 전면적으로 폐지하고 새로운 학문의 전당으로서 서울대학교를 통합하려는 안이었습니다.

해방에서 대한민국 정부가 수립되기까지 3년(1945-1948)은 우리나라 정치·경제·사회·문화·교육 전반에 새로운 질서를 확립하는 시기였습니다. 그는 문교차장과 부장을 지내면서(1945-1948) 일제에 강제로 빼앗겼던 한국 교육을 민주주의 초석 위에 재정립하는 일에 주력하는 가운데 미군정하의 교육정책의 기본 틀을 형성하는 교육심의회를 조직하여 민족교육의 토대를 마련하는 홍익인간 교육목적 설정, 일제의 복선형 학제를 단선형으로 개편하여 6·3·3·4의 기간학제 및 1년 2학기제 수립, 여자 교장 임명, 남녀공학, 일본식 교육으로부터의 탈피를 위한 국어 및 국사 교육의 강화, 국립서울대학교 창설, 의무교육 실시 등을 주도했습니다. 또한 민주교육이념 보급을 위한 교사 재교육, 교육제도의 민주화와 교육시설 확충, 문맹퇴치를 위한 성인교육 강조 등을 통해 민주적 교육 체제로의 전환과 교육 기회를 확대할 수 있는 제도를 마련했습니다. 제2공화국 때에는 문교부 장관으로서(1960) 교육대학 신설, 향토학교운동, 교과서 개편 등을 통하여 교육 민주화를 추진하기도 했습니다. 그를 평가하는 다양한 견해들이 있으나 그가 미군정 시대에 할 수 있었던 것은 스러진 정원에서 피어날 한국의 꽃을 바라보며 희망의 씨를 심는 일이었습니다.

❖ 하늘정원에 희망의 씨를 뿌리다

천원의 교육사상은 시대적 상황 속에서 현실을 직시하는 동시에 미래를 향한 몸부림으로서 신앙을 실천하는 것이었습니다. 그의 삶과 사상을 이해하는 일은 우리 사회와 교육의 한 시대를 이해하는 것입니다. 기독교 신앙, 안창호, 존 듀이 그리고 우리의 역사적 상황이 그의 사상의 배경이 되어, 그는 민주국가를 건설하고 민주교육을 정착시키는 일을 위해 평생을 매진한 민주주의 교육사상가였습니다. "나는 내 조국의 민주교육을 위하여 살고 일하다 가노라"라는 마지막 천원의 말(천원오천석기념회, 2002, 머리말)은 민주교육을 간절히 열망하고 실천했던 그의 삶의 투신 정도를 보여줍니다. 천원에게는 인간 존중, 민주교육, 민족교육이 희망의 씨였으며, 그의 삶과 정원에는 이런 씨앗이 뿌려지고 있었습니다.

❖ 가장 값지고 귀한 사람 씨

사람이 천하를 얻고도 생명을 잃으면 무슨 소용이 있느냐는 예수님의 생명 존중의 가르침에서 천원은 가장 귀한 희망을 발견합니다. 그는 사람을 가장 값지고 귀한 씨로 보았습니다. 그는 다음과 같이 말합니다.

세상 만물은 제각기 값을 가지고 있다. 어느 것 하나 값없는 것이 없지만 그 가운데서도 가장 값있는 것은 사람, 개인들이다.…그들의 값은 절대적으로서 국가나 사회 위에 서야 하고 제도나 관습 위에 서야 하고 철학과 과학 위에 서야 한다.…사람의 값, 이것은 최고의 값이요 절대의 값이다. 사람에 대한 존경, 사람의 가치를 지상으로 여기는 생각, 이 사상이 곧 민주주의의 기본적 조건이다(오천석, 『민주주의 교육의 건설』, 16쪽).

그는 인간의 존엄성을 인정하고, 개성을 소중히 여기며, 각 개인의 능력에 맞추어 교육하는 것을 중시했습니다(오천석, 『민주교육의 건설』, 17-20쪽). 인간을 수단으로서가 아니라 목적으로 존중하고, 인간의 권리와 의무를 공평하게 존중하는 건전한 마음은 기독교적 인류애로서 그의 교육적 삶의 기조를 이루고 있습니다(오천석, 『교육철학 신강』, 268쪽).

천원의 이런 생각은 그가 어린이들에 대해 얼마나 많은 관심을 가지고 있었는가에 잘 나타납니다. 예수님에게 나아온 어린아이들을 꾸짖는 그분의 제자들처럼, 장유유서라는 전통적 윤리관이 지배해온 한국에서 어린이보다 성인, 성인보다 노인, 노인보다 조상이 존중되었던 생각을 바꾸어 아동을 중심으로 생각하고 교육한다는 것은 가히 혁명적이라 할 수 있었습니다.

일본의 식민지동화교육이 강화되면서 일본어 교육 강조와 조선어 말살이 진행되어, 소학교 이상의 학교에서는 한국어 노래는 물론 한글 사용을 줄이다가 마침내 이를 완전히 철폐하는 시기인 1934년에 「동아일보」에 8회에 걸쳐 연재된 "유치원 교육 문제-유치원은 과연 무용한가"라는 논설은 일제 식민지 치하에서 한국 어린이들에게 유치원 교육의 필요성과 아동 존중, 아동 중심 교육 방법, 자유에 대한 조화적인 사고를 바탕으로 유치원 교육을 해야 한다는 것을 강조했습니다. 이는 조선총독부에 유치원 교육 내용과 관련된 규제 조항이 없었기에 1920년대 말까지는 일본의 침략 교육정책에서 비교적 벗어나 있었으나, 1930년대에 들어오자 유치원에까지 그 손길을 뻗어오는 것에 대한 항거였습니다. 오직 유치원만이 우리말 노래를 부를 수 있고 우리말로 옛날이야기를 할 수 있었던 민족교육 최후의 보루였는데 그것마저 침탈 대상이 되려할 때, 천원은 한국의 어린이 교육을 자유의 정신에 바탕을 두고 해야 한다고 주장한 것입니다(이상금, 1987, 178-180쪽). 어린이에 대한 이런 생각은 그의 기도문에 잘 나타나 있습니다.

주여, 저로 하여금 어린이에게 군림하는 폭군이 되지 않게 하시고 자라나는 생명을 돌보아주는 어진 원정(園丁)이 되게 인도하여주옵소서. 제가 맡고 있는 교실이 사랑과 이해의 향기로 가득 차게 하여주시고 이로부터 채찍과 꾸짖음의 공포를 영원히 추방하여주옵소서. 모른다고 꾸짖는 대신에 동정으로써 일깨워주고 뒤떨어진다고 억지로 잡아끄는 대신에 따뜻한 손으로 제 걸음을 걷게 하여주시옵소서. 길을 잘못 간다고 책벌을 주기에 앞서 관용으로써 바른 길을 가르쳐주고 저항한다고 응징하기에 앞서 애정으로써 뉘우칠 기회를 주도록 도와주시옵소서!(오천석, 『스승』, 교육과학사, 3-6쪽)

❖ 마음에서 출발하는 민주 씨

식민 생활에서 벗어난 우리 민족의 지상 과제는 민족자주 국가를 수립하는 일이었으나, 해방 후 미국과 소련의 점령과 주둔으로 인해 한반도는 사회주의 체제와 자본주의 체제로 양분되었습니다. 자본주의 체제의 미군정이 여전히 또 하나의 새로운 식민지 형태였다는 것은 부인할 수 없는 시대적 상황이었습니다. 그럼에도 오천석은 미국 유학을 통해 배우고 익힌 민주주의와 민주주의 교육이 우리나라와 교육 현장에 자리매김하도록 힘썼습니다.

민주사회는 사람이 최고의 가치로서 수단이 아닌 목적이며 또 외부의 강제를 받지 않고 자신의 이성과 판단에 의해 자기의 행동을 결정하고 실천할 수 있는 사회, 공정하고 평등한 사회, 개성이 존중되는 사회를 의미합니다. 이런 천원의 민주주의 교육 이념은 그의 『교육의 기본이념』에 잘 나타나 있습니다.

> 민주주의는 사람의 마음에서 출발한다. "천리 길도 한 걸음부터"란 말과 같이 민주주의의 먼 길도 내 옆 사람의 존엄성을 인정하고 그를 하나의 인격으로 대할 때 민주주의의 첫걸음이 시작되는 것이다. 민주주의는 사람의 가치를 다른 모든 가치 위에 올려놓으려는 데서 출발된다(오천석,『교육의 기본 이념』, 46-48쪽).

민주주의를 하나의 정치제도로 보거나 선거제도로 보는 것은 민주주의의의 일면만을 보는 것이라고 그는 말합니다.

국가의 어떤 정치적 형태를 가르치는 데만 사용하는 말도 아니고 이론에만 그치는 학설도 아니라 훨씬 광범위한 의의를 갖고 있는 일종의 생활방식이요, 사회적 신앙이다. 이 생활방식, 신앙이 정치생활에 적용될 때에 민주정치가 되며, 경제생활에 사용될 때에 민주경제가 이루어지는 것이며, 이것이 사회생활에 실천될 때에 민주사회가 형성되는 것이다(오천석, 『민주주의 교육의 건설』, 12쪽).

민주사회는 각 개인이 자아실현을 함으로써 하나님이 인간에게 주신 자유롭고 창조적인 생활을 영위하며 이웃과의 관계를 깊게 넓혀서 자신의 생을 완성시키고 사회 발전에 이바지하는 과정입니다 (오천석, 『민주교육을 지향하여』, 76-77쪽). 하지만 존귀한 사람이 오랫동안 홀대당하고 그 존엄성이 유린되어왔기에 민주주의는 이를 회복하고 존엄성을 신장시키기 위하여 장구한 세월에 걸쳐 투쟁합니다. 민주주의의 역사는 이러한 투쟁사이며, 이런 투쟁을 통하여 노예 상태에서 구출되었고 폭군의 전제와 압박으로부터 해방된 것입니다(오천석, 『발전한국의 교육이념 연구』, 1973, 78-79쪽).

❖ 벗어나려는 몸부림 씨

천원은 일찍이 어린 나이에 을사조약 체결에 반대하는 제등 행렬과 담임선생의 구속을 보았고, 일본에서 중학교 졸업을 한 달 앞두고서 동경 유학생 학우 대회에 갔다가 학우들이 구속되는 경험을 했습니다. 또 미국 유학 시절 코넬 대학에서 축구 시합을 시작할 때 국기에 대한 경례를 하면서 "나에게는 충성이 있으되 이를 바칠 곳이 없다"

는 생각에 눈물을 흘리기도 했습니다(오천석, 『외로운 성주』, 28쪽).

천원의 민족에 대한 사랑은, 1934년 보성전문학교 교수 시절에 학생 45명을 대상으로 한글 가로쓰기의 효용성을 실험하여 그 연구 결과를 보성전문학교 「연구연보」 창간호에 게재한 것에서도 볼 수 있습니다. 이때는 우리말과 글에 대한 말살 정책이 본격화되기 시작하던 때여서 다른 연구지의 논문들은 대부분 일본어로 쓰였습니다. 그러나 천원은 우리 민족의 얼이 담긴 한글의 보다 효과적인 읽기와 쓰기 방법을 개량하기 위해 본격적으로 연구하고 실험한 것입니다(김은산, 「민주교육」 제2호, 1992, 24쪽). 이 일은 천원이 교수직에서 물러나는 계기가 되지만 이런 활동들은 자신의 자발적 신념에 의한 것이었습니다.

천원은 나라를 잃었던 시대적 상황과 개인적 경험에서 민족적 위기의 원인을 끊임없는 공산주의의 위협과 빈곤, 정치적 분열과 혼란, 사회의 도덕적 기강 해이로 진단하고 이에서 벗어나려는 민족적 과제로 "근대화, 민주화, 한국화"를 향해 정진합니다(오천석, 『민족중흥과 교육』, 271-303쪽). 근대화란 과학적이고 실험적인 사고방식으로서 권위주의적인 사고방식과 비합리적인 생활 태도에서 벗어남을 말합니다. 민주화란 자유와 평등이 보장되며 사람을 존중히 여기는 생활 방식으로서 최고의 선인 자아실현을 위한 것입니다. 한국화란 자신을 재발견하여 민족적 긍지를 가지고 민족의식 박약, 사대사상, 좁은 애국심 등의 민족적 위기에서 벗어나 선조들의 문화유산을 계승, 발전시켜 세계 문화와 인류 문화에 이바지하는 것입니다. 즉 근대화를 통하여 경제발전을 기하고, 민주화를 통하여 정치발전을 이룩하며, 한국화를 통하여 민족의식을 강화함으로써 민족중흥을 달성하는 것이었습니다.

10년 후 그는 이 사상을 "민주주의의 한국화", "민족주의의 민주화", "근대화의 한국화"란 말로 더욱 강조합니다(오천석, 『발전한국의 교육이념 탐구』, 280-307쪽). 민주주의는 민족문화를 창달하되 민족주의가 국수주의에 흐르지 않도록 경계하며, 과도한 경제발전 지향이 물질만능주의로 흐르는 것을 경계하려는 것이었습니다. 또한 그는 미군정기에 우리 문화에 칩거하고 배타적으로 타 문화에 문을 닫는 이기적인 민족주의는 세계 평화를 위협하는 것이므로(오천석, 『교육철학신강』, 301쪽), 전통 사회의 민족주의 교육을 답습하기보다는 이것을 한국 민족교육의 민주화를 위한 적극적 검토의 대상으로 보았습니다.

❖ 하늘이 내려준 하늘정원에 새교육의 바람을 일으키다

천원은 씨를 뿌리는 농부의 마음으로 미군정기에서 새교육의 바람을 일으킵니다. 새교육의 바람은 억압적이고 차별적이며 획일적이고 주입식인 일제 교육에 반대하는 동시에 인간의 개성과 자율성을 존중하고 실생활과 관련된 학습에로 옮겨갔습니다. 민주사회가 되려면 인간의 가치가 존중되는 민주교육이 우선이었으나 우리나라는 그렇지 못했습니다. 일찍이 유교문화에서 형성된 교육은 입신양명의 수단으로서 암기식 지식 교육이었고, 일본 식민지 시대에는 무엇을 얼마나 아는가에 중점을 두는 주입식 지식 교육이었으며, 해방 이후는 입시 위주의 지식 교육에 주력함으로 결국 교육에서 인간이 소외되었습니다(오천석, 『외로운 성주』, 251쪽). 사람은 무한한 성장 가능성과 자기 확장의 잠재력이 있음에도 불구하고 교육에서 인간이 소외되고 오로지 지식 중심 교육으로 일관되어왔습니다.

그래서 교육을 토대로 하지 않는 민주주의는 민주주의란 탈을 쓴 독재국가라고 할 만큼 교육을 강조하고, 특히 일본제국주의는 무엇보다도 인간의 존엄한 가치를 인정하지 않는다는 점에서 비민주적이라 비판하면서, 그는 우리 교육에 뿌리 내린 일본의 잔재를 청산하고자 했습니다.

> 민주주의 국가를 건설하려는 새교육은 결코 일본이 남기고 간 교육을 계승해서는 될 수 없다. 8·15로써 구교육에 종지부를 찍고 새 출발을 하여야 한다. 마치 병자를 다스리는 의사가 먼저 그 신체 내에 숨어 있는 독소를 씻어내듯, 새교육을 세우려면 우리 학교에서 일본적 잔재를 청산해야 한다. 이것이 새교육 건설의 첫걸음이다(오천석,『민주주의 교육의 발전』, 8쪽).

그는 우리말로 의사소통을 하고, 주입식 교사 중심 교육에서 아동의 개성과 경험을 중시하는 민주적인 아동 중심 교육으로 전환을 시도했습니다(경기도교육위원회, 1975, 408-409쪽). 그는 1948년 7월 15일, 대중에게 민주교육을 알리고 일본적 잔재를 씻어내어 교육 발전을 꾀하며 새 나라의 기틀을 마련하기 위해 「새교육」을 창간합니다. 1960년대를 전후한 새교육에 대한 온갖 비판에도 불구하고, 그는 인간을 존중하며 자유를 사랑하는 가치 교육과 인격 교육을 강조하면서 행진하며, 또 쓰러진 정원이 다시 세워져 거기서 새 나라의 새로운 꽃이 피기를 희망하며 정원사의 꿈을 새교육으로 심었습니다.

한국 교육사에서 천원을 논하지 않고는 현대 교육을 말할 수 없습니다. 그는 미군정 시기의 교육정책과 행정에 깊이 관여하여 한국 교육의 정초를 다지는 작업을 했고, 이는 미군정기뿐만 아니라 그 이후의 교육정책에도 큰 영향을 주었습니다. 천원은 대한민국의 현대 교육학과 교육실천에 지대한 영향을 미친 한 사람으로서 교육학을 평생의 업으로 삼은 교육학자이자 교육철학자이며, 교육 현장에서는 스승이자 실천가로서 또 교육행정가로서 민주주의 교육의 틀과 한국교육 발전에 기초를 다진 선각자였습니다.

기독교 신앙을 바탕으로 천원은 인간존엄성과 민주, 민족에 대한 희망의 씨를 가지고 쓰러진 정원에 새바람을 일으키어 현대 교육학의 학문적 정초를 마련했으며, 민족중흥의 대과업을 위한 교육 과제를 단행하기도 하였습니다. 그는 민주주의에 대한 확고한 신념으로 민주교육의 틀을 다지고 한국의 교육 현실이 안고 있는 문제점에 대해서는 말년에 이르기까지 진단하고 비판하고 그 해결 방안을 모색하는 일에 매진했습니다. 왕성한 저술 활동으로 교육에 대한 자신의 생각과 바램들을 체계화하는 모습을 보며, 천원의 후학들은 "그는 삶을 경건하고 겸허하게 살다간 선비의 대표적 표상이다. 그는 자는 시간 외에는 쉬지 않고 꾸준히 그의 삶을 쌓아나갔으며, 우리나라의 산하를 끔찍이 사랑했으며, 민주주의 교육에 대한 신념이 투철했고 그 실현을 위해 일생을 바친 분이었다"라고 회상합니다(우정길, 2012, 57-77쪽).

그는 스스로 교육자가 된 것을 자랑스러워했으며, 한국 교육자의 한 사람으로서 우리나라 교육의 민주화에 전력을 다하였고 민주교육의 참된 의미를 일깨웠습니다. 무엇보다 인간 생명의 존엄한 가치와 자유, 민주주의 교육, 참된 국가의 존재가 절실한 오늘의 교육에서 그가 더 그리워지는 것은 무엇 때문일까요? 이 시점에서 그의 기도가 우리 마음의 하늘정원에 조용히 싹을 틔우는 봄바람이 됩니다.

주여, 그러나 저는 저에게 맡겨진 이 거룩하고도 어려운 과업을 수행하기에는 너무도 무력하고 부족하며 어리석습니다.
갈 길을 찾지 못하여 어둠 속에서 방황할 때,
저에게 광명을 주시어 바른 행로를 보게 하여주시고
폭풍우 속에서 저의 신념이 흔들릴 때,
저에게 저의 사명에 대한 굳은 믿음을 주시어
좌절함이 없게 하여주시옵소서.
힘에 지쳐 넘어질 때, 저를 붙들어 일으켜주시고
스며드는 외로움에 몸부림칠 때, 저의 따뜻한 벗이 되어주시며
휘몰아치는 슬픔에 흐느낄 때, 눈물을 씻어주시옵소서.
세속의 영화와 물질의 매력이 저를 유혹할 때,
저에게 이를 능히 물리칠 수 있는 용기를 주시고
제가 하고 있는 일에 의혹을 느낄 때,
이를 극복할 수 있는 총명과 예지를 주시옵소서!

주여, 저에게 힘과 용기를 주시어
이 십자가를 능히 질 수 있게 하여주시고
저를 도우시어 긍지를 느낄 수 있는 스승이 되게 하여주십시오!

참고 도서 ─────────────────────────

경기도교육위원회,『경기교육사(1883-1959)』, 1975.

김은산, "천원 오천석의 한글 가로쓰기 실험",「민주교육」제2호, 1992.

오천석,『교육철학 신강』, 교학사, 1972.

_____,『노란 손수건』, 샘터사, 1981.

_____,『민주주의교육의 건설』, 오천석 교육사상문집 1, 광명출판사, 1975.

_____,『민족중흥과 교육』, 오천석 교육사상문집 2, 광명출판사, 1975.

_____,『한국신교육사(하)』, 오천석 교육사상문집 4, 광명출판사, 1975.

_____,『발전한국의 교육이념 연구』, 배영사, 1973.

_____,『외로운 성주』, 오천석 교육사상문집 10, 광명출판사, 1975.

_____,『민주주의와 교육』, 교육과학사, 1984.

_____,『스승』, 교육과학사, 2006.

우정길, "천원 오천석의 교사인간학에 관한 연구",「교육발전연구」vol. 28, no.
    2, 2012.

이상금,『한국근대 유치원 교육사』, 이대출판부, 1991.

_____,『해방전 한국의 유치원』, 양서원, 1995.

정세화, "천원 오천석의 교육사상 연구",「교육철학」, 한국교육철학연구회,
    1992.

천원오천석기념회,「민주교육」제12호, 천원기념회, 2002.

저자 소개

김난예
침례신학대학교 기독교교육과 부교수
충남대학교 교육학 박사
- 대표적 저서로『아이들의 발달과 신앙교육』『신앙과 심리』
『미래시대·미래세대·미래교육』(공저)이 있다.

최용신,
종소리처럼 시대를 깨우다

조은하(목원대학교 교수)

1. 종소리처럼 찾아온 여인, 최용신

아침 저녁 저의 손으로 치는 그 종소리는 저의 가슴뿐 아니라 이곳 주
민들의 어두운 귀와 혼몽이 튼 잠을 깨워주고, 이 청석골의 산천초목
까지 울리겠지요(심훈, 『상록수』).

최용신을 생각하면 제일 먼저 종소리가 떠오릅니다. 어둠을 가르며
새벽을 깨우는 종소리, 공기를 어루만져 소리를 만드는 종소리, 잠을
깨울 뿐 아니라 가슴과 정신을 깨우쳐주는 종소리 말입니다. 꽃다운
26살의 나이로 삶을 마감했지만, 많은 사람들의 가슴속에 깊은 울림
을 남기고 간 최용신은 마치 종소리와 같이 사람들에게 찾아왔습니
다. 그리고 압제와 슬픔과 고통 속에 숨죽이고 있던 사람들을 깨워주
었고, 그들의 삶을 흔들어주었습니다.

최용신에게는 "여성 농촌계몽운동 선구자"란 칭호가 따릅니다. 그녀는 일제 시대 농촌계몽운동에 자신의 생을 불꽃처럼 바쳤습니다. 특별히 천곡학원이라는 교습소를 통하여 교육 활동에 투신함으로써 암울한 시대 속에서 농촌에 희망의 불빛을 비춘 사람입니다. 그녀의 삶은 심훈에 의하여 『상록수』라는 소설로 재현되었고 이후 농촌운동, 여성운동, 민족운동, 교육운동의 중요한 모델이 됩니다. 이런 열정적인 활동을 가능하게 했던 것은 그녀의 신앙의 힘이었고, 특별히 신학 공부 가운데 얻은 농촌의 중요성에 대한 각성 때문이었습니다. 그렇기에 그녀의 모든 활동 앞에는 자연스럽게 "기독교" 운동가라는 이름을 붙일 수 있습니다(이덕주, 2003, 268-269쪽).

그러나 이 모든 역할의 근간이 되는 실제적 활동은 교육 활동이었습니다. 그녀는 민족운동도 여성운동도 농촌계몽운동도 그 시작을 교육으로 보았고 또한 그 운동을 "천곡학원"에서의 아동과 여성을 중심으로 하는 교육에서부터 시작했습니다(손인수, 1976, 266-267쪽). 그녀는 진정한 선생님이었고 또 교육을 통해 사람이 살 만한 세상을 만드는 것을 꿈꾸던 교육가였습니다. 그녀는 꿈을 가진 사람이었고, 꿈을 전한 사람이었으며, 꿈을 이루게 하는 사람이었습니다.

2. 슬픔의 시대, 아름다운 원산에서 태어나다

최용신은 1909년 8월 함경남도 덕원군 현면 두남리에서 출생했습니다. 이때는 일제가 1905년에 을사조약을 강제로 체결하고, 1906년 통감부를 설치하여 본격적인 통치 작업을 시작한 직후입니다. 곧 일제 통치의 반발로 의병운동이 발발하고 1907년 군대 해산, 1908년 동양

척식주식회사 설립, 1909년 안중근 의사의 이토 히로부미 사살, 1910년 한일합방 등 실로 숨가쁜 정치적 상황이 진행되던 때입니다. 그가 태어난 두남리는 원산읍에서 십여 리 떨어진 아름다운 곳으로 원산읍보다도 일찍 기독교가 들어온 곳이요, 또 먼저 사립학교가 설립된 곳이며, 과수원으로 유명한 학농원이 있는 곳입니다. 농촌으로서의 아름다운 서정과 더불어 교육적 여건이 좋은 곳이었습니다.

그녀는 구국 교육가 집안의 아버지 최창희와 모친 김씨 사이에서 2남 3녀 중 넷째로 태어났습니다. 조부는 사립학교를 세워 교육 사업을 했고, 부친은 1920년 미의원한국방문단에 한국의 독립 의지를 전달하다가 체포되었으며 1927년에는 신간회 덕원지회의 부회장으로 활동하기도 합니다(윤유석, 2010, 18쪽). 아버지의 독립 활동으로 집안이 가난했는데, 이런 어린 시절의 경험은 그녀로 하여금 훗날 다른 가난한 사람들을 생각하게 했고, 이 겨레의 살길은 농촌 계몽에 있다는 신념을 싹트게 했습니다. 그녀는 루씨지학교를 거쳐 원산 루씨보통학교에 유학했던 4년의 시절을 회고하며 "집안은 말할 수 없이 가난해져서 학비에 심한 곤란을" 받았고 "끼니를 잇지 못함에 4년 동안 점심을 끊었다"라고 말했습니다. 그리고 이런 기록은 지독한 가난과 배고픔으로 이어지는 그녀의 인생 체험을 잘 말해줍니다(이덕주, 2003, 277-278쪽).

그녀가 루씨여학교를 다녔던 1920년대는 일반 학생 사회뿐 아니라 교회와 기독교 기관 단체들 사이에서 농촌운동에 대한 자각이 일어나 다양한 농촌운동이 전개되기 시작한 시기였습니다. 이 시기에 학생들은 방학 때만 되면 "민중 속으로!"(브나로드)를 외치며 농촌으로 들어가 야학과 문맹퇴치운동을 했고 이를 새로운 차원의 민족운동으로 인식했습니다. 그뿐 아니라 최용신이 자란 원산은 1896년에 북감리교회가 들어갔고, 선교 구역 조정으로 1901년 남감리교회로 관할권이 넘어간 다음에는 원산 읍내에 루씨여자보통학교 및 루씨여자고등보통학교가 세워져 많은 여성 인재가 배출된 곳입니다. 그리하여 그녀는 쾌적한 자연환경을 배경으로 기독교적이며 교육적인 분위기에서 자라는 동안 농촌에 대한 경험적 관심과 아울러 여성 지도력 신장이 사회적 변화의 시초가 되는 것을 학교교육 속에서 체험하게 됩니다. 그리고 이런 경험은 장차 그녀가 농촌계몽운동가로 활동할 수 있는 인식의 기반이 됩니다. 그렇다면 그녀가 농촌계몽운동에 대한 절실한 필요를 느꼈던 것은 어떤 이유이며 또한 그녀의 활동과 사상에 영향을 준 생애적 경험은 무엇이었을까요? 가장 큰 요인은 당시의 역사적 정황이었습니다. 휘몰아치는 역사의 소용돌이야말로 그녀의 사상과 삶에 가장 큰 영향을 주었습니다. 일제의 문화통치 정책과 식민화 교육, 하지만 그런 와중에서도 민족의 정신을 이어가고자 했던 기독교문화운동이 그녀가 서 있던 삶의 자리였습니다.

❖ **독립운동과 일본의 문화통치**

일제가 한국을 강점한 후 1920년대를 소위 문화정치 시대라 합니다. 이 기간은 일제의 전체 통치 기간으로 볼 때 제2기(1920-1930)에 속합니다. 1919년에 일어난 만세운동으로 인하여 일제는 자신들의 무력통치 정책을 문화정치로 전환하게 되는데, 이것은 그들이 과거 정책을 실패로 간주하고 새로운 통치 방법을 고안해낸 것입니다. 더 구체적으로는 한국인의 독립운동의 기운의 근간을 이루는 교육열, 조직화 경향, 청년운동 등을 도리어 역이용하여 식민통치의 목적을 이루도록 해야 할 것이라 생각하고 그 방법으로 회유, 기만을 내용으로 한 문화운동을 제안한 것입니다. 문화통치는 한국인의 독립 의지를 정면으로 거부하지 않고 오히려 독립을 위해서는 정치적·경제적 지위의 향상을 꾀해야 한다고 하면서 사실상 독립의지를 서서히 꺾기 위한 정책이었습니다. 하지만 이러한 정책에 동조한 것은 친일파, 예속자본가 등 소수의 친일 세력이었고 대부분의 우리 국민은 즉각적인 독립론을 외치며 일본의 기만적인 문화운동에 대하여 한결같이 반대했습니다(강동진, 1985, 386-387쪽).

❖ 일본의 교육정책과 농촌계몽운동

이 시기에 일제는 1931년 우가키 총독이 부임한 것을 계기로 한국 농촌을 상대로 하여 소위 관제 운동인 농촌진흥운동을 폈습니다. 이것은 일제의 일관된 방침인 실용주의 교육정책을 더 구체적으로 발전시킨 것입니다. 농촌갱생운동은 앞으로 일본이 대륙 침략 전쟁을 수행하는 데 필요한 물자를 미리 준비해두자는 것이었습니다. 이러한 제국주의적 목적을 위하여 보통교육에 있어서 직업교육을 강화하고, 초등학교에서의 직업교육도 강화합니다. 또한 보통학교 졸업자 지도 시설을 확충하고 농촌 간이학교 제도를 창설하기도 합니다. 농촌 간이학교는 1934년에 창설된 것으로 수업 연한은 2년, 입학 아동의 연령은 10세로, 교원은 1교 1인으로 했고 교과목은 수신, 일어 및 조선어, 산술 및 직업과로 되어 있었습니다. 그러나 실제 교육 목적은 다음과 같았습니다.

① 일본인을 만드는 일

② 일어를 읽고 쓰고 말할 수 있도록 하는 일

③ 직업에 대한 초보적 이해와 능력을 갖게 하는 일 등입니다(오천석,
　1964, 279-291쪽).

　이러한 일본의 교육정책에 대한 반동으로 일어난 운동이 바로
농촌계몽운동입니다. 농촌계몽운동이란 광범위한 민족교육을 말하
는 것이 아니라 농민을 대상으로 한 일종의 교육운동입니다. 야학이
나 강연 그리고 생활교육을 통해 민족 역량을 기르는 사회교육으로
서, 일제의 민족적 동화 정책과 한국인 노예화 정책에 맞서 민족정신
과 자주정신 및 독립의식을 갖도록 일어난 운동입니다. 이는 일본이
실시한 교육의 제한된 기회와 왜곡된 목적에 대항하는 교육운동으로
볼 수 있습니다(홍석창, 2001, 68쪽). 이러한 농촌계몽운동에 가장 앞장
을 선 기관은 YMCA와 YWCA입니다. 당시 우리 농촌사회의 부녀자
들은 대부분이 문맹이었고 생활도 가난하여 사회의 어느 부류보다도
계몽이 더욱 필요했습니다. YWCA는 이러한 현실 속에서 전국 각지
에 야학을 설치하여 문맹퇴치사업을 벌이고, 필요에 따라 수시로 강
습회를 열어 교회 봉사나 가정관리 그리고 육아법을 가르치는 등 기
초적인 기술교육을 실시했습니다. 또한 여름방학과 겨울방학을 이용
하여 농촌의 어린이와 부녀자들의 문맹퇴치에 힘쓰는 한편 생활개선
을 교육했고, 웅변 대회나 토론회를 개최하여 여성들의 발언 능력과
집회 기능을 향상시켰습니다(정요섭, 1971, 135-138쪽). YWCA가 실천
한 농촌계몽운동의 가장 큰 성과 중 한 사례가 바로 최용신의 농촌계
몽운동입니다.

❖ 일본의 문화 정책과 기독교문화운동

삼일만세운동이후 여러 사립학교와 각종 강습소가 서울을 비롯한 각 지방에 설립되었으며, 그 기관을 통해 가장 기본적인 한글을 가르치는 "문맹퇴치운동"이 일어났습니다. 이 운동은 "문자보급운동"이라고도 하는데, 이 운동에는 기독교와 신문사가 가장 큰 역할을 했습니다. 교회는 교회학교(주일학교)와 아동성경학교를 통하여 한글을 보급시켰습니다. 교회학교운동은 1890년부터 시작되어 1897년에 이르러는 평양에 다섯 개의 교회학교가 설립되고 교재도 만들어집니다. 이렇게 시작한 교회학교는 1919년에는 일만 개 이상으로 늘어납니다. 교회학교에서는 주로 노래와 성경 이야기를 가르쳤지만, 삼일만세운동 이후에는 교육운동을 통한 구국운동으로 그 체계가 더욱 정교화됩니다(문동환, 1973, 38-39쪽). 하기 아동성경학교는 1922년 시작되는데, 1930년에는 36,239명이었던 아동 수가 1934년에는 128,926명으로 증가합니다. 그리고 이러한 아동 수 증가에 맞춰 조선어학회에서는 한글 교재를 발행하여 무료로 배포했습니다. 이를 통해 대개 한 달이면 한글을 습득하여 읽고 쓸 수 있게 되었습니다(조용만, 1975, 128쪽). 한편 신문사를 통한 문자배급운동을 보면 1929년부터 1934년까지 여름방학을 통해 귀향하는 학생들을 동원해서 한글 보급반을 조직한 후 전국 방방곡곡에 파송했습니다. 그러나 이러한 문자보급운동은 1935년에 이르러 「동아일보」의 브나로드운동과 함께 총독부의 탄압으로 중단되고 맙니다(홍석창, 2001, 64-65쪽).

3. 혼몽의 시대, 빛나는 꿈을 키우다

❖ 루씨여학교와 협성여자신학교에서 시대를 배우다

최용신은 8세 때인 1916년 마을에 있는 사립학교에 입학했습니다. 2년간 이곳을 다니던 중 열 살 되던 해인 1918년 봄, 선교사가 운영하던 루씨여자보통학교로 전학을 했습니다(김형목, 2009, 42쪽). 루씨여자보통학교는 식민지 노예교육에 대한 저항 활동을 지속적으로 전개했는데 그 일환의 하나로 삼일만세운동에 동참하는 등 민족 모순 해결에 일익을 담당했습니다. 또한 신문사가 전개한 문자보급운동과 브나로드운동에 참여하는 등 사회단체와 연계된 활동도 했습니다(정요섭, 1971, 88-90쪽).

루씨여자보통학교를 우등으로 졸업한 최용신은 1929년 서울 감리교협성여자신학교로 진학을 합니다. 당시 신학교 교장이었던 채핀(A. B. Chaffin) 부인은 농촌 문제에 관심이 깊어 신학교 안에 여성 농촌지도자 양성을 위한 "농촌사업지도교육과"를 개설하고 1929년 1월 황애덕에게 그 일을 맡깁니다. 황애덕 교수는 방학을 기해 학생들을 둘씩 짝지어 농촌으로 파송해 농촌 현실을 파악하고 운동 현장을 체험하도록 했습니다. 최용신과 그의 동창 김로득은 1929년 여름 황해도 수안 용현리로 농촌 실습을 나갔다가 "농민들의 핍박을 많이 받아 농촌 개발이 학창에서 생각하던 것같이 단순한 것이 아닐 뿐 아니라 참으로 난사인 것을 비로소 체험"하고 돌아옵니다(이덕주, 2003, 279쪽).

그러나 1931년 봄 학기를 앞두고 교장인 케이블 박사와 몇몇 교수들의 문화우월주의적이고 인종차별주의적인 행동에 불만을 품은 학생들이 동맹휴학을 모의하고 이를 전교생들에게 퍼트리는 일이 발생합니다(마경일, 1984, 33쪽). 최용신은 이 일의 주동자로 지목되어 징계를 받고 결국 졸업 1년을 앞두고서 신학 수업을 중단하고 본격적인 농촌 활동에 헌신하게 됩니다(이덕주, 2003, 280쪽).

❖ 교회에서 기독교 정신을 배우다

가녀린 여성의 몸으로 농촌운동을 지속할 수 있게 해준 가장 근본적인 힘과 동기는 최용신의 신앙이었습니다. 최용신은 어릴 때에 천연두를 앓아 얼굴에 약간의 상흔이 남아 있었습니다. 이를 두고 동네 아이들이 조롱하고 놀릴 때마다 그 면박을 위로받는 유일한 곳이 바로 교회의 주일학교였습니다. 최용신은 무엇보다도 기도 생활에 큰 열심을 내었습니다. 이미 루씨여자보통학교 시절부터 성경 과목만큼은 언제나 백 점을 맞을 만큼 성경을 열심히 탐독했으며, 신학교 진학 후에는 기도 생활에 더욱 많은 시간을 투자했습니다. 특히 새벽기도를 통해 많은 영감을 얻었는데, 아래의 기도문은 신학교 입학하던 해 기록한 것으로 보입니다.

아버지 하나님이시여, 이 고요하고 맑은 새벽같이 이 마음도 맑고 고요하게 하여주소서. 이 아침 공기가 새로움같이 이 정신도 더욱 새롭게 하여주소서. 아버지 하나님, 이 들리는 거룩한 종소리같이 이 몸을 강하게 해주시며 이 입으로 나오는 말이 모든 듣는 자의 정신을 깨우게 하여주소서. 저 종소리는 거룩합니다. 그곳에는 아무 시기와 질투와 거짓이 없습니다. 오! 주여, 이 마음속에 모든 불의한 생각을 내어

버리게 도와주소서. 주여 내가 저 종소리를 들음과 같이 이 죄인의 기도 소리를 들어주소서. 거룩하신 주 여호와여, 이 몸을 주님을 위해 바치겠나이다. 여호와여, 이 몸은 남을 위하여 형제를 위하여 일하겠나이다. 여호와여 살아도 주를 위해 살고 일하여도 의를 위하여 일하옵고 죽어도 다른 사람을 위하여 죽게 하소서(유달영, 1940, 100-101쪽).

최용신이 그토록 어렵고 힘든 농촌계몽운동을 시작하고 거기에 전적으로 헌신할 수 있었던 존재적 이유와 힘은 바로 기독교 신앙에 있었습니다. 그가 하나님께 드렸던 간절한 기도인 "여호와여 살아도 주를 위해 살고, 일하여도 의를 위하여 일하옵고, 죽어도 다른 사람을 위하여 죽게 하소서"라는 고백은 하나님께 대한 헌신이 이웃과 민족에 대한 헌신과 사랑으로 이어지는 모습을 분명히 보여줍니다.

4. 척박한 샘골, 희망을 심다

최용신은 1931년 10월 샘골마을로 가 그곳에서 자신의 생의 절정기이자 마지막 시간을 보내게 됩니다. 이때가 졸업 1년을 남겨두고 협성여자신학교를 그만둔 때입니다. 그녀가 샘골로 오게 된 동기를 유달영은 다음과 같이 설명합니다.

이 마을 예배당을 이용하여 수원 구역 선교사 밀러씨가 이 동리 사정을 살피고 순회 강사를 보내어 무산 아동과 학령 초과한 아이들에게 한글과 초등 수학을 가르치는 단기 학술 강습을 시험해보았던 바 대단히 성적이 좋았다. 이것으로서는 수많은 아동을 도저히 수용할 수 없는 상태이었다. 밀러씨에게 이 사정을 들은 여자기독교청년회에서는 곧 샘골 지방을 시찰하고 이것을 인수한 후 용신양을 교사로 선택하여 보내게 되었다(유달영, 1940, 35쪽).

학업을 중단한 최용신은 경기도 화성군 반월면 천곡(泉谷, 일명 샘골)에 YWCA 농촌지도원 자격으로 파견되었습니다(노치준, 1993, 251-253쪽). 선생은 이곳에서 1934년 봄까지 2년 반 동안 본격적인 농촌계몽운동을 전개합니다. 이를 위해 마을의 유일한 교육기관인 천곡학원(샘골학원)의 인가를 받고 교사를 신축하여 아동은 물론 청년, 부녀자 등을 대상으로 야학을 통한 문맹퇴치에 노력을 기울였습니다. 또 생활개선과 농가 부업을 장려하기 위한 부녀회와 청년회도 조직하는 등 주민들 상호 간의 신뢰감을 조성하는 데도 앞장섰습니다. 천곡학원을 열자마자 학생 수는 금방 60명을 넘었고, 강습소 인가도 1932년 5월 중순에 나왔으며, 1933년 1월에는 1천3백여 평 되는 부지에 새 교사를 마련했습니다. 새 교사를 마련한 후 학생 수는 또 다시 금새 120명을 넘어섰습니다(이덕주, 2003, 282쪽). 마침내 강습소에 들어오려는 지원자가 너무 많아 그 수를 다 수용할 수 없는 지경에 이르게 되었음에도 불구하고 지원자들은 돌아가지 않고 예배당 이곳저곳을 기웃거리기도 했고, 여자 야학도 인근 마을 부녀회원들의 출석으로 성황을 이루었습니다. 하지만 천곡학원을 중심으로 한 강습만이 농촌운동의 전부는 아니었습니다.

한편 농가 부업을 증대시키기 위한 일환으로 학교 주변에 뽕나무를 심고 누에치기를 권장했습니다. 또한 감나무 등 각종 유실수를 마을 주민에게 골고루 나누어주었습니다. 그리고 여기서 나오는 수입

중 일부는 강습소 유지비나 농기구를 구입하는 데 사용하기도 했습니다. 선생은 기독교 복음화와 아울러 점진적인 개혁을 시작했고 이타적인 삶을 통한 실천력으로 그 활동을 전개해갔습니다. 여기서 중요한 것은 그녀가 현지 주민과 하나 된 삶을 지향했다는 것입니다. 그리하여 그녀가 샘골에 처음 갔을 때만 해도 냉소적이었던 반응이 시간이 지남에 따라 점차 그녀의 열정에 감동받아 달라지기 시작했습니다.

그녀는 강습소 증축을 위해서 학부형 위로회를 열고 학생들이 그동안 연습하고 배운 실력을 마음껏 펼칠 수 있도록 했습니다. 독창, 합창, 춤, 연극, 연설 등으로 구성된 발표회를 통하여 학부형들은 강습소의 필요성을 절감하고서는 천곡학원 건축발기회를 조직하고 이를 위한 모금을 자발적으로 하기도 했습니다. 운동회는 온 지역 주민이 총동원된 마을 축제로서 성대하게 개최되었고, 운동회를 통하여 시세 변화에 부응하는 새로운 민중 문화를 창출하는 기회를 마련했습니다. 이 모든 것이 가능했던 것은 주민들 상호 간의 신뢰를 이끌어내는 그녀의 리더십이었습니다. 천곡학원의 증축을 계기로 단결력과 화목한 인간관계야말로 모든 과업을 실행하는 기초적인 힘이라는 것을 마을 사람 모두가 경험하게 되고, 또 이를 통하여 자신감과 적극적인 자세를 견지하는 중요한 교육적 경험을 하게 됩니다. 이로써 천곡학원은 단지 교육기관의 차원을 넘어서 마을 사람들의 염원을 담아내는 "상징"으로 존재하게 된 것입니다(김형목, 2009, 56-58쪽). 그리고 이와 같은 다양한 계몽 활동을 통하여 여성들은 사회적인 존재로서의 자신의 가치를 인식하게 되었고 그리하여 더욱 적극적으로 사회활동에 참여하게 됩니다.

한편 최용신은 학용품과 교재를 지원하기 위하여 노동도 마다하지 않았습니다. 오전, 오후 반 수업과 야학, 가정 순회 등도 계획을 세워 지속적으로 추진했고 십여 리 떨어진 야목리로 가서 윤흥림과 함께 농촌 부흥 활성화 방안에 대한 간담회도 정기적으로 열었습니다. 최용신은 독실한 신앙심과 주민들에 대한 무한한 애정, 신뢰감 등을 통하여 마을 사람들의 정신적 지주가 되어주었습니다. 난관에 부딪칠 때마다 다시 도전하는 그녀의 모습은 자연스럽게 다른 사람들에게 희망과 용기를 심어주었습니다.

〈샘골강습소 교가〉는 그녀가 강습소를 통해 이루고자 했던 염원을 보여줍니다.

> 1절-반월성 황무지 골짜기로 / 따뜻한 햇빛은 찾아오네 / 우리에 강습소는 조선의 빛 / 우리에 강습소는 조선의 빛
> 2절-오늘은 이 땅에 씨 뿌리고 / 내일은 이 땅에 향내 뻗쳐 / 우리에 강습소는 조선의 싹 / 우리에 강습소는 조선의 싹
> 3절-황해에 깊은 물 다 마르고 / 백두산 철봉이 무너져도 / 우리에 강습소는 영원 무궁 / 우리에 강습소는 영원 무궁(김형목, 2009, 39쪽).

5. 뜨거운 열정, 땅에 묻히다

자신의 모든 것을 다 쏟아부어 가며 농촌 계몽을 열정적으로 추진하던 그녀는 그러나 1934년에 들어서면서부터 여러 가지 난관에 부딪칩니다. 우선 천곡학원의 성장을 부담스럽게 느낀 일제가 경찰 당국을 통해 학생 수를 반으로 줄이라는 명령을 내렸으며 교과 내용에도

간섭을 했습니다. 표면적인 이유는 천곡학원에 학생들이 몰리자 공립학교에 학생들이 잘 오지 않는다는 것이었습니다. 거기다 천곡학원의 운영 경비와 그녀의 생활비를 지원해주던 여자기독청년회의 후원이 반으로 줄었습니다. 일본 유학 중이었던 약혼자 김학준과의 장기간에 걸친 이별도 그녀를 힘들게 했습니다. 결국 할 수 없이 그녀는 1934년 3월 천곡학원의 일을 친구에게 맡기고 일본으로 건너가 고베여자신학교 사회사업학과에 진학합니다. 그러나 일본에 도착한 지 3개월 만에 각기병에 걸려 고생하다가 더 이상 못 견디고 부득이 그해 9월에 귀국합니다(이덕주, 2003, 282쪽). 그녀는 처음에는 고향으로 돌아가 요양하려 했으나 이내 그 계획을 접고 기울어져가는 천곡학원과 인근 농촌 사업을 일으키기 위해서 다시 샘골로 돌아옵니다. 하지만 이러한 상황 속에서 병세는 더 깊어졌고, 엎친 데 덮친 격으로 여자기독교청년회에서 그나마 보내주던 사업 지원비마저 중단한다고 통보해옵니다(이덕주, 2003, 283쪽). 그러나 선생은 이에 굴하지 않고 이러한 상황을 타개하고자 여성 잡지를 통하여 도시인들에게 도움을 요청하는 등 농촌운동을 이어가고자 최선을 다합니다.

도시의 여러분! 당신들의 생활은 얼마나 행복하고 얼마나 안락하십니까. 여러분 중에는 하루 저녁 오락비와 한 벌 옷값으로 몇 백 원을 쓰신다 하옵거든 우리 농촌의 어린이들은 자라기에 배가 고프고 배움에 목이 마릅니다. 여러분이시여! 곡식을 심으면 일 년의 計가 되고 사람을 기르면 백년의 計가 된다고 하였거든 이 강산을 개척하고 이 겨레를 발전시킬 농촌의 어린이를 길러주소서. 뜻있는 이여, 우리 농촌의 아들과 딸의 눈물을 씻쳐주소서(이덕주, 2003, 283쪽).

그러나 이와 같은 절규와 하소연에도 불구하고 교회와 도시인들은 침묵으로 일관했습니다.

내 몸뚱이는 샘골과 조선을 위해서 생긴 것이다. 그 샘골, 조선을 위해서 일하다 죽는다 한들 그게 무엇이 슬프랴!

현실의 무관심과 열악함 속에서도 그녀는 마지막 날까지 교육과 운동에 대한 헌신의 끈을 놓지 않았습니다. 최용신은 병석에 눕던 바로 그날까지 교단에 섰습니다. 그리고 1935년 1월 23일, "샘골! 샘골!" 그렇게 중얼거리다 죽음을 맞이합니다. 그녀의 나이 겨우 26살이었습니다.

6. "사랑"으로 꽃피어 오늘에 말하다

최용신의 육체는 샘골마을을 떠났지만 샘골강습소에 깃든 그녀의 열정과 사랑은 결코 죽지 않았습니다. 그녀의 첫 번째 유언은 다음과 같았습니다.

나는 갈지라도 사랑하는 천곡강습소를 영원히 경영하여주시오.

학원을 계속 운영해달라는 최용신의 이 유언은 그 후 교회와 지역민과 자원봉사 교사들에 의해서 지켜집니다. 학원의 정식 이름은 "샘골학술강습회"였습니다. 교회 사모 김복희가 학원의 운영을 맡기도 했고, 동생 최용경이 보조 교사로 활동하기도 합니다. 또한 신문을 통해 사정을 알게 된 젊은이들이 자원봉사를 오기도 합니다(윤유석, 2010, 76쪽). 1950년 한국전쟁 당시에는 샘골강습소로 쓰이던 샘골교회가 지붕만 남기고 반파되기도 하지만 1952년 재건되고, 1954년에는 샘골이 "신생활 모범 부락"으로 선정돼 보건사회부 장관 표창을 받기에 이릅니다. 이 장면을 최용신이 심은 향나무가 말없이 지켜보고 있었습니다. 1960년 3월 10일에 "샘골고등농민학원"으로 다시 문을 연 학원은 1969년까지 8회의 졸업생을 배출하지만, 그러나 1971년 교육부의 정식 인가를 얻지 못해 결국 문을 닫게 됩니다(윤유석, 2010, 78-84쪽).

비록 샘골학원이 그 맥을 계속 잇지는 못했지만, 최용신의 교육정신은 루씨동창회의 교육 사업으로 이어져 루씨동창회는 루씨상록회관을 세워 교육 사업을 추진하게 됩니다. 1964년부터 한국여성단체협의회는 "용신봉사상"을 제정해 시상해오고, 또 1990년부터는 안산시가 최용신 기념사업의 일환으로 "최용신봉사상"을 제정해 시상하고 있습니다. 지역민의 노력으로 1995년 최용신은 국가독립유공자건국훈장 애족장에 추서됩니다. 2005년 1월에는 국가 보훈처의 "이달의 독립운동가"로 선정되기도 합니다.

그러나 무엇보다도 그녀를 선명히 기억하고 가슴에서 놓지 않고 있는 사람은 바로 제자들입니다. 제자들은 자신이 체험한 최용신의 정신을 한마디로 "사랑"이라고 말합니다. 자신들의 스승이 아낌없이 나눠준 진실하고 성실한 사랑은 제자들의 마음 중심에 자리하여 그들의 삶의 기준과 힘이 되었습니다.

그녀가 일본으로 공부하러 떠났을 때에도 샘골 마을 사람들은 그녀가 다시 돌아오기만을 애타게 기다렸습니다. 그녀가 각기병에 걸려 공부하는 것을 포기하고 귀국했을 때에는 단지 누워 있기만 해도 좋으니 꼭 샘골 마을로 돌아와달라고 간청했습니다. 훗날 그녀가 장중첩증과 화농복막염으로 두 번에 걸쳐 수술을 하고 병원에 입원해 있을 때에도 샘골 사람들은 한 사람도 빠짐없이 20킬로미터나 되는 거리를 걸어와 그를 위문했다고 합니다. 이렇게 그녀는 샘골 사람들의 마음에 머물렀던 것입니다.

"안김"(최용신 기념관 제공)

　　문맹퇴치교육운동이자 농촌생활개선운동이었고 여성계몽운동이었던 최용신의 운동이 살아생전에 힘 있게 펼쳐지고, 그의 사후에도 소설로, 영화로 사람들의 마음속에 기억되는 것은 그녀가 사람의 마음을 얻었기 때문입니다. 곧 다른 이들의 마음을 깨우고 만지고 울림을 주었기 때문입니다. 그 어떤 교육도, 계몽도, 정치도 사람의 마음을 얻지 않고는 이루어질 수 없습니다. 변화는 가르치고 훈계하고 규범을 제시함으로써 이루어지는 것이 아니라 사람의 마음을 만짐으로써 이루어질 수 있기 때문입니다. 즐거워하는 자와 함께 즐거워하고, 우는 자와 함께했던 그녀의 모습 속에서 체온이 살아 있는 변화가 일어났던 것입니다. 지금은 곡을 하여도 울지 않고 피리를 불어도 춤을 추지 않는 무책임과 무감각이 지배하는 시대입니다. 그러기에 종소리 처럼 온몸을 감싸며 다가온 최용신이 더욱 그립기만 합니다.

선생님이 오셨다는 소식을 듣고 오리 길을 달려가 선생님 품에 뛰어 들어, 운 기억이 생생하다(최용신의 제자 증언 중에서).

참고 도서

김형목, "최용신 농촌계몽운동과 연구 동향", 『최용신, 기억 속에서 아시아로 걸어 나오다』, 안산시 엮음, 2009.

문동환, "한국의 교회교육사", 『한국기독교교육사』, 대한기독교교육협회, 1973.

윤유석, "최용신에 대한 기억의 스토리텔링", 『최용신, 기억 속에서 아시아로 걸어 나오다』, 안산시 엮음, 2009.

이덕주, "기독교 여성민족운동 맥락에서 본 최용신의 농촌운동", 「神學과世界」 47호, 2003 .

강동진, 『일제의 한국 정책사』, 한길사, 1986.

노치준, 『일제하 한국기독교 민족운동 연구』, 한국기독교 역사연구소, 1993.

마경일, 『길은 멀어도 그 은총 속에: 마경일 목사 회고록』, 전망사, 1984.

손인수, 『한국 여성교육사』, 연세대학교출판부, 1976.

심훈, 『상록수』, 어문당, 1990.

오천석, 『한국 신교육사』, 현대교육총서출판사, 1964.

유달영, 『農村啓蒙運動의 先驅女性 崔容信傳』, 성서조선사, 1940.

윤유석,『내 몸뚱이는 샘골과 조선을 위한 것이다』, 최용신 기념관, 2010.

정요섭,『한국여성운동사』, 일조각, 1971.

조용만,『일제하 한국 신문화운동사』, 정음사, 1975.

홍석창,『상록수 농촌사랑』, 기독교문사, 2001.

저자 소개

조은하

목원대학교 신학대학 기독교교육학 교수
연세대학교 기독교교육학 박사
-대표적 저서로『통전적 영성과 기독교교육』『각성, 갱신, 부흥』『기독교교육의 앎과 삶』(공저)이 있다.

7장

김용기,

민족과 사회를 일깨운 실천적 사상가

한국일(장로회신학대학교 교수)

❖ "한 손에 성경을 또 한 손엔 호미를"

"한 손에 성경을 또 다른 손에 호미를", 이 말은 일평생 하나님을 사랑하고, 흙을 사랑하고, 사람을 사랑하며 살았던 일가 김용기 장로의 삶을 잘 묘사한 표현입니다. 그래서 일가 선생의 사상을 "삼애(三愛) 정신"으로 표현하기도 합니다. 일가 선생은 사상적인 면에서 한국 현대사에 독특한 발자취를 남겼을 뿐만 아니라 그 자신의 삶과 가정 전체가 한국 사회가 닮아가야 할 모델이 되는 실천적인 삶을 살았던 분입니다.

일가 선생은 여러 분야에 매우 폭넓은 관심을 가지고 살았던 분입니다. 그분의 삶은 여러 가지 특징적인 단어로 표현할 수 있습니다. 독특한 사상가, 계몽 실천가, 시대를 앞서가는 선구자, 농부와 농촌

전문가, 철저한 신앙인, 황무지 개척가, 민족주의자, 성인 교육가. 하지만 실제로는 이 모든 단어로도 일가 김용기 장로의 사상과 삶을 다 표현하기에 부족할 만큼 그분은 넓고 깊은 차원의 인생을 사셨습니다. 이상오 교수는 일가 선생의 삶을 이렇게 묘사하고 있습니다. "김용기 장로는 독특한 사상가였으며 계몽 실천가였으며 시대를 앞서가는 선구자였으며 우리 농촌을 누구보다도 잘 알고 있었던 농촌 전문가였으며 불굴의 개척 정신을 가지고 이상촌 건설을 위해 일생을 황무지 개척에 헌신한 실천적 개척자이자 개간자였습니다"(이상오, "김용기 선생님과 가나안농군학교", 『젖과 꿀이 흐르는 가나안을 꿈꾸며』, 34쪽).

뛰어난 사상가들 중에는 비록 이론적으로는 탁월한 내용을 갖추고 있으나 자신은 그 이론에 미치지 못하는 삶을 살았던 사람들이 적지 않고, 반대로 현실을 변혁하는 실천가 중에서는 사상적 기반이 미약한 사람들을 어렵지 않게 볼 수 있습니다. 그런데 일가 선생은 사상적인 면에서 개인의 인생관에서부터 우주의 생성 과정까지 탐구하고 사유하는 사상가였으며, 동시에 믿고 가르치는 바를 먼저 삶으로 실천하는 분이었습니다. 일가 선생은 일찍이 부모님으로부터 기독교 신앙을 물려받은 이래 하나님을 사랑하는 마음으로 사람을 사랑하고 땅을 사랑하는 마음을 평생에 간직한 채 근면하고 성실하게 농사를 지으면서 그 모든 이치를 깨달았습니다. 그에게 신앙은 어떤 상황 가운데에서도 절망하지 않고 세상을 긍정적으로 바라보는 힘의 원천이 되었으며 또 세상을 예리하게 분석하고 진단하는 안목을 키워주었습니다. 동시에 그는 사람에 대한 따뜻함과 포용성을 가진 분이었습니다.

❖ 민족 모두가 잘살게 되는 나라를 꿈꾸는 이상촌 운동

일가 선생은 황산에 제1 가나안농군학교를 세우고 정착하기까지 모두 세 번에 걸쳐 이상촌 운동을 전개했습니다. 1932년 경기도 봉안에서 시작하여 2차로 삼각산 농장과 3차로 용인 에덴향을 거쳐 4차로 황산에 제1 가나안농군학교를 세우고, 1973년에는 원주 신림의 황무지인 산악 지대를 개간하여 제2 가나안농군학교를 세웠습니다.

일가의 이상촌의 꿈은 1930년대 초 한국의 사회적 상황에 대한 인식에서 출발했습니다. 당시 우리나라 경제구조를 보면 전체 인구의 80퍼센트가 농업에 종사하고 있었기 때문에, 그는 민족 발전의 원동력이 먼저 농촌과 농민으로부터 나와야 한다는 신념을 가졌습니다. 잘사는 나라가 되기 위해서는 먼저 농촌이 발전하고 농부들이 잘 살아야 한다는 것이었습니다. 이런 생각으로 그는 약관 23세의 나이에 국가의 주권을 상실하고 정신적·경제적으로 황폐하고 빈곤한 상태에 머물러 있던 민족과 국가의 미래를 복지사회로 만들어보겠다는 큰 꿈을 가지고 봉안에서 이상촌 운동을 시작했습니다(1932). 그에게는 "한 손에 성경을 또 다른 손엔 호미를"이란 표어 아래 우리나라를 기독교 신앙과 건강한 정신에 기초하여 잘사는 나라로 만들어보겠다는 꿈이 있었습니다.

일가 선생에게 이상촌의 모델이 된 것은 덴마크의 그룬트비히였습니다. 전쟁 패전국으로 국토의 상당 부분을 잃고 국민 전체가 절망에 빠져 국가의 존망이 위태롭게 되었을 때, 덴마크의 정신적 지도자인 그룬트비히는 국가 재건의 목표를 세우고 이를 위해 전 국민의 의식을 새롭게 하려고 노력한 끝에 유럽에서 가장 아름다운 나라를 건설했습니다. 이것이 일가 선생의 마음에 이상촌의 불을 지피게 한 강력한 동기가 되었습니다.

> 어느 정도 농사에 자신이 생긴 나는 하나의 새로운 꿈을 갖게 되었다. 그것은 어떻게 이 지상에 하나님의 나라 즉 낙원(패러다이스)을 만들어볼 수는 없을까 하는 생각이었다.…내가 건설하려는 마을은 오곡이 익어가며 과수들의 꽃이 만발하고, 벌과 나비가 춤을 추고, 집집마다 젖 짜는 양이 있고, 교회가 있고, 마을 사람들은 모두 형제가 되어 하나님을 공경함으로써 정신적, 영적(靈的) 안위(安慰)를 얻을 수 있는 에덴동산의 재현을 나는 꿈꾸고 있었다(류금주, 『가나안농군학교[원주] 40년사』, 67쪽).

일가 선생은 이상촌 운동을 실현할 지역으로 감히 아무도 손대지 못한 버려진 황무지를 선택했습니다. 그는 다른 사람들이 볼 때는 쓸모없이 버려진 땅을 오로지 근면과 성실의 자세로 열심히 일하여 결국은 옥토로 바꾸어놓았고, 이런 경험을 바탕으로 가난한 농부들에게 현실적으로 유용한 농업 지식과 기술을 가르쳐줄 뿐만 아니라 삶의 의미와 개척 정신의 용기를 불어넣어 농업에 희망을 갖게 했던 것입니다. 훗날 설립한 제1, 2 가나안농군학교는 일가 선생이 추구해온 이상촌 운동의 생생한 체험에 바탕을 두고 실현된 것입니다. 황무지 개간, 창의적 영농 지식과 기술, 근면과 봉사와 희생을 토대로 한 개척 정신은 가나안농군학교 교육의 근본 모티브와 핵심 내용이 되었습니다.

일가 선생은 한국의 부흥이 우선적으로 농업의 부흥으로부터 온다고 확신했습니다. 그가 농업을 강조한 것은 단지 농업에 종사하는 인구가 많기 때문만이 아니라 농업의 중요성을 누구보다 잘 인식하고 있었기 때문입니다. 일가 선생은 농업을 모든 분야의 기초라고 생각했습니다. 그는 선진국의 발전 과정을 살펴본 다음 그 순서가 제일 먼저 농업이 발전하여 먹고사는 문제가 충분히 해결되고 난 후에 공업과 상업이 발전한다고 보았습니다. 곧 "문화의 어머니가 상업이요, 상업의 어머니가 공업이요, 공업의 어머니가 농업이다"(김용기, 『참 살 길 여기 있다』, 81쪽)라는 생각을 가지고 먹는 문제의 근간이 되는 농업이야말로 민족 발전에 가장 중요한 분야라는 확신을 가졌던 것입니다. 그렇기 때문에 일가 선생은 우리 역사 속에서 전통적으로 농업을 무시하고 몸으로 일하는 것을 천시해오던 관행을 비판하고 직접 가족을 데리고 농사를 지었을 뿐만 아니라 가는 곳마다 황무지를 옥토로 개간함으로써 성공적인 농부의 삶을 사셨습니다.

❖ 개인과 가정의 변화로부터 사회와 민족의 변화를 이루자

"수신제가치국평천하"(修身齊家治國平天下)는 일가 선생이 개척자의 삶을 실현해가는 방식이자 원리였습니다. 올바른 정신과 가치관을 형성하고 경제적으로 잘사는 복지사회를 실현하는 것이 그의 궁극적인 목표였지만, 그것을 실천하는 첫 출발은 언제나 자신과 그의 가정이 되어야 한다고 생각했습니다. 일가 선생은 다른 사람들에게 무엇인가를 가르치기 전에 자신과 가정이 먼저 바르게 살아야 한다고 확신했으며 또 실제로 그러한 원칙을 일평생 철저하게 지켜왔습니다. 우리 사회에서 리더로 활동하는 사람 중에는 개인적인 삶이나 가정이 다른 사람들에게 본이 되지 못하면서 지도자적인 위치에 있는 사람들이 적지 않습니다. 일가 선생은 평소 그의 강연이나 글에서 자주 수신제가를 강조하는데 그것은 그의 관심과 참여의 범위가 개인과 가정에 집중되어 있기 때문이 아닙니다. 오히려 그의 관심과 목적은 언제나 민족 전체가 잘사는 나라가 되는 것에 두었지만 이것을 실현하는 과정은 다른 사람에게 요구하기에 앞서 자신부터 시작하는 것이 중요하다고 여겼기에 수신제가의 방식을 강조한 것입니다.

본래 일가 선생은 20대 초반에 이상촌 건립을 시작하기 전부터 민족과 국가를 향한 사랑의 마음을 품고 있었습니다. 그는 항상 민족의 행복과 국가의 번영을 위해 기도하며 일해왔습니다. 그런데 수신제가를 강조한 것은 민족의 복지와 발전, 국가의 번영을 위한 진정한 여정이 국민 각자와 또 그의 가정을 바르게 세우는 일로부터 가능하다고 생각했기 때문입니다. 그렇기 때문에 일가 선생은 올바른 가정생활을 중시했고, 자기 자신 역시 한 치의 흐트러짐이 없이 가정에서도 모든 일에 솔선수범하는 본을 보였습니다. 자신은 변하지 않고 다른 사람들부터 변화되기를 요구하는 요즘 지도자들의 모습을 볼 때 일가 선생의 자세가 얼마나 중요한지 모릅니다.

일가의 수신제가 사상이 어떻게 그의 삶의 철학으로 녹아 있는가를 잘 보여주는 대목이 있습니다.

우리가 배우는 역사라는 것도 대개는 역대 임금, 정승, 대장 따위의 큰 인물에 대한 이야기이다. 그런 사람들에 의하여서만 역사가 이루어진 것처럼 써놓은 것이 역사책이다. 백성은 아무것도 하지 않고 임금 혼자서만 일한 것처럼 되어 있고, 병사들은 싸우지 않고 대장 혼자서만 싸운 것처럼 되어 있다. 그러나 역사를 만든 실제 일꾼은 역사에는 흔적도 없는 백성과 졸병들인 것이…나는 내가 평범한 농사꾼임을 후회하거나 큰 인물이 못 되고 작은 인물이 된 것을 후회한 일은 단 한 번도 없다.…그래서 나는 내 자신에 맞는 작은 일밖에는 할 줄 모른다. 그러나 그 작은 일도 오랜 시간을 두고 쌓아 올리면 그것이 큰일이 된다. 그것이 내가 살아가는 방침이다.…

국가의 장래는 왕의 행위에 의해서 좌우되지 않고 백성의 행위에 의하여 좌우된다. 그리고 그 백성들의 행위의 근원은 개개인의 마음에 달려 있다.…국가의 부는 통치자의 부로써 측정하지 않고 국민들의 부로써 측정한다. 개개 국민들의 업적이 모여서 국가의 업적이 된다. 개개 국민들의 발전이 곧 국가의 발전이다.

작은 것에서부터 큰 것, 가정에서부터 국가, 땅에서부터 천국, 즉 수신제가치국평천하, 이것이 나의 살아가는 정신이다. 오늘날까지 나는 그렇게 살아왔고 앞으로도 그렇게 살아서 실패함이 없이 성공하려고 한다(김용기, 『가나안으로 가는 길』, 제18장 "인생 60회의 감회").

이 글이야말로 일가 선생이 늘 주장한 바와 같이 "평범한 삶 속에 진리가 있다"라는 확신이 묻어나오는 글입니다. 선생은 민족과 국가의 새로운 미래를 꿈꾸면서 그 길은 자기 자신과 가정에서부터 바른 정신과 실천적 삶을 구현하는 데서 시작한다고 생각했습니다. 일가 선생은 언제나 민족과 국가 전체가 행복하게 살 수 있는 사회를 만들어가는 것이야말로 자신이 하나님으로부터 받은 사명이라고 생각하며 살았습니다. 사회 혁신을 위해서는 크게 사회구조를 바꾸거나 아니면 사람이 먼저 변화되어야 한다는 두 가지 입장이 있는데, 일가는 그중 후자를 강조하면서 먼저 사람이 변해야 사회가 변한다고 주장합니다. 그는 정신과 인성 그리고 도덕의 변화를 강조합니다. 이렇게 그가 수신에 이어 제가를 강조하면서, 가정을 사회의 기본단위로 이해하고 올바른 가정생활에서부터 사회의 발전이 이루어진다고 보았기 때문에 자신의 가정을 변화의 모델로 보여주고자 했으며 또 이 가정을 기반으로 하여 가나안농군학교가 설립되었습니다.

❖ 복민운동: 참 살길 여기 있다

일가 선생이 일평생 실천하며 가르친 대표적인 사상은 한마디로 "복민사상" 또는 "복민운동"으로 압축할 수 있습니다. 복민운동은 하나님을 사랑하는 기독교 신앙에 기초하여 "국민 모두가 신앙 공동체 정신을 바탕으로 경제적으로, 그리고 정신적으로 풍요롭고 복되게 살고자 하는 실천생활 이념입니다"(이상오, 40쪽). 기독교적 신념에 토대를 두고 있는 복민사상은 복음과 번영이 충만한 복지 농촌, 복지사회를 구현하는 것을 목표로 삼고 있습니다. 왜냐하면 일가 선생은 이런 복민운동이야말로 하나님을 섬기는 신앙에 기초하여 민족이 가난과 무지의 압박으로부터 벗어나는 유일한 길이라고 생각했기 때문입니다. 한편 복민사상은 근면, 봉사, 희생의 세 가지 이념에 기초하고 있는데 이는 훗날 가나안농군학교의 표어가 되었습니다.

근로는 사람이 먹고사는 가장 기본적인 생활을 구현하는 데 필요한 이념이라고 합니다. 일가 선생이 자주 성경에서 인용한 "일하기 싫으면 먹지도 말라"(살후 3:10)라는 말씀은 그의 노동관을 단적으로 보여주는 내용입니다. 그는 우리나라가 전통적으로 일하는 것을 천시했기 때문에 국민들이 빈곤을 벗어나지 못했다고 지적하고, 스스로가 평생을 일하는 것을 자랑으로 여기며 사셨습니다. 그는 빈곤을 극복하기 위해서는 근로사상부터 길러야 한다고 말합니다. 심지어 노동을 쾌락으로 표현하기도 합니다.

봉사는 남을 위해 하는 모든 일을 가리킵니다. 일가 선생은 봉사적 삶의 원형을 예수 그리스도에게서 보았습니다. "너희 중에 크고자 하는 자는 섬기는 자가 되라"라는 말씀은 일가 선생이 매우 중요하게 여기는 내용입니다. 그는 사람이 서로를 위하여 봉사하고 섬길 때 가장 아름다운 삶을 이루게 되며 또 공동체를 형성하게 된다고 했습니다. 그런 점에서 봉사는 인간이 사회생활을 하는 기본 이념입니다.

희생은 사랑을 가리키는 것으로 봉사보다도 앞선 것으로 이해합니다. 사랑 역시 하나님을 섬기는 중심 사상으로 인간이 도달하기가 매우 어려운 길이지만 그렇다고 포기할 수는 없습니다. 한 가정이나 사회가 발전하고 부흥하려면 누군가의 희생 없이는 불가능하기 때문입니다. 그렇다면 누가 희생에 앞장서겠습니까? 하나님의 사랑을 깨닫고 경험한 그리스도인이 이 일에 앞장서야 합니다. 희생은 사랑에서 나오기 때문입니다. 그런 점에서 그는 민족과 국가의 발전을 위해서 그리스도인들이 진정으로 희생적인 삶을 살아야 할 것을 강조합니다. 또한 다른 사람을 위한, 민족과 사회를 위한 희생은 인간이 할 수 있는 최고의 가치요 삶이라고 가르칩니다.

복민사상과 함께 일가 선생의 삶을 이끌어갔던 또 다른 원리는 개척 정신이었습니다. 그는 수백 년 이상 대물림해온 농민들의 빈곤과 무지의 상태를 극복하고 잘사는 나라를 만들기 위해서는 가장 중요한 것으로 농부들의 의식 개혁과 그들이 정신적으로 깨어나야 함을 강조했습니다. "억지로 못살지 말고 억지로 잘사는 사람이 되자"라는 표현에서도 일가 선생의 이런 의지를 읽을 수 있습니다. 일가 선생은 남들에게 개척 정신을 말하기 앞서 본인과 가족이 먼저 그런 삶을 살면서 다른 사람들에게 희망을 주기를 원했습니다. 그는 남들이 일구어놓은 안정된 기반에서 일하는 것을 원치 않았습니다. 오히려 남들이 거들떠보지도 않는 버려진 황무지만 일부러 찾아가 가족과 함께 개간했습니다. 이런 일을 하는 데는 남다른 도전 정신과 태도가 필요합니다. 그는 이것을 개척 정신이라고 불렀습니다.

일가 선생은 오랫동안 지속되어온 민족의 빈곤의 고리를 끊고 새로운 복지사회를 만들기 위해서는 도전적이며 창의적인 개척 정신이 우리 민족의 정신이 되어야 한다고 생각했습니다. 이런 생각이 일가 선생으로 하여금 평생을 두고 황무지를 개척하여 옥토로 만들어가는 개척자가 되게 한 것입니다. 일가 선생은 개척 정신을 세 가지로 정리했습니다. 첫째는 정신을 개척하는 정신 혁신이 이루어져야 한다는 것, 둘째는 생활양식을 개척하고 개량해야 한다는 것, 셋째는 황무지를 개척하여 기름진 땅으로 만드는 개간 사업을 해야 한다는 것입니다.

개척 정신을 구현하고자 하는 일가 선생의 의지는 생활 전반에 걸쳐 매우 구체적으로 제시되었습니다. 개인의 정신과 인성, 도덕적인 면에서 인격의 도야뿐만 아니라 효와 예절, 식탁 예절까지 삶의 모든 분야에 걸쳐 필요한 교육을 실행했습니다. 그렇기 때문에 그의 개척 정신은 처음에는 농부들의 자립 활동에 국한하여 시작했지만 점차적으로 사회 전반의 모든 사람들에게까지 확대되었습니다. 우리나라가 1960년대를 거치면서 경제적 부흥과 성장을 이루었지만 동시에 산업화와 기계화의 물결 속에서 맘모니즘과 비인간화 현상이 만연해간 것도 사실입니다. 이런 현실에서 가나안농군학교의 정신교육은 매우 중요한 역할을 하게 되었습니다. 사회의 각 분야에 종사하는 사람들과 사회 지도자들이 줄지어 가나안농군학교를 찾았고 거기에서 지도자들에게 필요한 개척 정신과 더불어 창의적이며 도전적인 정신 재무장 교육을 받았던 것입니다. 일가 선생과 그 가족이 실천했던 개척 정신이 후에는 우리 국민 모두에게 필요한 "정신 개척"의 형태로 전환되었던 것입니다.

❖ 성인 사회교육과 계속 교육의 장으로서 가나안농군학교 설립

일가 선생은 한국 민족이 정신적 무지와 경제적 빈곤으로부터 벗어나 모두가 잘살게 되는 방법이 무엇일까를 오랫동안 기도하며 고민하고 연구해왔습니다. 그의 지칠 줄 모르는 이상촌 운동의 목표도 여기에 초점을 맞추었습니다. 일가 선생과 그의 가족은 언제나 새로운 황무지에서 시작했

지만 시간이 지나면서 어떤 땅에서도 근면한 노력과 새롭고 창의적인 영농 방식을 연구하고 이를 적용함으로써 결국은 풍족한 삶을 일구었습니다. 그러나 일가 선생은 이러한 풍족한 삶을 자신의 가정만이 아닌 민족 전체가 누리게 되기를 원했습니다. 처음부터 의도적으로 교육을 시작한 것이 아니었지만 일가 가정의 삶이 세상에 알려지

면서 그것을 닮거나 배우려고 찾아오는 사람들이 늘기 시작했습니다. 그리하여 처음에는 자신의 가정을 개방하여 함께 숙식하면서 자신들이 살아가는 모습을 진솔하게 보여주면서 진행하던 방식이 점차적으로 발전되어 공식적인 교육기관인 가나안농군학교를 창설하게 되었습니다. 이렇게 일가 선생의 가정과 일터가 가나안농군학교의 모체가 되었습니다.

가나안농군학교는 일가 선생의 개척 정신과 복민주의에 기초하고 있습니다. 사회혁신적 목표로 시작한 성인교육, 재교육 센터로서 가나안농군학교는 현대 사회교육에서 선구자적 위치에 있습니다. 가나안 농군학교의 교육 취지와 목표는 그동안 일가 선생이 살아오면서 평소에 직접 실천하고 가르쳐온 내용들을 교육의 형태로 체계화한 것입니다. 그것은 정신과 생활교육을 통해서 개인의 변화를 유도하고 나아가 사회와 민족을 새롭게 변화시키려는 것입니다. 이와 같은 취지를 가지고, 황무지를 개척하여 옥토로 변화시키듯 개인과 가정, 나아가 사회와 민족의 번영과 행복을 구현하기 위해 일하고 봉사하고 자신을 기꺼이 희생할 수 있는 인재를 양성하는 것을 목적으로 삼았습니다.

가나안농군학교의 교육은 크게 세 단계로 나누어 진행합니다. 제1단계는 주로 정신교육에 집중했습니다. 이 과정에서 지도자가 되기 위해서는 먼저 자신의 존재와 삶을 결정하는 성격과 의식, 가치관, 신념과 태도, 신앙을 바르게 형성하는 것이 필요하다는 것을 알려줍니다. 특히 일가 선생은 지식의 실용성과 실천성을 강조했기 때문에 가나안농군학교의 교육 내용의 특징은 정신(신앙)의 생활화가 강조되었습니다. 따라서 정신적 차원을 강조하면서도 생활개선 같은 구체적인 내용들이 함께 교육과정에 포함되어 있습니다. 제2단계는 1단계를 마친 수료생을 대상으로 구체적인 농업기술을 가르치는 과정입니다. 여기에서는 일가 선생이 직접 연구하며 실험해온 효율적인 영농기술뿐만 아니라 농업 분야의 전문가들을 초청하여 가르침으로써 입교자들을 전문적 농업인으로 양성하는 것이 목표였습니다. 제3단계 교육은 제1, 2단계를 수료한 사람을 대상으로 다시 한 번 훌륭한 정신을 함양하고 최고로 발전된 농업기술교육을 시행하여 이른바 지역사회의 지도자로 활동할 수 있는 자격을 갖추는 데 초점을 두었습니다. 그렇기 때문에 3단계 교육은 훌륭한 지도자가 되는 데 필요한 덕목이나 내용들을 중심으로 진행되었습니다. 그러나 실제로는 1단계 교육에 대한 요청이 폭주한 관계로 아쉽게도 다른 두 단계는 제대로 실행되지 못하고 이론적인 단계로만 남았습니다.

가나안농군학교 교육의 특이한 점은 일과 교육을 별개로 나눠 진행하지 않았다는 점입니다. 거기서는 일 자체가 교육이었습니다. "땀 흘려 창의적으로 일을 하는 가운데서 삶의 당면 문제가 해결되고, 일을 하는 가운데 경험과 체험이 배워지고 가르쳐지는 교육 학습 행위가 자발적이고 자연스럽게 이루어졌습니다. 일가 선생에게는 삶이 일이었으며 일이 바로 교육이었습니다. 아울러 일이란 바로 하나님에 대한 경외였습니다. 이처럼 삶과 일과 교육, 그리고 신앙이 하나로 일치되는 가운데에서 복민사상이 완성되어 갔습니다"(이상오, "김용기 선생님과 가나안농군학교", 41쪽).

또한 예절 교육에서부터 식탁 교육에 이르기까지 실제적인 생활 교육도 강조했습니다. 정신과 의식의 변화와 함께 생활까지도 변화되는 것을 중요하게 생각했기 때문입니다. 또한 이는 가나안농군학교의 교육 목표가 배운 내용들이 마음속에 얼마나 확고하게 자리 잡고 행동화되어 우리의 생활을 변화시키고 발전시키는가에 더 강조점을 두었기 때문입니다. 또한 가나안농군학교에서 진행하는 교육은 일가 선생을 비롯하여 가족이 강사로 참여하면서, 복민사상의 원칙에 따라 철저하게 살아가는 모습을 훈련생들이 직접 체험하면서 충격과 도전을 받고 정신과 의식이 새로워질 뿐 아니라 생활의 태도가 완전히 달라진 결과를 얻을 수 있었습니다.

"가나안농군학교"는 현대 사회교육적 차원에서 매우 중요한 의미를 가지고 있습니다. 일가 선생은 일찍부터 학교를 세워 교육 사업을 하려는 의지가 강했는데, 그것은 교육이 비록 시간이 걸릴지라도 국가를 살리는 데 가장 빠른 길이라고 생각했기 때문입니다. 이전에도 몇 번 청소년 교육을 위한 학교를 설립한 적이 있었지만 성인을 대상으로 한 적은 없었습니다. 그러나 그는 사회 발전을 위해서는 사회의 기층을 형성하고 있는 농촌 지도자를 키우지 않으면 안 되겠다는 생각을 했으며, 이런 생각은 일가 선생이 좋아하는 덴마크의 그룬트비히가 국민고등학교를 세운 것처럼 성인들을 교육하여 지역사회에서 실제적으로 지도력을 행사하고 사회 발전을 주도할 수 있는 역량을 키워야 하겠다는 결심에서 비롯된 것입니다.

가나안농군학교는 현대 한국사에서 최초로 성인을 대상으로 사회교육 및 성인 계속 교육을 이론적인 동시에 실천적 방식으로 진행했습니다. 이 학교의 교육 내용은 초창기 이상촌 운동을 시작할 때부터 그의 평생에 직접 실행한 개간 사업과 영농 기술을 발전시키면서 얻어낸 생생한 경험을 근거로 이루어졌습니다. 그것은 황무지 개간 운동, 생활 개척 운동, 사회 계몽 운동을 사회교육적 차원의 가르침으로 펼쳐나간 것이었습니다.

❖ 세상을 밝히는 빛으로

일가 선생의 삶을 정리하면, 그분은 시대가 요청하는 필요에 부응하는 삶을 영위했을 뿐 아니라 시대를 넘어 미래 사회가 어떤 모습이어야 하는가를 앞서서 깨닫고 실천한 선구자적 삶을 살았습니다. 일가 선생의 삶을 보노라면 일제의 식민통치 시대와 6·25한국전쟁을 겪으면서 경제적·정신적으로 폐허가 된 상황에서 우리 민족이 발전하고 번영할 수 있는 "참 살길"이 무엇인가를 진지하게 연구하고 또 몸소 경험하고 체득하면서, 다른 사람들을 같은 길로 인도하고자 하는 뜨거운 열망으로 가득 찬 것을 느낄 수 있습니다. 일가 선생은 결코 사상을 이론이나 말로 전하는 교육자가 아니라 본인과 그 가족의 삶 자체가 교육이며 메시지인 실천적 교육자였습니다.

그는 남들이 가지 않은 개척자의 길, 남들이 보지 못하는 것을 앞서서 보며 살았던 선각자, 남들이 하지 않은 것을 몸소 희생을 두려워하지 않고 행했던 실천가였습니다. 그리고 이 모든 것은 오직 하나님을 의지하고 경외함으로 가능했습니다. 일가 선생이 떠난 지금이야말로 그와 같은 지도자가 필요한 때입니다. 매사에 자신이 먼저 희생하는 가운데 앞서서 실천하면서도 동시에 따뜻한 마음으로 사람과 땅을 사랑하는 지도자가 절실히 요구되는 때입니다. 권리를 요구하며 책임을 무시하는 지도자, 개인의 안일과 행복을 위해 다른 사람의 희생을 탈취하는 지도자, 말과 행동이 다른 지도자, 무엇보다 날이 갈수록 도덕적으로 부패하고 타락하여 미래가 어두운 이 시대에 일찍이 개척 정신의 불을 켜 높이 들어 모든 사람들이 가야 하는 길을 볼 수 있도록 한 일가 김용기 장로의 사상과 삶은 이 시대에 우리 모두가 따르고 회복해야 할 표본이 될 것입니다.

참고 도서 ─────────────────────────

김용기, 『참 살길 여기 있다』, 배영사, 1963.

_____, 『영광된 내일을 위하여』, 규장문화사, 1983.

_____, 『나의 한길 60년』, 규장문화사, 1983.

_____, 『가나안으로 가는 길』, 규장문화사, 1998.

일가기념상재단 엮음, 『회개하자, 앞만 보자!: 1993, 1994년 일가조찬회 강연 모음집』, 일가기념상재단, 1995.

일가기념상재단 엮음, 『젖과 꿀이 흐르는 가나안을 꿈꾸며: 1995-1999년 일가 조찬모임 강연 모음』, 일가기념상재단, 2000.

김평일 엮음, 『나의 아버지 김용기 장로 일하기 싫으면 먹지도 마라』, 산해, 2000.

류금주, 『가나안농군학교(원주) 40년사(1973-2013)』, 가나안농군학교(원주), 2014.

림영철, 『(일가 김용기와) 가나안 이상촌 운동』, 일가재단, 2009.

저자 소개

한국일
장로회신학대학교 선교학 교수
독일 Heidelberg 대학교 신학 박사
- 대표적 저서로『세계를 품는 교회』『세계를 품는 선교』, *Mission und Kultur in der deutschen Missionswissenschaft*가 있다.

8장

조아라,
광주와 예수가 낳은 영원한 스승

오현선(호남신학대학교 교수)

광주 양림동의 한 골목을 무심코 걷다 보면 마음 좋은 할머니가 찻잔을 건네고 계신 듯한 벽화를 만나게 됩니다. 처음 봤을 때는 "누구지?" 하며 별 감흥 없이 스쳐 지나갔습니다. 하지만 다시 보았을 때 그분은 제게 어머니요, 자매요, 스승이었음을 알고서 마주 서게 되었습니다. 그분이 누구인가를 알고 나서, 그 골목으로 가 오랫동안 마주 서서 많은 이야기를 나누었습니다. 듣고 싶은 이야기, 하고 싶은 말이 마음속으로부터 차올라 목이 뜨거워졌습니다. 그분의 이름은 "조아라"입니다.

광주에 살면서 광주의 역사를 담은 여성의 이야기를 쓰고 싶었습니다. 그때 광주에 대해 무지했던 제 귀에 공통적으로 들린 이름이 바로 "조아라" 선생이셨습니다. 장로님이시지만 저는 그분을 "선생님"으로

부르고 싶습니다. 저를 비롯하여 남녀노소 누구라도 이분에게 배우고
싶고 사랑받고 싶을 것이기 때문입니다.

양림동 골목 벽화에 그려진 조아라 선생.

❖ 작은 자의 어머니 조아라

조아라 선생님은 1912년 3월 28일 전남 나주군 반남면 대안리에서
태어나 11세부터는 광주에서 학교를 다니며 성장했습니다. 그녀가
자신의 고향을 "울도 없고 담도 없이 서로 믿고 살던 평화스럽고 순
박하고 인심 좋은 고장"으로 기억하는 것을 보면 그곳이 평생을 나누
며 살다 가신 선생의 마음의 요람과도 같은 곳이었으리라 생각해봅
니다. 선생은 11살부터는 광주 수피아학교를 다녔는데, 방학이 되면
고향으로 돌아가 나물을 캐고 물고기를 잡으며, 성탄절에는 캐럴을
부르고 성극을 보면서 고향이 주는 정서적 풍부함을 경험하며 성장
하셨습니다. 또 자신이 학교에서 배운 것을 고향 친구들과 나누었습
니다. 졸업 연도에 일본으로 유학할 기회를 얻었지만 배움을 부러워
하던 고향의 친구들을 생각하며 기회를 포기했다는 것을 보면 그녀

가 얼마나 고향과 사람들을 아꼈는지 알 수 있습니다. 이것이 조아라 선생님이 평생을 자신을 돌보기보다는 약자들과 함께한 삶의 첫걸음이 아니었을까 생각합니다. 졸업과 동시에 과부와 이혼녀 등 교육 기회를 놓친 여성을 교육하던 "이일학교" 교사로 활동한 것은 너무나 자연스러운 그녀의 선택이었습니다.

일제강점기, 한국전쟁, 군사독재의 시기를 온몸으로 살아내며 조아라 선생이 특별한 관심을 둔 일은 전쟁 고아, 빈민 아동, 소외 여성을 돕는 일이었습니다. 전쟁 후 끝없이 증가하는 전쟁 고아와 과부들을 돌볼 시설이 부족했던 시절 "성빈여사"를 설립하여(1952) 단지 고아만이 아니라 아예 고아원으로도 갈 수 없었던 15세 전후의 소녀 1000여 명을 38년 이상 돌보았습니다. "별빛야학"은 남의 집에 가사도우미로 살아가던 여아들을 모아 밤에 공부할 기회를 제공한 곳이었지요. 이렇듯 선생님은 여자 청소년을 신앙과 사랑으로 돌보는 교육에 열정을 쏟으셨고, 이에 그들이 조아라 선생을 "엄마"로 불렀으며 그녀 역시 기꺼이 그들의 어머니로 살았던 것이겠지요. 절로 머리가 숙여집니다.

그뿐이 아닙니다. 광주 시내 빈민가의 아동 가운데 교육을 받지 못했던 아이들에게 교육 시설을 마련하는 데 애를 쓴 결과, "호남여숙"이라는 야간중학 과정을 승인받아(1952) 운영하면서 사회 각계각층의 훌륭한 여성 지도자들을 배출하는 일을 감당하기도 했습니다. 1978년도 당시 광주에 부장검사로 부임해온 김양균은 청소년 선도 문제로 조아라 선생을 찾아가 의논했을 때, "청소년의 비행이 어찌 청소년만의 책임이라 할 수 있겠는가? 사회가 몽땅 병들어 있으니 이를 어이할거나, 윗물이 맑아야 아랫물이 맑아지는 것을…"(『소심당 조아라 장로 희수 기념문집』, 1989, 205쪽)이라 하며 기성세대의 각성을 촉구

했던 선생의 조언을 조아라 선생의 희수 기념문집에서 서술하고 있습니다. 그녀는 전쟁 후 혼란 가운데 가난하여 버려진 여아들이 개인의 처지를 비관하여 범죄의 길에 들어서지 않도록, 교육을 통해 삶의 의미를 격려하고 사회로 복귀할 수 있도록 남다른 혜안과 사람에 대한 사랑으로 그들에게 다가간 특별했던 분으로 느껴집니다.

또한 1961년 박정희 정권하에서 윤락행위 방지법이 통과되고 각 도에 윤락여성 수용소를 설치하게 되었는데, 광주 지역에서는 YWCA가 이 일을 담당하게 되었습니다. 단순히 그들을 수용하는 의미를 넘어 일터를 제공하고자 하는 복지관 형태의 시설이 필요하다고 생각한 조아라 선생은 이를 위해 "계명여사"를 시작하셨습니다. 사회적으로 비난받던 여성들을 낙인 찍지 않고 환경 때문에 주변화된 "소외여성"으로 인식하며, 그들에게 의식주를 제공하고 사회에 쓸모 있는 사람으로 변화하도록 기술학교를 세웠던 것입니다. 양림동의 선교사 사택을 빌려 그들과 동고동락하며 함께 기도하고 직업교육과 상담을 실행하셨습니다. 특히 1968년의 흉년으로 인해 많은 농촌 여성들이 도시로 몰려왔는데 이들을 받아들여 계명여사의 한쪽은 성매매 여성의 회복 시설로, 다른 한쪽은 농촌 이탈 여성의 거처로 사용하도록 하셨다고 합니다. 이들에게 무료로 교육을 실시하고 한재, 양재, 기계자수, 공예, 편물, 미용 등을 가르쳐 취업하도록 도움으로써 그들이 스스로의 힘으로 살아갈 방향을 구체적으로 제시하셨던 것입니다.

조아라 선생이 그녀의 회고록에서 "하루에도 30-50명의 여성들이 몰려왔다"라고 전하고 있듯이 전쟁 후 누구도 돌보지 않았던 가난하고 병들고 억압받은 약자, 사회 주변부로 밀려난 수많은 사람들이 그녀에게로 와서 딸이 되었습니다. 그렇기에 조아라 선생은 작은 자들의 어머니로, 작은 자를 위한 사회와 역사를 건설해간 사회적 어머니로 기억되어야 할 분이 분명합니다.

전쟁 후 고아들의 어머니 역할을 했던 조아라 선생.

❖ 영원한 청년 기독 여성 조아라

2003년 향년 92세로 돌아가실 때까지도 조아라 선생님의 기상은 청년 이상이었습니다. 그녀의 청년성은 광주 YWCA에 고스란히 기록되어 있습니다. 선생은 1922년에 창립되었지만 1938년 일제에 의해 폐쇄되었던 광주 YWCA를, 해방 후에 재건하고 확장해가는 것이 하나님께서 자신에게 맡기신 달란트였다고 고백할 정도로 YWCA의 재건을 자신의 소명으로 인식하셨습니다. 선생은 전쟁 직후 YWCA의 여성 임원들과 피난민 구호 사업과 환자 이송 등 수고를 감당했습니다. "그리스도의 사랑은 말이 아니고 몸으로 하는 것"(『기념문집』, 1989, 409쪽)이라는 선생의 고백은 사실 그녀 혼자만의 고백은 아니었습니다. 자신에게 많은 영향을 준 아버지를 조아라 선생은 이렇게 기억하셨습니다.

아버지께서 우리 마을에 교회를 개척하신 것은 내 나이 3살 때였다고 한다.…그 목조 교회는 나를 키워준 요람과 마찬가지였다.…아버지께서 몸소 삶으로 보여주신 신앙생활은 하나님의 말씀이 내 몸 속에 저절로 스며들게 하였었다. 내 아버지의 생활은 문자 그대로라고는 아닐지 몰라도 말씀을 몸으로 사시는 것, 바로 그것이었다.…나는 교회가 있는 동리에 굶는 사람이 있어서는 안 되고 나무가 없어 불을 때지 못하는 집이 있어서는 안 된다고 하시며 우리 집 쌀독과 나무 낟가리를 언제나 열어두었던 아버지를 보고 자랐다(『기념문집』, 379-380쪽).

대농가의 유복한 환경에서 성장했지만, 품삯 일을 하는 사람들도 가족같이 대하고 성경의 말씀을 늘 가까이하며 말씀대로 살고자 했던 아버지의 모습을 조아라 선생은 자신의 늘 푸른 삶에 깊이 새겼던 것 같습니다. 물론 청년과 같이 살았다고 하여 전혀 어려움이 없었던 것은 아니었습니다. 병을 얻거나 정권에 의한 탄압 등 고통과 죽음의 문턱을 넘나들기도 하였지요. 그럴 때마다 선생은 다시 얻은 생명을 하나님의 도우심으로 고백하고 감사하며 다시 일어섰습니다. 조아라 선생의 청년성은 YWCA를 통해 가장 선명하게 드러나며, YWCA는 그녀의 생애 전체에 걸쳐 중심으로 자리 잡고 있습니다.

한번은 조직 검사 없이 갑상선 암으로 오진을 받아 수술을 하고 그 부작용으로 밥 한술 입에 못 넣게 되는 지경에 이르면서 결국 치료를 포기하고 삶을 체념하기도 했습니다. 그럼에도 조아라 선생이 YWCA의 건축을 재개하고자 백방으로 노력하고 혼신의 힘을 다했던 것은 광주 YWCA가 호남여숙, 성빈여사, 별빛학원, 계명여사의 터전이었기 때문입니다. 또한 "광주와 호남 지역의 모든 돈 없어 세 들지

조아라 선생의 피와 땀으로 세워진 광주 YWCA 전면 모습.

못하는 민주운동단체, 복지사회단체들을 YWCA건물에 거두어드려
야 한다"(『기념문집』, 1989, 193쪽)라는 그녀의 깊은 뜻이 YWCA의 재
건 운동 과정에 담겨 있었던 것입니다.

　YWCA의 광산동 시기를 지나, 유동의 역사가 시작된 1984년, 그
리고 그 후에도 선생님은 하나님에 대한 깊은 신앙, 민주화와 자유,
평화를 위한 역사적 신념을 YWCA의 다양한 운동과 활동을 통해 펼
쳐나가셨습니다. YWCA가 "광주 민주화와 인권운동의 결실이자 국내
에큐메니칼 운동에 대한 신념의 상징"(『기념문집』, 1989, 223쪽)으로 여
전히 건재할 수 있는 것은 조아라 선생님의 신앙과 청년성이 빚어낸
결실이라 할 것입니다.

❖ 삶으로 민주를 가르친 위대한 스승 조아라

조아라 선생의 생애를 보면 한국 근현대사를 온몸으로 살아내신 분
임을 알게 되어 저절로 머리가 숙여집니다. 선생은 1930년 수피아여
고를 졸업하고 과부와 이혼녀를 위한 이일학교 교사로 활동하던 중,

광주학생운동에 참여한 일로 1933년 21세의 나이에 처음 옥고를 치르게 됩니다. 1929년 광주학생운동 때 일제 탄압에 저항하기 위해 결성된 비밀결사대 "백청단" 사건에 연루된 혐의였습니다. 조아라 선생은 그것을 자신의 "가시밭길과 같은 인생 항로"가 시작된 일로 회고하셨습니다. 그 후 4년이 지난 1937년에 신사참배를 거부해서 폐교된 수피아여고와 그에 관련한 혐의로 첫 아들을 업은 채로 끌려가 한 달 후 석방되었던 일도 있고, 둘째 아들이 태어나 14개월 되었을 때는 아무 이유 없이 일경에 끌려갔다가 27일 만에 풀려나기도 했습니다. 일제하의 고통의 시간을 지나 험한 몰골로 석방되어 6킬로미터나 떨어진 집까지 걸어가서는 홍역을 앓고 있던 둘째 아들을 붙들고 하염없이 우셨다고도 합니다.

선생의 두 아들은 양림교회에서 만난 이택규와 결혼하여 낳은 자식입니다. 선생은 장남 학인을 낳고, 남편은 보통학교 교사로, 자신은 교회 부설 유치원 교사로 일하던 1935년 그해를 생애 가운데 가장 행복한 때로 기억하셨습니다. 행복한 시간이 짧았던 이유는 투옥과 석방이 반복되는 가운데 남편마저 세상을 떠났기 때문입니다. 신사참배에 반대하여 피신 길에 오른 남편과 헤어져, 결혼 3년 10개월 만인 1938년 광주로 숨어든 남편은 이미 병들어 있었고 얼마 후 세상을 뜬 남편의 시신을 놓고 목 놓아 울었을 26살의 어린 조아라를 생각하면, 상상하기만 해도 가슴이 먹먹해집니다. 남편이 죽은 후 태어난 둘째 아들, 그리고 장남, 두 아들을 두고 일경에 끌려가면서 조아라 선생은 어떤 심정이었을까요? 그 시절을 어떻게 살아내실 수 있었을까요?

하지만 선생님은 석방 후 아들을 끌어안고 울면서도 "진정 하나님의 사랑에 응답할 것이 이 몸밖에 없다. 내 몸으로 갚으리라"(『기념문집』, 1989, 385쪽)라고 하나님께 기도했다는 사실은 이 나라와 광주를 위한 하나님의 특별한 섭리가 아니고서는 불가능한 일이지 않나 여겨집니다.

그 고난의 시간도 흘러갔습니다. 일제로부터 해방되었던 것이지요. 1945년 8월 16일, 광주의 금동교회당으로 조아라 선생을 포함한 70명의 여성이 모였습니다. 해방된 바로 다음날이죠. 이 여성들은 "건국준비 광주부인회"를 출발시킨 위대한 사람들이었습니다. 그리고 선생은 여성의 자질 향상, 지위 향상, 국민으로서의 여권 행사, 모성의 책임, 주부의 책임 고취를 위한 필요성을 절감하면서 1948년 9월에는 "대한부인회 전라남도 지부"를 결성하는 데 적극 참여하게 됩니다. 이때가 조선의 주권 회복과 대한민국의 민주화를 위한 조아라 선생의 보폭이 더 크고 깊어진 순간이었을 것입니다. 조아라 선생님의 마음이 엿보이는 글을 회고록에서 인용합니다.

세상의 모든 인간은 예나 지금이나, 여자이건 남자이건 다 같이 책임적 존재라고 본다. 인간은 누구나 역사의 주인이신 창조주 하나님이 주신 생명과 삶을 받아 인간의 역사 속에 보내심을 받은 존재에 불과한 것 같다.…해방 이전에는 단지 잃어버린 주권 회복을 위한 저항이었다고 한다면 해방 이후부터는 민주체제가 아닌 국가독재체제의 장기 집권에 대한 저항의 시기였다고 말할 수 있다.…진정 원했던 것은 이 나라의 민주화였다(『기념문집』, 1989, 375-376쪽).

남녀불문하고 모든 사람이 하나님으로부터 부여받은 생명체이므로 동등하며, 동등한 사람들이 함께 이루어가야 할 것은 민주화라고 생각하셨음을 알 수 있습니다.

건국 준비도 잠시일 뿐 한국전쟁이 일어나고, 전후복구 과정에서 광주 YWCA를 중심으로 가난한 아동, 여성들을 돌보면서 1962년부터 조아라 선생은 광주 YWCA 직원으로 일을 시작했고, 전남대 문리과를 다니면서 별빛학원 야학반 선생으로도 활동하셨습니다. 60년대 이후 선생은 기독인으로, 사회사업가로, 여권운동가로, 민주인사로서의 역할을 감당하는 가운데 가정법률상담소, YWCA의 신용협동조합, 농촌 사업, 소비자운동, 민주화인권운동, 어머니회, 걸스카우트, 광주여성단체협의회 등 수많은 일을 육성, 발전시키셨습니다.

하지만 시련은 멈추지 않았습니다. 유신독재가 심각해지고 유신헌법이 제정될 위기에서 유신헌법 철폐운동을 지원하던 그 시기, 조아라 선생은 일경이 아닌 대한민국 정부하에서 또 다시 옥고를 치르게 됩니다. 1979년 11월 28일 광주 YWCA에서는 긴급조치와 통일주최국민회의로 대통령을 재당선 시키려는 독재 권력에 저항하는 국민대회와 "나라를 위한 기도회"가 열렸고, 조아라 선생은 계엄포고령 위반죄로 연행되어 독재 권력의 직접적인 탄압을 겪게 됩니다. 그리고 다시 5·18광주항쟁 민주화운동 수습대책위원으로 활동하면서 5월 29일 내란음모죄로 검거되어 68세의 몸으로 6개월 동안의 옥고를 치르셔야만 했습니다. 아래의 글은 군사 법정에 선 조아라 선생의 최후진술입니다.

이 모든 5·18 사건은 저지른 사람, 만든 사람이 있다고 믿는다. 우리는 피해자일 뿐이다. 또한 하나님과 역사는 준엄한 심판으로 어느 때인가 그 진실을 밝혀주실 것이다. 전부 드러날 것이다. 사실 우리는 아무런 죄가 없고 누군가 불을 질러놨기에 그 불을 끄러 들어간 사람이다. 그런데 이 나라의 법은 어떻게 된 법이기에 방화범은 안 잡고 불 끄러 간 선의의 사람을 데려다가 이렇게 우리를 죄인 취급하는지 그것이 의아스럽다(『기념문집』, 1989, 282쪽).

조아라 선생의 삶과 신앙이 통전적으로 결합된 민주화를 위한 의지는, 안 겪어도 될 고난을 겪으면서도, 억울한 옥고를 치른 후에도 전혀 위축되지 않았습니다. 그녀는 광주 YWCA의 건축 위원장 활동을 재개함으로써 현재의 회관 건립을 완성하기에 이르렀고, 5·18광주민주항쟁 기념사업 추진위원회 고문, 민주평화통일자문회 위원, 광주 엠네스티와 국민운동 전남본부 고문, 「한겨레신문」 창간 위원으로 활동하는 등 민주화를 위한 선생의 행보는 결코 멈추어지지 않았습니다.

1989년 2월 3일 MBC는 "어머니의 노래"라는 광주항쟁 특집 다큐멘터리를 방영하면서 광주를 "마리아 찬가와 어머니의 노래가 만나는 십자로"라고 표현했다고 합니다. 누가복음 1장에 있는 〈마리아 찬가〉와 〈어머니〉를 함께 불러봅니다.

마리아 찬가
내 마음이 하나님 내 구주를 기뻐하였음은
그 계집종의 비천함을 돌아보셨음이라
보라 이제 후로는 만세에 나를 복이 있다 일컬으리로다
능하신 이가 큰일을 내게 행하셨으니 그 이름이 거룩하시며
긍휼하심이 두려워하는 자에게 대대로 이르는도다
그의 팔로 힘을 보이사 마음의 생각이 교만한 자들을 흩으셨고

권세 있는 자를 그 위에서 내리치셨으며

비천한 자를 높이셨고 주리는 자를 좋은 것으로 배불리셨으며

부자를 공수로 보내셨도다

그 종 이스라엘을 도우사 긍휼히 여기시고 기억하시되

우리 조상에게 말씀하신 것과 같이 아브라함과 및 그 자손에게

영원히 하시리로다 하니라

어머니

사람 사는 세상이 돌아와 녀와 내가 부둥켜안을 때

모순 덩어리 억압과 착취 저 붉은 태양에 녹아 내리네

사람 사는 세상이 돌아와 녀와 나의 어깨동무 자유로울 때

우리의 다리 저절로 덩실 해방의 거리로 달려가누나

아 우리의 승리 죽어간 동지의 뜨거운 눈물

아 이글거리는 눈빛으로 두려움 없이 싸워나가리

어머니 해맑은 웃음의 그날 위해

조아라 선생은 〈마리아 찬가〉를 몸으로 직접 부른 광주의 딸이요, 어머니요, 이 시대에 우리에게 민주주의를 가르치고 계신 참 스승이십니다.

❖ 예수의 참 제자 조아라

처음 조아라 선생의 이름을 들으면서 옛날 분인데도 "참 이름이 남다르다"라는 생각을 했습니다. 그런데 문순태가 쓴 소심당 조아라 실

명 소설 『낮은 땅의 어머니』(2013)를 읽으면서, 그녀의 이름이 초기 선교사의 이름 "애나"에서 비롯된 것임을 알 수 있었습니다. 어린 조아라가 태어난 지 사흘 되던 날 선교사 애나가 집을 방문했다고 합니다. 앞서 두 아들을 잃은 아이의 부모는 "이 아이는 분명히, 몸은 죽어도 혼은 영원하다는 신앙심으로 삶을 살 겁니다. 제 이름을 주신 제 아버님이 그러셨거든요"라고 말해준 선교사의 뜻을 받아들여 "애나"라는 이름을 딸에게 주기로 결심했습니다. 그리고 그 이름을 한자로 옮겨 "아라"(亞羅)라는 이름을 호적에 올렸던 것입니다(문순태, 2013, 28쪽).

조아라 선생의 깊은 신앙과 극진한 이웃 사랑의 삶은 수많은 선교사의 축복, 부모님의 신앙, 수피아학교의 신앙교육, 유화례 교장 등 하나님의 사람들로부터의 헌신적인 사랑에서 유래된 것이 분명합니다. 기독교 신앙이 그녀가 가졌던 정체성의 핵심이었던 것이지요. 특히 조아라 선생이 편입한 수피아여학교는 북미 남장로교 선교사에 의해 세워져 삼일만세운동에 전교생이 적극 참여할 정도로 역사성과 기독성이 깊은 학교입니다. 한반도 13도를 상징하는 가극 「열세집」을 공연하는 등 신앙교육을 기반으로 독립운동과 민족의식을 일깨운 이 학교는 조아라 선생에게 큰 영향을 준 곳입니다. 한편, 「열세집」은 한국 기독교교육 역사에 반드시 기억될 소중한 유산입니다. 문동환은 「열세집」에 대하여 이렇게 전하고 있습니다.

일제하에서 어린이들이나 청년들이 교회 밖에서 따뜻하게 대접을 받을 수 있는 곳이 없었기 때문이다. 그 울분한 심정을 발산시킬 수 없었기 때문이다. 그것의 증거로서 우리는 당시 김현순씨가 쓴 「열세집」

이라는 가극이 얼마나 열광적으로 환영을 받았느냐 하는 데서 볼 수 있다. 조선 13도를 상징한 「열세집」은 민족애를 그린 가극이다. 승동교회에서 상연했을 때는 "단심일세 단심일세"하는 대목에서 어떻게 발을 굴렀던지 마루가 내려앉기까지 했다 한다(『한국기독교교육사』, 1973, 48쪽).

한국의 기독교 신앙과 기독교교육은 민족 해방과 독립을 소망하며 존재해왔습니다. 신앙교육은 조아라 선생이 그의 온 생애를 작은 예수처럼 살도록 안내하고 힘을 주는 원천이었습니다. 수피아의 교육, 선교사들의 가르침, 1938년에 잠시 다녔던 평양신학교의 경험, 주기철 목사의 구속 등 조아라 선생이 목도하고 체험한 일련의 기독교적 경험은 그리스도인으로서의 자기 정체성을 더 분명하게 만들었을 것입니다. 조아라 선생은 민족의 지도자, 인권운동가, 여성 지도자로서만이 아니라 1976년 광주한빛교회에서 장로로 임직되면서 한국교회협의회의 교회일치운동과 세계 교회와의 활동에도 연대하는 등 성도로서의 삶도 확장되는 모습을 보입니다. 많은 인사들이 조아라 선생을 "환대하는 은사", "어려움 당하는 자의 이웃", "아픔 당하는 자의 친구", "다독거리는 리더십", "사욕 없는 인격자", "늙은 젊은이", "재야 민주 세력의 정신적 지주", "무등산만큼 우뚝 솟아 학처럼 고고한 삶을 영위한 분", "광주의 어머니", "신념의 지도자"로 칭송하기를 주저하지 않습니다. 그중 호남신학대학교에서 가르치고 광주 YMCA 이사장이신 송인동 교수는 조아라 선생을 한마디로 요약해달라는 요청에 주저하지 않고 "에큐메니칼"이라고 표현했습니다. 아마도 조아라 선생이 지금까지 살아 계셨다면 가장 기뻐하실 표현이 아니었을까

광주 YWCA 가정상담센터 맞은편의 부조, 예수님과 만찬을 나누는 양림의 12제자의 모습.

생각합니다. 그녀는 정녕 한국 사회, 역사, 기독교 등 모든 면에 걸쳐서 연대와 협력을 추구한 예수님의 귀한 제자로서 살다간 분이라고 여겨집니다.

조아라 선생의 몸은 지금 광주 5·18 민주묘역에 모셔져 있지만, 그분의 정신은 양림동에, 유동에, 광주 곳곳에 살아 계심을 느낍니다. 오늘도 저는 호남신학대학이 있는 양림 동산을 오르내리며 골목 골목에 살아 계신 그분을 만날 수 있어 행복합니다. 그분이 그토록 애써 세운 계명여사(현재 YWCA 가정상담센터) 맞은편에 양림의 12제자 중 한 분으로 예수님과 성찬을 나누고 계신 것은 참 멋진 신학적 해석이요, 역사적 신비입니다. 양림동으로, 광주로 조아라 선생님을 만나러 오시라고 기꺼이 초대하고 싶습니다.

참고 도서 ───────────────────

문순태, 『낮은 땅의 어머니』, 광주 YWCA 소심당 조아라 기념사업회, 2013.

『소심당 조아라 장로 희수 기념문집』, 도서출판광주, 1989.

『한국기독교교육사』, 대한기독교교육협회, 1973.

저자 소개

오현선
호남신학대학교 기독교교육학 교수
Claremont School of Theology 철학 박사
- 대표적 저서로 『다름·다양성·관용』『기독교교육 엘리사벳
을 찾아나서다』『여성 목회 입문서』(공저)가 있다.

9장

주영하,

기독교 정신이 길러낸 민족교육가

민경식(연세대학교 교수)

2009년 4월 24일 부활절 직후, 봄의 기운이 한창 달아오를 무렵이었습니다. 한국여성크리스천클럽(C.W.C.) 월례 예배를 드리는 샘바위교회 안으로 맑은 표정의 노부부가 들어왔습니다. 백수(白壽)를 바라보는 두 사람의 표정이 어찌 그리 맑고 천진한지, 손을 꼭 쥔 두 사람의 모습이 마치 소꿉놀이 하러 놀이터에 온 수줍음 많은 남자아이와 당찬 여자아이 같았습니다. 세종대학교의 공동 창립자 대양 주영하 박사(1912-2011)와 최옥자 목사(1919-)였습니다. 그날 대양은 비록 고령의 나이 때문에 듣는 데 어려움이 있었음에도 불구하고 단 한 번도 설교자에게서 눈을 떼지 않았습니다. 그뿐 아니라 예배 도중 자리에서 일어나 찬송가를 부를 때는 누구보다 큰 목청으로 하나님을 찬양했습니다. 그곳에서 필자와 대양 부부의 인연이 시작되었습니다.

❖ 기독교 정신과 항일 정신의 씨앗이 심기다

대양과 기독교의 인연은 안타깝게도 그의 아버지가 세상을 뜨면서 시작되었습니다. 1912년 4월 10일 함경남도 단천에서 신안(新案) 주(朱)씨 가문 2남 1녀의 막내로 태어난 대양은 일찍 아버지를 여의었습니다. 그때가 대양의 나이 일곱이었지요. 한창 아버지에게 재롱도 부리고, 아버지의 귀여움을 독차지해야 할 어린 막내에게 아버지를 잃은 슬픔은 이루 말할 수 없이 컸습니다.

바로 이때 대양에게 구원자처럼 나타난 사람이 이웃에 사는 김병수 장로였습니다. 그는 아버지를 여의고 잔뜩 의기소침해 있던 어린 대양에게 새로운 아버지를 알게 해주었습니다. "육신의 아버지는 돌아가셨지만 내가 영원히 죽지 않을 아버지를 소개할 테니 교회로 가자." 그렇게 해서 대양은 김병수 장로를 따라 새벽마다 교회에 다니기 시작했고, 그때부터 하나님을 마음에 모시게 되었습니다. 평생에 걸쳐 새벽마다 기도의 제단을 쌓고 하나님과 대화하는 대양의 습관은 이때 길들여진 버릇이었고, 이때 심겨진 믿음의 씨앗이 훗날 기독교 정신을 바탕으로 하는 민족교육가로 자리매김하는 진한 밑거름이 되었습니다. 청년기에도 대양은 새벽마다 산에 뛰어올라 떠오르는 태양을 바라보며 하나님과 대화하고, 약수터에서 냉수 찜질을 했는데, 이러한 습관이야말로 오랫동안 그의 건강한 신체와 건전한 정신의 원천이었을 겁이다.

김병수 장로는 독립군에게 독립 자금을 지원하던 인물로도 잘 알려져 있었습니다. 또한 1919년 3월 10일 단천에서 일어난 독립만세운동에 깊이 가담하여 옥고를 치르기도 하였으니, 어린 대양은 육신의 아버지를 대신한 김병수 장로에게서 기독교 정신뿐 아니라 민족 정신과 항일 정신의 씨앗을 물려받지 않을 수 없었을 것입니다.

어린 대양과 김병수 장로가 예배드리러 가는 모습을 대양의 진술에 따라 세종대학 서양학과 교수였던 김형구 화백이 그렸다(1986). 어린 시절 대양은 늘 초롱을 들고 새벽길을 앞서갔다고 한다.

한편 아버지가 세상을 뜬 바로 그해에 대양은 끔찍한 경험을 하게 됩니다. 말을 탄 일본 순사들의 잔인하기 짝이 없는 칼부림을 목격했던 겁니다. "그들이 휘두르는 칼에 맞아 피를 흘리며 쓰러지는 사람들은 도대체 무슨 잘못을 저질렀을까?" 이 소름 끼치는 장면은 대양의 뇌리에 박혀 떠나지 않았고, 두고두고 큰 공포로 자리를 잡았습니다. 그때만 해도 대양이 아직은 식민통치가 무엇인지, 또 독립이 무엇인지 알지 못할 나이였습니다. 하지만 같은 사람끼리 왜 죽여야 하는지 의문을 품기에는 충분한 나이였습니다. 이 일을 계기로 대양의 어린 마음에 인권 의식과 애민 정신이 자리를 잡게 되었습니다.

훗날 대양은 경신학교를 다니는 중에 민족 대표 33인 가운데 한 명인 감리교 목사인 정춘수에게 세례를 받습니다.

❖ 기독교 정신과 항일 정신으로 무장하다

대양은 학교를 여러 차례 옮겼습니다. 단천 복성공립보통학교에서 초
등교육을 마친 대양은 단천농업학교에 입학했습니다. 그러나 거기서
대양은 학생운동을 하다 퇴학을 당합니다. 그리하여 캐나다 선교사
맥레이가 함흥에 세운 기독교학교인 영생고등보통학교에 들어갔습
니다. 여기서 대양은 민족주의자 김준성 선생과 김관식 교장의 영향
을 많이 받았습니다. 목사요 교육자인 김관식 교장은 그의 사촌형 김
규식 박사처럼 일제의 폭압 앞에서도 결코 호락호락하지 않았던 사
람입니다. 결국 그는 배일분자로 몰려 조선총독부의 파면 통고를 받
고 교장직에서 물러나게 되었습니다. 이런 항일 선배들을 스승으로
둔 대양은 결국 영생고보에서도 오래 버티지 못했습니다. 17명의 학
우들과 함께 독립운동을 펼치다가 옥고와 퇴학을 당했기 때문이지요.
자, 이 자랑스러운 얼굴들을 보십시오.

소위 "영생고보 퇴학기념사진"으로 알려져 있는 사진(1932). 벽
면 그림 바로 앞이 대양이고(맨 뒷줄 왼쪽에서 세 번째), 대양 바
로 앞 한복을 입은 이가 대양의 평생 절친 오리 전택부 선생이다.

대양은 시와 음악과 미
술을 매우 좋아하는 감수
성이 풍부한 사람이었지만,
강한 의지를 지닌 열정의
사람이기도 했습니다. 그
는 불의한 것을 참지 못했
으며, 의를 위해서는 자기
의 살과 뼈를 베는 고통과
희생마저도 기꺼이 감수할 줄 알았습니다. 학생 시절 대양의 민족애
와 항일 정신을 엿볼 수 있는 시가 있습니다. 단천농업학교에 다니던

때에 지은 시로 「조선일보」 신춘문예 시 부문에서 수상한 작품입니다 (1928).

실제(失題)

먼 산에 쌓인 흰 눈은
봄 오니 사라지나
이 강산에 그 눈이야
봄 왔다 꺼질소냐
들뫼의 초목은
봄 오니 꽃 피나
이곳에
봄 온들 꽃필소냐

우리나라가 주권을 잃어버렸듯이, 이 시도 제목을 잃어버려 〈실제〉(失題)입니다. 여기에 대양의 나라를 잃은 애통함과 조국의 독립을 염원하는 간절한 마음이 잘 표현되어 있습니다.

김관식 교장은 자신이 아끼는 제자가 퇴학을 당하자, 대양의 손을 잡고 서울로 내려왔습니다. 그리고 친분이 있던 경신학교 쿤스 교장에게 제자의 편입을 특별히 부탁했습니다. 그렇게 해서 대양은 언더우드가 세운 경신학교에 입학하게 되었고, 여기서도 훌륭한 스승들을 만나 학문은 물론 기독교 정신과 민족의식을 함양하고 인격을 도야했습니다. 김규식과 안창호, 삼일운동 때 독립선언서를 낭독한 정재용 등 많은 독립운동가가 이 학교 출신입니다. 경신학원은 각종학교로 전락되는 일을 감수하면서도 일제의 지시에 따르지 않고 기독교 전통을 지켰으며, 일제 말기에는 신사참배를 거부하여 숱한 어려움과 불이익을 겪었습니다.

경신학교 시절 대양은 친구들과 함께 농촌계몽운동인 브나로드운동에 적극 참여했습니다. 경신학교 5학년 때에는 대양이 계몽대 대장이 되어, 뚝섬교회(지금의 성수동교회)에서 직접 계몽운동을 벌이기도 합니다. 이 운동은 전국적으로 농민들에게 한글을 깨우친다는 명목상 문맹타파운동이었지만, 실제로는 일제의 억압에 맞서 민족의식을 고취시키는 항일운동이었습니다. 그러니 일제는 참다못해 1935년에 이 운동을 강제로 중단시켰던 것입니다.

1935년 경신학교를 졸업한 대양은 연희전문학교 문리과대학 문과에 입학하여 본격적으로 기독교 정신과 새로운 학문을 배웠습니다. 입학식이 열린 다음날, 오리엔테이션 자리에서 외솔 최현배 교수가 소개한 철학자 칸트의 말은 대양이 평생 가슴에 품은 길잡이가 되었습니다. "저 하늘에는 별이 있고, 우리 마음에는 양심이 있습니다." 감수성이 풍부한 대양은 오리엔테이션이 끝나자 밖으로 나와 친구들에게 "우리가 참 좋은 학교에 입학했지!"라며 기뻐했습니다. 이 시절부터 그는 마음속의 양심이 하늘의 별처럼 반짝거리도록 늘 갈고닦기를 게을리하지 않았습니다.

대양의 인생의 길잡이가 된 또 하나의 말씀은 다음의 성경 구절입니다. "좁은 문으로 들어가거라. 멸망으로 이끄는 문은 넓고 그 길이 널찍하여서 그리로 들어가는 사람이 많다. 생명으로 이끄는 문은 너무나도 좁고 그 길이 비좁아서 그것을 찾는 사람이 적다"(마 7:13-14). 힘들고 어려운 길이 되겠지만 이 말씀에 따라서 좁은 길을 찾는 사람이 많아야 우리나라와 민족이 잘되리라는 확신을 가지고, 대양 자신도 그러한 길을 걷겠다고 다짐한 것은 이때의 일입니다.

1939년 연희전문학교 졸업을 앞두고 대양은 미래에 대한 고민에 빠졌습니다. 이제 무엇을 하며 어떻게 살 것인지 결정해야 할 때가 다가온 것입니다. 연희 캠퍼스 뒷산에 올라가 기도하던 대양은 앞날에 대한 응답을 받았습니다. "너는 이제부터 영화로운 인생과 화려한 속세의 꿈보다는 조용하고 낮게 살면서 높은 이상을 바라보는 인생의 길을 걸어라." 이에 대양은 가난하고 억압당하는 우리 민족을 섬기고 올바르게 이끌 수 있는 인재를 키우겠다는 결심으로 졸업과 동시에 교육계에 뛰어들게 됩니다.

❖ 사회참여운동과 한글사랑운동에 헌신하다

그러나 대양이 교육계에만 큰 발자취를 남긴 것은 아닙니다. 이미 학생 시절에 민족운동과 계몽운동에 잔뼈가 굵었던 대양은 젊은 시절부터 다양한 사회참여운동에 적극적이었습니다. 대양은 40대였던 1950년대 말에 프랭크 부크맨 박사를 만나 큰 감명을 받았습니다. 부크맨 박사는 제2차 세계대전 직후 절망에 빠진 유럽에서 새로운 운동을 일으킨 사람입니다. 영국 옥스퍼드 대학 젊은이들을 중심으로 옥스퍼드 그룹을 설립했고, 이것을 도덕재무장운동(M.R.A.)으로 발전시켰습니다. 그리고 이 운동을 유럽, 미국 등 전 세계로 확장시켰습니다. M.R.A. 회원들은 두 번의 세계대전으로 인해 허무주의에 빠진 유럽인들과 미국인들을 계몽하는 것을 포함하여 세계를 변혁시키기 위해 헌신했습니다. 1957년에 대양은 한국 M.R.A. 이사장에 취임하여, 우리나라 전역의 대학과 사회에 복음주의, 세계주의, 실천주의 등의 정신을 펼쳐 우리 사회의 도덕적 재건운동에 이바지했습니다.

대양이 한국 M.R.A. 이사장에 취임한 해에 국제 M.R.A. 창립자 프랭크 부크맨 박사(앞줄 오른쪽)와 동지들과 함께 찍은 사진(1957). 뒷줄 오른쪽에서 네 번째가 대양이고, 오른쪽 세 번째에 안익태 선생의 모습이 보인다.

또한 1970년에는 민주주의 정신에 입각하여 세계 평화에 이바지하고, 인도주의적 봉사 정신으로 인류의 행복에 기여하는 서울라이온스클럽 회장에 취임하여 개안수술 등 저소득층을 위한 의료봉사를 지원하는 등 사회참여 활동을 활발히 전개했습니다.

특별히 대양은 극진한 한글사랑으로 유명합니다. 나라와 겨레를 사랑하는 대양의 마음은 세종대왕과 한글에 대한 애정으로 이어졌고, 이는 수십 년에 걸쳐 다양한 형태의 한글사랑운동으로 꽃을 피웠습니다. 대양은 눈을 감기 직전까지 지난 반세기 동안 한자파와 싸우며 한글을 지키는 데 앞장섰습니다. 오늘날 한글이 이 나라의 발전에 엄청난 영향을 끼친 것은 대양을 중심으로 한 한글사랑파의 위대한 업적이라고 할 수 있습니다.

세종대왕기념사업회의 박종국 회장은 대양에 대해 이렇게 말했습니다. "한글학회의 '한글맞춤법통일'은 일제에 가장 지혜 있게 대항한

무기였다. 말은 겨레의 얼을 담은 것이다. 이 얼을 잘 지키기 위해 바른 글을 쓰는 것은 그 민족에게 새 정신의 새벽을 맞게 해주는 것으로서 생명을 다하여 귀한, 단 한 번의 귀한 생명을 기울여 이 글을 지키고 키워야 한다. 선생님(대양)께서 기회 있을 때마다 저와 같은 후배들에게 하시는 말씀이나, 그 행동에 옮기어 실천하시는 하나하나를 보면 선생님의 민족교육 정신과 우리의 얼, 말, 글을 지키시는 정신이 어떠하시다는 것을 알 수 있다."

1960년대에 한글운동이 본격적으로 일기 시작하자, 한글운동을 펼치던 여러 단체(민족문화협회, 민족문화추진회, 한글전용추진회, 한글학회 등)가 한글전용실천회라는 이름으로 하나로 뭉쳤습니다. 오리 전택부 선생이 회장을 맡고, 대양과 눈뫼 허웅이 부회장을 맡았습니다. 그러나 한자혼용을 강하게 주장하며 한글전용을 반대하는 세력도 만만치 않았습니다. 친일 정치인 김종필 총리와 민관식 문교부 장관이 그 중심에 있었는데, 이들은 어문회를 조직하여 한글전용 반대운동을 대대적으로 펼쳤습니다. 이에 대항하기 위해 1974년 한글학회 부설로 한글문화협회(지금의 한말글문화협회)가 설립되었고, 대양이 곧바로 위원장으로 추대되었습니다. 이 단체는 전국적인 조직망을 결성하여 오늘날까지도 한글을 지키는 운동을 대대적으로 펼치고 있습니다.

이후 1976년에 한글문화협회(회장: 대양), 한글전용실천회(회장: 오리 전택부), 우리말다듬기회(회장: 송아 주요한)가 가칭 "세종회"로 통합되었고, 이 단체는 나중에 이름을 "국어순화추진회"로 바꿉니다. 처음에는 주요섭의 형인 송아 주요한이 초대회장을 맡았으나 고령이었던 그는 건강이 좋지 않았습니다. 그래서 1979년부터는 대양이 회장을 맡게 되었습니다. 그는 잃어버린 우리말을 찾아내고, 잘못된 우리말을 바로잡고, 불필요한 외래어를 몰아내서 우리말을 우리말답게 지키고 가다듬는 데 큰 공적을 남겼습니다. 오늘날 우리가 온전한 한글 신문을 보게 된 것이나, 모든 신문을 비롯한 각종 책자에 가로쓰기를 하는 것, 우리 국민 대다수가 글을 읽을 수 있게 되어 전 세계에서 문맹률이 가장 낮게 된 것, 또 누구나 쉽게 원하는 책을 마음껏 읽을 수 있게 된 것이 다 대양을 중심으로 한 분들의 헌신적인 노력의 결실이지요.

국어순화추진위원회 초대임원들(1976). 앞줄 왼쪽이 박종화이고 가운데가 주요한, 오른쪽에서 두 번째가 대양이며 뒷줄 왼쪽이 전택부다.

한편 대양은 1956년 훈민정음 반포 510돌 한글날을 맞아 창립된 세종대왕기념사업회의 활동에도 헌신적이었습니다. 그는 1976년에 이사로 선임되었고, 그 이후로 35년 동안 세종대왕의 업적을 알리고 한글을 널리 보급하는 데 힘을 썼으며, 세종대왕기념사업회가 오늘날의 모습으로 성장할 수 있도록 적극 지원했습니다. 이 밖에도 한글 겨레문화연구원을 세워 우리의 얼과 글과 말의 자주성을 세우는 일에 기여했다는 점도 빠뜨려서는 안 될 것입니다. 박종국 회장은 대양이 "그 밖의 학술문화단체인 한글학회, 외솔회, 한국현대시인협회, 한국정치외교사학회의 고문을 다년간 역임하면서 그 모든 모임에 알찬 비전을 제시하면서 눈부신 지도력으로 활동하고 계시다"라고 했습니다. 이런 한글사랑운동이 크게 인정을 받아 대양은 1998년 10월 한글날을 맞아 외솔회가 수여하는 외솔상을 받기도 합니다.

❖ 선교운동에 헌신하다

한국대학생선교회(K.C.C.C. 또는 C.C.C.)를 설립한 유성 김준곤 목사와 대양의 인연도 특별합니다. 한국전쟁 중에 아버지와 아내를 잃은 김 목사는 미국 풀러신학교에서 잠시 공부하던 시절 국제대학생선교회(C.C.C.)의 설립자인 빌 브라이트 박사에게 깊은 영향을 받았습니다. 브라이트 박사와의 만남은 그의 삶의 방향을 송두리째 바꾸어 놓는 사건이 되었습니다. 미국 유학 전의 교장직과 교수직을 그만두고 학원 선교사로서의 길을 새로 걷기 시작한 것입니다. 한국에도 학원 선교가 절실하다는 사실을 깨달은 김준곤 목사는 1958년에 귀국하자마자 브라이트 박사의 협조로 이 땅에 C.C.C. 한국 지부를 세우고 곳곳을 발로 뛰며 함께 일할 동지를 물색했습니다. 이것이 첫 번째 해외 C.C.C.였습니다. 현재 C.C.C.인터내셔널은 미국의 거의 모든 대학에 지부를 갖고 있고, 전 세계적으로 미국이 외교 관계를 맺고 있는 나라보다 더 많은 나라에 지부가 조직되어 있습니다. 그 가운데 한국 C.C.C.가 가장 활발하게 활동하고 있습니다.

1958년 어느 날, 일면식도 없던 30대 초반의 젊은 목사가 수도여자사범대학 학장실을 찾아왔습니다. 서울에서의 학원 선교를 위해 적당한 집회 장소와 동역자를 찾던 김 목사는 당시 충무로(현재 명동의 세종호텔 자리)에 위치한 수도여자사범대학을 무작정 찾은 겁니다. 이 때 학장이었던 대양과 부학장이었던 최옥자 박사는 김 목사의 뜻에 깊이 공감하고, 순순히 대학 건물 공간을 빌려주었을 뿐만 아니라 적극적으로 C.C.C.를 후원했습니다. 한국에서 C.C.C. 활동이 본격적으로 시작되던 1960년에 대양은 이사장으로 취임하여 그 후 약 15년 동안 C.C.C.를 전국 규모의 선교 단체로 성장시켰을 뿐 아니라, 이를 통해서 한국교회의 질적인 성장과 학원 복음화를 넘어 이 땅의 복음화에 크게 공헌했습니다.

옥한흠 목사(사랑의교회), 이동원 목사(지구촌교회), 홍정길 목사(남서울은혜교회), 하용조 목사(온누리교회) 등 한국교회의 대표적인 존경받는 목회자들이 대양이 이사장을 맡던 시절의 C.C.C. 출신이며, 이밖에도 한국 사회를 이끌어가는 수많은 명사와 학계와 교육계의 지도자들 상당수가 이때의 C.C.C. 출신입니다. C.C.C.는 지난 50여 년 동안 약 40만 명의 대학생 회원과 약 350만 명의 평신도 회원을 배출했으며, 지금도 전국적으로 300개가 넘는 대학에서 15,000명이 넘는 대학생 회원들이 하나님의 말씀과 사랑을 전하고 있습니다.

또한 대양은 세종선교회를 통해서도 복음의 씨앗을 뿌리는 데 앞장섰습니다. 민주화의 소용돌이 속에서 이 땅이 한창 시끄럽고 혼란스러웠던 1980년, 대양과 그의 아내 최옥자 목사(뒷날 미국 풀러 신학교에서 목회학과 선교학 석사 학위를 받고 미국연합감리교회에서 목사 안수를 받음)는 세종선교회를 세우고 막대한 사재를 기부하여 선교회의 기틀을 다졌습니다. 최 목사가 1966년에 세운 한국여성크리스천클럽(C.W.C.)은 지금도 예배, 여성 문화교육, 신앙 훈련, 공동체 교제, 불우 이웃돕기 등을 활발하게 실시할 뿐만 아니라 선교지 「샘바위」를 꾸준히 발행하면서 병원, 교도소 등을 대상으로 하는 문서 선교에 앞장서고 있습니다. 지금 C.W.C.는 세종선교회에 합병되어 있습니다.

❖ 교육가로서 꽃을 피우다

1939년 연희전문대학 졸업을 앞둔 대양은 일제의 식민통치 아래서 착취당하는 우리 겨레의 찬란한 미래를 꿈꾸며 새 세대 교육에 헌신할 것을 다짐했습니다. 그래서 1940년 3월에 처음 학교를 세웠는데 그것이 기독교 정신을 바탕으로 하는 경성인문중등학원입니다. 이 학교는 대양이 원장이었고 설립을 도운 윤창석이 교감을 맡았는데, 그는 일본에서 2·8독립선언을 주도한 인물이었습니다. 해방을 얼마 남기지 않고 일제는 이 학원을 강제로 폐교시켰으며, 이것만 보더라도 이 학원의 민족주의적 성격을 알 수 있습니다.

1945년 8월 제2차 세계대전이 일본의 패망으로 끝나고 우리나라가 해방을 맞자 대양은 다시 한 번 학교를 세울 준비를 했습니다. 대양은 당시 차별받고 억압당하고 소외당하고 착취당하는 여성의 불평등을 척결하고, 그들의 지위를 향상시켜 여성도 남성과 같이 당당히 사회에 참여할 수 있어야 한다고 생각했습니다. 그래서 여성 지도자를 양성할 고등교육기관이 필요하다는 사실을 절실히 깨닫고, 1946년 5월 아내 최옥자 박사와 함께 전 재산을 기증하여 학교법인 서울여자학원을 세웠습니다. 그리고 이듬해 5월에 독립운동의 요람이었던 승동교회에서 개교식을 거행했습니다. 승동교회가 삼일만세운동 당시 전국에서 모인 젊은이들이 독립운동을 전개했던 본거지였음을 미루어볼 때, 여기서 우리는 대양의 남녀평등 의식뿐 아니라 그의 민족의식도 읽어낼 수 있습니다.

이렇게 출범한 서울여자학원은 대한민국 정부가 수립되기 직전인 1948년 1월 서울가정보육사범학교 설립 인가를 받고 중등교육 교사를 양성하게 되었습니다. 일제강점기에는 중등교원을 양성하는 정규 교육기관이 없었습니다. 그런데 해방이 되자 뜨거운 교육열로 중등교원 수요가 폭발했고, 이에 정부는 연희, 보성, 이화 등 전문학교를 대학교로 승격시키고 그 안에 사범대학을 설치했습니다.

그해 9월에 서울가정보육사범학교는 유일한 독립된 형태의 2년제 사범대학으로 문교부 인가를 받고, 10월에 두 공동 설립자인 대양과 최옥자 박사는 충무로(현재 세종호텔 자리)에 5층짜리 교사를 짓고 이것을 학교법인 서울여자학원에 기증했습니다. 이후 이 학교는 수많은 졸업생에게 중등학교 교사 자격증을 수여하고 그들을 전국의 중·고등학교로 보내 우리나라 교육계를 이끌게 했습니다.

대양은 대학의 건학 이념을 기독교 정신에 두고 "덕성"과 "창의"와

군자동 세종대학교 안에 위치한 건학 기념비(1961).

"봉사"와 "실천"을 교훈으로 삼았습니다. 이 학원의 건학 정신은 대양이 행한 1947년 5월 창립 기념사에 잘 드러납니다.

나는 이 집에 온 젊은이들에게 이 나라를 키우신 위대한 선인들의 거룩하신 뜻―자기의 이익보다 나라의 이익을 먼저 하였고 자기의 명예보다 겨레의 명예를 먼저 높인 그 뜻과 공적을 가르치고 아울러 인류 문화를 높인 세계만방의 지혜와 영혼을 높여 그들이 찬란한 새 문화 창조

의 역군이 되도록 하며, 덕성을 이 집에 옮겨와 이 젊은이들의 이 배움의 집의 무궁한 발전을 위하여 내 몸을 바치기를 하나님께 맹세합니다.

그러나 한창 캠퍼스를 꾸미고 학교를 발전시키던 중 한국전쟁이 발발했습니다. 서울 전역에 쏟아부은 폭격으로 서울 한복판에 위치한 학교는 아수라장이 될 수밖에 없었습니다. 그 와중에 대양은 몇 차례나 죽을 고비를 넘겼습니다. 잘못한 것이 없으니 숨을 필요도 없다면서 피난과 도피를 거부한 대양은 두 번씩이나 공산당원에 끌려갔다가 구사일생으로 목숨을 겨우 부지하고 살아 돌아왔습니다. 학교를 세운 교육자였으니, 당연히 공산당의 위협에서 자유롭지 못했겠지요. 어쩔 수 없이 대양은 가족들을 데리고 부산으로 피난 갔습니다.

거기서 대양은 최옥자 박사와 함께 다시 학교를 열 준비를 했습니다. 그런데 그만 대양이 버스에 치어 큰 사고를 당하게 됩니다. 서둘러 병원으로 옮겨졌지만, 의사는 없고 간호사 한 명만이 병원을 지키고 있는 참담한 상황이었습니다. 최 박사는 급히 집에 가서 피난 오면서 가져온 온갖 약을 챙겨와 대양의 팔에 주사를 놓았습니다. 밤이 깊어지자 대양의 고통은 극에 달했습니다. 의식이 점점 희미해졌습니다. 그러다 결국 심장이 멎었습니다. 의학적으로는 이미 사망한 상태였습니다. 다급해진 최 박사는 몇 차례나 대양의 심장에 직접 주사를 놓고는 그만 같이 의식을 잃고 말았습니다. 그 칠흑 같던 밤은 대양과 최 박사의 인생에서 가장 길고 고통스러운 밤이었습니다.

최 박사는 대양과 결혼하기 전에 일본에서 의학을 공부했고, 1944년 대양과 결혼한 뒤에는 성동병원을 개업하여 물심양면으로 대양의 교육 사업을 뒷바라지했던 의사였으며, 또한 대양과 공동으로 세종대학교를 창립한 교육자였습니다. 하지만 사랑하고 존경하는 남편이 눈앞에서 죽어가는데도 정작 그녀가 할 수 있는 일은 아무것도 없었습니다.

그런데 기적이 일어났습니다. 이튿날 정오 즈음에 불현듯 대양이 눈을 뜬 겁니다. 최 박사의 뜨거운 사랑과 헌신적인 치료가 아니었더라면 대양은 결코 살아나지 못했을 겁니다. 엄청난 비용을 들여 미리 사다놓은 최신 의약품들의 도움도 컸습니다. 최 박사가 밤새 강심제를 놓지 않았더라면 이런 기적은 결코 일어나지 않았을 겁니다. 그러나 무엇보다도 하나님의 돌보심과 섭리가 아니었더라면 대양은 다시는 눈을 뜨지 못했을 겁니다. 그날 대양은, 자신이 살아난 것이 하나님께서 자신에게 주신 사명이 남아 있기 때문임을 뜨겁게 체험했습니다.

그 뒤에도 대양은 세 차례나 큰 수술을 감내해야만 했습니다. 대양의 가족은 대양이 온천 요양을 할 수 있도록 물이 좋다는 마산 근처로 이사했고, 최 박사는 거기서 병원을 열었는데, 얼마 못 가 마산에서 두 번째로 세금을 많이 낼 정도로 병원이 붐볐습니다. 물론 개업 초창기부터 최 박사는 병원 수입의 대부분을 학교와 학교법인에 기부했습니다.

1953년 서울로 돌아온 대양은 수년에 걸친 요양과 물리치료 뒤에 겨우 지팡이를 짚고 거동하면서도 폭격에 쑥대밭이 된 학교를 재건했습니다. 학교의 상황이 실망스러웠지만, 그는 결코 좌절하지 않았습니다. 아무리 어렵고 힘든 상황에서도 하나님께 먼저 감사를 드리는 것이 대양의 몸에 밴 버릇이었기 때문입니다. 그는 아내와 함께 미8군 공병단의 도움을 받아 차근차근 충무로 교사를 다시 일으켰습니다.

1954년에는 학교의 이름이 수도여자사범대학으로 바뀌었고, 1962년에는 4년제 대학으로 승격되었습니다. 서울뿐 아니라 전국에서 우수한 학생들이 몰려들었고, 이들은 공부를 마친 후 교사자격증을 들고 전국으로 다시 흩어졌습니다. 이들의 활약이 얼마나 눈부셨냐 하면, 1990-2000년 초에 서울과 경기도만 해도 이 학교 출신의 교장이 40명을 웃돌 정도였습니다.

1958년에 대양과 최 박사는 수도여자사범대학에 부속 중·고등학교를 세웠습니다. 1960년에는 부속유치원을, 1963년에는 부속초등학교를 차례로 세웠습니다. 이것이 오늘날의 세종유치원, 세종초등학교, 세종중학교, 세종고등학교입니다. 물론 모든 학교가 기독교 정신을 바탕으로 설립되었으며, 현재에도 매주 채플을 실시하여 전교생과 교직원들이 함께 예배를 드립니다. 이 학교들의 교훈은 아래와 같습니다.

1. 나는 하나님을 사랑합니다.
2. 나는 사람을 사랑합니다.
3. 나는 학교를 사랑합니다.
4. 나는 일함을 기뻐합니다.
5. 나는 이 일을 잘하기 위하여 늘 기도합니다.

이후 우리나라 여성교육의 중심지였던 수도여자사범대학은 전환점을 맞게 됩니다. 1978년 10월, 공동 창립자 대양과 최 박사는 대학의 형태를 일반대학으로 개편하고 학교 이름을 세종대학으로 바꾸었습니다. 이 이름에는 세종대왕의 나라 사랑과 겨레 사랑 정신을 계승하려는 두 설립자의 뜻이 담겨 있습니다. 동시에 시대의 변화에 따라 여성만을 가르치던 학교를 남녀공학으로 바꾸었습니다. 학교 환경이 졸업 뒤에 진출할 사회 환경과 같아야 한다는 생각에서였습니다. 1987년 10월에는 종합대학으로 승격하여 현재의 세종대학교가 되었습니다. 오늘날에도 그 창학 이념은 "기독교 정신"과 "애지 정신"과 "훈민 정신"입니다. 이것은 경쟁 중심의 1등 지향적 교육이 아니라, 낮은 데를 보살피고, "함께 사는" 공동체를 이루는 것, 사회적 책임을 다하는 것을 중요하게 생각한 대양의 교육사상을 잘 나타냅니다.

대한민국 정부 수립 50돌을 맞아 김대중 대통령이 교육 발전에 기여한 공로로 대양에게 건국공로훈장을 수여하는 장면(1998. 8. 15.).

❖ 우리 마음속에 영원히 빛나다

대양(大洋), 곧 큰 바다, 우리나라 교육계의 큰 별이었던 그는 2011년 4월 8일 오후 9시에 하나님의 부르심을 받았습니다. 향년 99세. 그날은 대양의 생일 이틀 전이었고, 최옥자와의 결혼 67주년 기념일 당일이었습니다. 이미 한 주 전인 4월 1일부터 우리는 대양을 보낼 마음의 준비를 다 마쳤습니다. 그날을 넘기기 힘들 것이라는 의료진의 진단을 외면할 수 없었기 때문이지요. 하지만 대양은 그로부터 한 주를 더 버텼습니다. 해외에 있는 손자, 손녀, 증손까지 모두 다 만나서 마지막 인사를 나눈 뒤에야 대양은 평안하게 눈을 감았습니다. 다른 사람을 끝까지 기다려주는 그 온화하고 어진 성품이 마지막 순간까지도 빛났습니다.

연세대학교 장례식장에 차려진 빈소에는 대양을 존경하는 많은 사람의 조문 행렬이 끊이지 않았습니다. 한평생 사랑과 섬김을 통한 교육의 모범을 보이고 가르친 그에 대한 애도가 끊이지 않았습니다. 그가 단순히 정의와 사랑을 생각하고 외치는 데 머물지 않고, 그것을 실천하는 데 남달리 애썼기 때문이지요. 실로 그는 조용하고 온화한 성품의 사람이었지만, 동시에 강한 추진력과 정확하고 빠른 결단력의 사람이기도 했습니다. 그는 하나님께서 지극히 사랑하셔서 이 땅에 그분의 뜻을 이루는 데 도구로 쓰신 참된 그리스도의 일꾼이었습니다.

그날, 대양은 말없이 떠났습니다. 그러나 지금, 그는 영원히 우리의 마음속에 살아 빛나고 있습니다. "저 하늘에는 별이 있고, 우리 마음에는 대양이 있습니다." 자신보다 다른 사람을 먼저 생각하고, 특별히 사회적 약자와 가난한 사람들과 소외 계층을 위해 늘 기도하고 행동한 대양의 삶에서 우리는 그리스도의 모습을 발견하기 때문입니다.

참고 도서 ───────

주영하, 『더 잘 살기 위하여』, 수도여자사범대학 출판부, 1960.
_____, 『푸른 광장』, 수도여자사범대학 출판부, 1960.

_____,『푸른 대양』, 수도여자사범대학 출판부, 1972.

_____,『동방의 새 빛』, 세종대학 출판부, 1982.

_____,『사랑, 지성은 영원하여라』, 세종대학 출판부, 1982.

_____,『새벽』, 세종대학교 출판부, 1989.

_____,『새벽 날개 1』, 세종대학교 출판부, 1999.

_____,『새벽 날개 2』, 세종대학교 출판부, 1999.

_____,『교육·사상문집 1: 새벽 새소리를 들으며』, 세종대학교 출판부, 2000.

_____,『교육·사상문집 2: 교육을 세워야 나라가 산다』, 세종대학교 출판부,
      2000.

_____,『교육·사상문집 3: 영재교육을 위하여』, 세종대학교 출판부, 2000.

_____,『교육·사상문집 4: 오늘을 빛나게 살라』, 세종대학교 출판부, 2000.

_____,『교육·사상문집 5: 빛나는 2000년을 위하여』, 세종대학교 출판부,
      2000.

대양주영하기념사업회,『강하고 담대하라』, 홍성사, 2012.

세종대학교,『세종, 새천년의 빛』, 세종대학교 출판부, 1999.

Vonette Bright 외 7인,『대양 주영하박사 탄신 100주년 기념 아름다운 만남:
      추모의 글』미출판 자료집.

저자 소개

민경식
연세대학교 학부대학 조교수
독일 뮌스터 대학교 철학 박사
- 대표적 저서로 『누가복음: 쉽게 풀어 재미있게 읽는 성경』
『신약성서, 우리에게 오기까지』, *Die früheste Überlieferung des Matthäusevangeliums*가 있다.

10장

전영창,
학교의 목자 조국의 목자

조성국(고신대학교 교수)

❖ **교회의 목자 대신 학교의 목자로**

전영창 선생의 1주기 추모식에서 거창고등학교 6회 졸업생이었던 신중신은 다음과 같은 추모시를 발표했습니다(전영창, 1977, 14쪽).

님은 하나님의 목자(牧者)로

이 고장에 오시어

여호와를 경외함과

십자가 보혈(寶血)의 뜻을 받들어 행하시고,

님은 끓는 정열, 타오르는 신념으로

이 학원을 일으켜 세워

진리, 사랑, 정의의 구현으로

교육의 거룩한 사표(師表)를 보이시다.

불의(不義) 앞에서는
맹수보다 더하고
일신의 고난과 의무 밑에선
위대한 노예로 순(殉)했던 이

님은 살아생전에
우리에게 소금과 빛이었고
죽어선 한 알의 밀알로
이 땅에 묻히시다.

전영창 선생에 대한 평가는 오랫동안 주로 사회적 관점에서 이루어졌습니다. 1967년 「경향신문」에서 수여한 "국민이 주는 희망의 상"이 보여주는 것처럼, 그분은 민족과 민주사회를 위한 참 교육운동가였습니다. 전영창 선생의 삶의 열매인 거창고등학교의 살아 있는 전인교육은 사회교육 운동가들로부터 제대로 된 학교교육이라는 평가를 받습니다. 더불어 입시 교육 성과도 탁월하여 그 때문에 전국적으로 주목받았고, 진보정부 시절에는 학교 개혁의 모델이라는 평가를 받기도 했습니다.

거창고등학교를 다니는 동안 전영창 선생의 특별한 교육적 카리스마에 깊이 매료되고 감동받았던 졸업생들은 한결같이 그를 위대한 참 스승으로 평가합니다. 그의 교육에 매료된 사람들은 그가 민족교육자들인 도산 안창호나 남강 이승훈과 비교하여 조금도 모자라지 않는, 한국 교육사에서 보기 드문 훌륭한 교육자로 평가합니다. 교육학자 강기수는 전영창 선생의 훈화, 강연, 설교 등을 검토한 뒤 그를 가리켜 국제사회에 제대로 알려져야 할 한국의 교육사상가로 평가하기도 합니다(강기수, 2013). 해방 전후의 우리 사회의 교육 지도자 중 친일 문제와 반민주적 기득권자라는 비난으로부터 완전히 자유로운, 따라서 말 그대로 애국적이고 민주적인 교육 지도자로 전영창 선생 같은 분을 찾아보기 어려운 것이 사실입니다. 그런 점에서 선생은 정말 존경받고도 남을 보석 같은 교육가라고 말할 수 있습니다.

그럼에도 전영창 선생은 우리나라 교육계에서는 오랫동안 아웃사이더였습니다. 선생은 교육계에 주류 학맥이 없고, 사립학교 지도자였으며, 정부 교육정책의 모범 사례가 아니었고, 때때로 정부와 극심한 갈등 관계를 유지할 때도 있었습니다. 선생은 심지어 기독교계에서도 아웃사이더였습니다. 그는 큰 교단에 소속된 교회 목사로서 신학 교육과 교회 교육에 기여한 사람이 아닌, 단지 학교교육자로만 간주되어 소외되었습니다. 이 모든 것이 다 전영창 선생이 아직 충분히 평가받지 못했다는 증거입니다.

그가 학교 현장에 몸담고 있던 관계로 주변 사람들은 그를 선생님으로 불렀으나, 스스로는 기독교 신학에 기초한 "목자"의 정체성을 가진 사람이었습니다. 따라서 그를 새로운 사회를 위한 학교교육자만으로 다루면 충분치 못합니다. 그가 가진 목자의 영성을 적극적으로 해명하지 않는다면 선생의 내면과 활동을 제대로 헤아리지 못한 셈이 됩니다.

그는 전형적인 기독교교육자입니다. 따라서 이 글에서는 그를 조국의 기독교교육자로 소개하려 합니다. 또한 필자는 일반 독자들을 고려하여 이 글을 교육학적 패러다임이 아니라 전영창 선생의 생애 및 신념 자체의 패러다임에 따라 풀어가려 합니다.

❖ 애국의 길로 확신한 기독교 신앙교육

애국심은 전영창 선생의 정체성의 DNA에 새겨진 내적인 정보와 같았습니다. 그의 할아버지 전치선은 일제강점기에 조선 독립으로 나아가는 방법의 일환으로 선교사의 전도를 받아들여 교회에 나가기 시작했습니다. 그의 아버지 전일봉은 선생이 출생한 지(1916. 12. 26.) 겨우 1년이 조금 지난 시점에 발생한 삼일만세운동 당시, 읍내 장터에서 열변을 토하면서 만세운동을 주도하다가 체포되어 몰매를 맞고 감옥 생활을 했던 분입니다(전영창, 1978, 149-150쪽). 전일봉은 아들 전영창이 보통학교를 졸업하자 중등교육을 위해 기독교학교로 진학시키고자 하는 열망을 가졌습니다. 그는 자신의 아들이 상급학교에 진학한 후에는 더 혹독한 내핍 생활을 감내하면서도 부분적으로나마 아들의 공부를 성심껏 지원했습니다.

전영창 선생의 자발적인 애국 활동은 우리 사회의 변천 단계와 보폭을 같이하며 일관성 있게 표현되었습니다. 일제강점기 동안 전영창 선생의 애국심은 일본의 지배에 맞서 정신적 저항과 독립의 희망을 가능하게 한, 기독교적인 신앙 행위로 발현되었습니다. 전영창 선생은 일제의 통제 아래 있던 공립학교가 아니라, 부분적이나마 그 통제를 벗어나 민족의 미래를 꿈꿀 수 있었던, 미국 선교사가 운영했던 신흥학교를 다녔습니다. 신흥학교 5학년 시절(1936년 가을), 일본 경찰의 강압적인 통솔하에 학생들이 신사로 참배하러 이동하던 중, 그는 행렬을 이탈하여 교장이었던 린턴 선교사를 찾아가 행사 동원 허락에 항의했습니다. 그런데 그의 이런 행동이 린턴 교장에게 깊은 인상을 남겼습니다. 그리하여 린턴은 이후 전영창 선생이 일본 고베 중앙신학대학교에 유학하여 공부할 수 있도록 도와주었고, 또 관계를 계속 유지하면서 많은 도움을 주었습니다(전영창, 1977, 17쪽; 1978, 152쪽).

전영창 선생은 일본 유학 시절에 유명한 우치무라 간조가 "조선 젊은이를 위한 식전"이라는 주제로 한국 유학생들에게 했던 강연의 핵심 주장, 곧 "정치적으로 독립을 잃은 너희의 조국을 성경으로써 구하라"(전영창, 1978, 153쪽)라는 말을 듣고 큰 감명을 받아 그 자리에서 조국을 구하기 위해 성경을 가르치는 목자가 되기로 결단했습니다. 그 후 그의 신학 공부는 애국을 실천하는 방법이 되었습니다.

일본에서 공부하던 중 제2차 세계대전이 발발하자 조선 유학생들을 감시하던 경찰이 기숙사에 있던 전영창을 사상이 불온하다는 것과 신사참배 거절을 빌미로 체포했습니다. 전영창은 재판에 회부되어 5년 징역형을 언도받고 1년 동안 후쿠오카 감옥에서 복역했으며, 이후 귀국하여 5년의 집행유예 처분을 받았습니다. 하지만 옥고를 치르는 동안 오히려 기독교 신앙은 전영창을 정신적으로 더 강하게 만들었습니다.

대한민국이 국가적으로 두 번째 큰 위기에 직면했던 6·25한국전쟁 때, 전영창 선생은 전세가 확연하게 불리했음에도 불구하고 조국을 구하기 위해서라면 무엇이라도 해야 한다는 마음으로 미국 유학 도중에 급거 귀국했습니다. 그는 전쟁 발발 직후 대사관에 귀국 의사를 밝히고 지시에 따라 대기하던 중, 미군의 한국 철수 소식이 알려지자 즉시 웨스턴 신학대학원 학장에게도 귀국 의사를 밝혔습니다. 이

때 전영창은 웨스턴 신학대학원 학장으로부터 귀국하지 말고 차라리 안전한 미국에 머물 것과, 한국의 가족도 미국으로 데리고 올 수 있도록 필요한 경비를 제공하겠다는 제안을 받았습니다. 또 그때가 마침 학위를 받기 위한 마지막 단계인 졸업 시험을 남겨두고 있을 때였습니다. 그러나 그는 모든 것을 과감히 포기하고 귀국을 결정했습니다. 그는 존 뮬더 학장에게 "나라가 망하는 판인데 졸업장이 무슨 소용이 있습니까? 공산주의자들이 남한을 전부 점령하기 전에 한국에 입국해야겠습니다"(전영창, 1977, 18쪽), "만약 공산주의가 한반도를 점령하게 되면 나는 조국에 돌아갈 기회를 영영 놓치고 말 것이다.…나는 그들의 목자(牧者)가 되기 위해서 오랜 준비를 해왔는데 이제 막상 위험에 빠진 양을 모른 체하고 떠나버리면, 목자는커녕 사악한 사기꾼이 아닌가? 공산주의가 한국에 들어오기 전에 내가 할 일을 찾아야겠고 또 그들이 한반도를 점령하면 지하운동이라도 할 각오가 되어 있다"(전영창, 1978, 156쪽)라고 말했습니다.

결국 그는 유학 생활을 포기하고 귀국했습니다. 다행히 웨스턴 신학대학원 학장은 이사장과 협의하여 그에게 졸업 시험을 면제해주고 또 일정을 앞당겨 미리 졸업장을 수여해주었습니다. 전영창 선생은 귀국한 후에는 부산에서 피난민 구제 복지사업을 했고, 장기려 박사와 복음병원을 세워 환자들을 구제하는 보건 사업도 했습니다. 그리고 6·25한국전쟁이 끝난 후에 다시 도미하여 콘콜디아 신학대학원에서 다음 단계의 신학 학위 공부를 마쳤습니다.

1956년 이후 전영창은 조국의 미래를 위해 본격적으로 교육 사업을 시작했습니다. 그는 학교교육을 통하여 애국하는 시민을 양성하고자 했습니다. 귀국 직후 린턴 선교사가 신설한 한남대학교(대전대학)

의 교수 및 부학장으로 같이 일하자는 제안을 받았으나, 그는 애국적인 동기에서 어려운 조건의 새로운 일, 곧 거창의 외진 곳에 방치된 폐교 직전의 학교를 인수하여 기독교 학교교육을 실천하는 편을 선택했습니다.

이 선택은 역사적으로 볼 때는 당시 농촌 사회에서의 기독교인들의 애국계몽운동의 선상에 있기도 했고, 더 깊게는 이제 조국에서 동포를 돌보기 위해 목자가 되는 준비를 마쳤으므로, 목자장인 예수님처럼 잃어버린 양, 혹은 목자 없는 양과 같은 사회적 약자 집단의 동포들에게로 가야 한다는 책무감에서 나온 결단이었습니다. 그는 후일 "목자 없는 양"이라는 제목의 설교에서 "이렇게 고생하며 유리하는 내 민족에게 가장 필요한 것이 무엇일까요? 목자입니다"라고 호소했습니다(전영창, 1978, 7쪽). 그는 귀국 직전 미국 교회에서, 에콰도르 밀림에 파송되어 일하던 미국 선교사의 순교 소식을 듣고 깊은 고민에 빠졌고, 조국에 돌아가면 마치 선교사처럼 소외된 시골에서 교육 사업으로 학생들을 돌보고 양육하는 목자가 되기로 결심했던 것입니다(전영창, 1977, 19쪽).

전영창 선생은 조국을 위해서라면 더 낮은 자리에서도 기꺼이 자신의 모든 것을 불태우려 했던 진정한 애국자의 모범이었습니다. 그는 거창고등학교에서의 훈화 및 설교 시간을 통하여 근대 서양의 위인들 중 애국자들을 모범 사례로 들면서 학생들에게 애국심을 고취시켰습니다. 그의 훈화와 설교에 등장하는 애국자들의 이야기는 실상은 전영창 선생 자신을 투영한 것이기도 합니다.

『실낙원』의 저자 존 밀턴에 대해 이야기하면서 "나는 이미 조국을 위하여 시(詩)를 희생했으니, 조국의 자유를 위하여 눈 하나 희생하지 못하겠느냐"라는 말을 인용하고는, "그는 애국자였습니다. 애국자라도 슬그머니 일신의 부귀와 영화를 꾀하는 애국자가 아니었습니다. 자기의 전부를 모조리 조국의 자유를 위하여 즐거이 바칠 수 있는 애국자였습니다"라고 설명하며 희생적 헌신이 뒷받침되는 참 애국심을 갖도록 호소했습니다(전영창, 1977, 34쪽). 그는 대망(大望)과 고귀한 이상을 갖도록 독려했고 또 근대 서양사에서 많은 사례를 소개했는데, 그중 많은 사람들의 이야기가 위기의 조국을 구하거나 흥하게 하는 데 기여한 경우입니다. 이처럼 자신이 애국자인 동시에 애국하는 인간을 양성하는 것이 그의 교육 목표였던 것입니다. 그리고 애국자를 양성하는 일에는 교회보다 학교가 더 적합한 장소라는 신념이 그가 교회의 목자가 되는 대신 학교의 목자가 된 배경입니다.

❖ 고난의 극복을 위한 기독교 신앙교육

전영창 선생이 거창고등학교 학생들에게 기독교 신앙교육이 꼭 필요하다고 확신한 이유는, 불가능해 보이는 현실에서도 가슴에 꿈을 품고 고난을 극복하기 위해 인내하면서 열정적으로 살아가도록 하는 힘이 기독교 신앙에 있다고 보았기 때문입니다.

무엇보다 전영창 선생 자신이 학생들 입장에서 볼 때 고난을 극복하고 뜻을 이룬 모범 사례였습니다. 부모의 남다른 교육열에도 불구하고, 가난한 가정 형편과 일제강점기라는 사회적 상황은 자신의 의지만으로 뜻을 실현해가기에는 벅찬 높은 벽이었습니다. 그러나 그는 기적처럼 전주의 신흥학교를 졸업했습니다. 일본에 유학하여 중앙신학대학교에서 공부했으며, 미국에 유학하여 웨스트민스터 신학대학원, 웨스턴 신학대학원, 콘콜디아 신학대학원에서 공부한, 당시만 해도 입지전적인 지식인이 되었습니다. 그리고 참 교육을 실현하기 위해 고등학교를 세워 직접 교장으로 취임했습니다.

거창고등학교 학생들에게 전영창 선생은 비슷한 가정 형편은 말할 것도 없거니와 나아가 더 암울한 시대와 사회적 조건에도 불구하고 기적처럼 꿈을 실현한 산 증인이었던 셈입니다. 그리고 전영창 선생 본인도 자신의 인생에서 꿈을 이룬 비결을, 그가 가진 기독교 신앙 외에는 달리 설명할 방법이 없었습니다. 곧 기독교 신앙이 말하는 하나님의 도움, 현세적으로 말하면 선교사들과 다른 기독교인들의 도움 외에 달리 설명할 방법이 없었던 것입니다.

동포의 "작은 목자"(전영창, 1978, 7쪽)로 자처했던 전영창 선생의 눈에, 일제강점기에 이어 6·25전쟁을 거친 한국 사회는, 자신이 청년기에 경험했던 일본과 미국 사회와 비교할 때 절망적인 가난과 고난의 사회였습니다. 6·25전쟁 직후 그가 귀국하여 구제 사업과 의료 사업을 펼쳤고, 이제는 교육을 통해 세워가야 할 사회였지만, 그 사회를 세울 수 있는 여건은 참으로 열악하기 짝이 없는 것이어서 오히려 절망이라고 말하는 것이 적합했습니다. 그중에서도 특히 거창은 "하나의 버림받은 지역, 버림받은 사람들의 상징"이었습니다(전영창, 1978, 73쪽). 현실적인 계산으로 서민들의 성공을 말하는 것은 정직하지 못한 기만적 최면에 다름 아니었습니다.

그러므로 비전의 기초가 될 수 있는 것은, 어떤 형편에도 불구하고 의존할 수 있는, 하나님에 대한 절대적이고 초월적인 종교적 신앙뿐이었습니다. 그래서 훈화를 넘어 설교가 필요했던 것입니다. 그는 그런 악조건에서도 꿈을 가지려면 신앙이 있어야 한다고 보았습니다.

그래서 전영창 선생의 훈화는 기독교 신앙으로 가난과 고난을 극복한 사람들의 사례 이야기로 가득했습니다.

버림받은 흑인 소년이었으나 모든 고난을 극복하고 과학자가 되어 생활의 변화에 크게 기여했던 조지 워싱턴 카버, 마약중독과 노숙생활에서 벗어나 유명한 시인이 되었던 프랜시스 톰슨, 불치의 질병을 극복한 웨슬리 해블렛트, 장애를 극복한 헬렌 켈러, 우리나라에서도 6·25한국전쟁에서 시력을 잃었으나 장애를 극복하고 원호 행정을 개척한 호승환, 고아와 장애자로 어린 시절을 보냈음에도 불구하고 교수가 된 김형식 등 수많은 사례들을 제시하면서, 그는 절망적인 상황 속에서도 기독교 신앙으로 무장하여 얼마든지 가난과 고난을 극복할 수 있다고 호소했습니다.

그는 기독교 신앙의 기초 위에 바로 서기만 한다면, 개인의 현실에서 도무지 불가능해 보이는 위대한 꿈도 가질 수 있다고 보았습니다. 이 확신은 전영창 선생 자신이 몸소 경험한 사례에 근거한 것이며, 또 청년 시절에 자신에게 이 확신을 심어준 우치무라 간조의 실제 사례에서 왔습니다. 한편 우치무라 간조는 일본에 왔던 미국인 교수 윌리엄 클라크의 외침인 "소년이여 대망을 품으라"(Boys, be ambitious!)라는 말로부터 격려받았고, 클라크는 일본 학생들에게 성경을 통한 기독교 신앙의 가르침에 기초하여 그렇게 호소했던 것입니다(전영창, 1977, 42-43쪽). 전영창 선생은 거창고등학교 학생들이 큰 꿈을 가질 수 있기를 기대했습니다.

전영창 선생은 성경의 가르침을 따라 미래를 향한 꿈이 없는 개인과 민족은 망한다고 선언했습니다. 그리고 예수님에 대한 신앙 위에서만 고상하고 원대한 꿈을 가질 수 있다고 보았고, 그때 비로소 개인의 성공과 국가의 번영이 실현될 것이라고 확신했습니다. 그는 "이것이 내가 이곳에서 기독교교육을 하는 이유이며, 이 신념은 우리 학교의 초석입니다. 기둥입니다. 친애하는 학생 제군들이여! 이 이상을 품으라!"라고 호소했습니다(전영창, 1977, 41쪽).

전영창 선생은 기독교 신앙이 꿈을 실현하는 과정에서 직면할 수밖에 없는 어려움을 끝까지 참아내는 불굴의 정신을 갖게 한다고 가르쳤습니다. 무엇보다 그 자신이 가난, 일제강점기의 억압, 수감과 감시, 유학 생활, 6·25한국전쟁, 학교 경영의 어려움, 교육 관청의 억압 등에도 불구하고 꿈을 포기하지 않고 열정으로 살아온 비결이 기독교 신앙에 있었습니다.

그는 자신이 가르친 제자들 가운데서도 이런 경우에 해당되는 특별한 사례들을 찾아내어 학생들에게 가르쳤습니다. 그중 장애를 가진 고아라는 불우한 상황 속에서도 백절불굴의 의지로 성실하게 공부하여 마침내 교수가 된 김형식을 가리켜, 그는 "불굴인"(invincible man)이라 칭했고, 학생들에게 "거창고등학교는 이런 'invincible man and woman'을 만들어내는 학교입니다.…나는 여러분에게 여러분을 불굴의 남녀로 만들어주겠다는 약속을 할 수 있습니다. 피와 땀과 눈물을 흘려가며 노력하여서 기어코 목적을 이루고야 마는 'invincible man', 'invincible woman'을 만들어주겠다고 약속합니다"라고 외쳤습니다(전영창, 1977, 56쪽). 그의 이런 자신감은 기본적으로 기독교 신앙에 근거하며, 자신의 인생과 제자들의 사례에 근거하고 있었습니다. 그는 "결코 포기하지 말라"(Never give up)라는 주제로 연속적인 훈화를 하는 가운데 많은 실제 사례들을 들어가면서 학생들에게 불굴의 정신을 독려했습니다(전영창, 1978).

성공은 도무지 불가능해 보이는 조건에서도 미래를 향한 꿈을 포기하지 않는 것에서 출발하고, 어떤 경우에라도 공부할 수 있는 기회를 붙잡고 그 교육의 과정을 감내하는 의지로 가능한데, 선생은 이런 내면적 힘이 기독교 신앙으로부터 올 수 있다고 보았습니다. 그래서 그는 학생들에게 기독교 신앙을 갖도록 권했습니다.

❖ 사람됨을 위한 기독교 신앙교육

교육은 유용한 지식을 효과적으로 전달하는 활동으로 간주되기도 하지만, 교육에 깊은 관심을 가진 사람들은 교육을 성숙한 인간을 형성하는 활동이라고 봅니다. 전영창 선생은 어느 해의 졸업식 훈화 서두에서 "'사람을 만들자' 하는 것이 저희의 교육 이념 중의 하나로서 이 이념을 달성하기 위하여 저희 있는 힘까지는 다하여 보았습니다. 이 이념을 달성하기 위하여 특히 두 가지 방법을 썼습니다. 하나는 예배 시간이요, 또 하나는 훈화 시간입니다"라고 말했습니다(전영창, 1978, 8쪽). 교육자가 꿈꾸는 것은 인간의 변화와 성숙입니다. 전영창 선생이 형성하려고 했던 교육받은 인간의 특성의 기초는 기독교 신앙에 있었습니다.

참 교육자는 그가 교육 활동을 통해 구현하려는 교육적 인간상에 대해 스스로 구체적인 모범이 됩니다. 전영창 선생의 위대함은 그가 가르치려던 인간상의 가치가 그 자신에게 구체화되어 있었다는 점입니다. 그것이 학생들에게 큰 감화력을 준 이유입니다.

물론 전영창 선생이 모든 사람들의 찬사만 받았던 것은 아닙니다. 그의 오랜 동역자였던 원경선은 전영창 선생의 첫 번째 훈화집 머리

말에서(전영창, 1977, 7-8쪽), 전영창 선생이 모든 인간관계에서 원만한 사람이었기보다는 강한 개성과 주관을 가진 사람이었고, 다혈질이고 신경이 예민한 사람이었으며, 실수를 범하는 경우도 있었다고 말한 것처럼 그가 언제나 완벽한 모습을 보여준 것만은 아닙니다. 그러나 그가 교육을 통해 형성하려는 인간 특성에는 자기 자신이 먼저 그대로 조응하는 모범이었다는 것을 부인할 수 없습니다. 그가 지향한 인간의 몇 가지 특성은 다음과 같습니다.

❖ 정의로운 인간

첫째, 그는 교육이 구현해야 할 인간은 정의로운 인간이라고 보았습니다. 교육받은 인간은 자신을 향해서 도덕적 인간이어야 했습니다. 도덕적 인간이란 개인 내면에서 실용과 실리를 따르는 것, 이익과 욕심을 위해 부정과 부패를 행하는 것, 거짓과 증오, 육체적 향락, 윤락과 마약을 따르는 것이 아니라 진리, 신의, 도의, 정의, 성실, 애국, 사랑과 희생 등의 도덕적 가치를 따르는 인간이라고 보았습니다. 잘 먹고 잘 입고 편안하게 사는 것을 지향하는 정신은 동물과 다를 바 없으며, 교육은 이런 특성 대신 도덕적으로 고상하고 건전한 정신을 길러주어야 한다고 보았습니다.

기독교 신앙의 관점에서 해석한다면 부도덕하고 이기적인 특성은 옛사람의 특성이므로 회개를 통해 새사람의 도덕적인 특성으로 바뀌어야 한다는 것입니다. 그는 마음(심보)을 고치는 것을 거듭나는 것이라고 말했고, 이런 혁명이 먼저 개인에게서 일어나야 하고 또 민족의 차원에서도 일어나야 한다고 주장했으며, 바로 이런 개인 및 민족의 인간 개조, 인간 혁명을 위해 자신이 교육 사업을 하고 있다고 말했습니다(전영창, 1977, 85쪽).

그는 교육받은 인간은 사회를 향해서도 정의로운 인간이 되어야 한다고 확신했습니다. 전영창 선생의 오랜 동료였던 원경선은 그가 정의에 대한 신념이 누구보다 강한 사람, 불의와 비진리에 타협하지 않고 대결하는 사람이었고, 그것 때문에 많은 난관에 봉착해도 정의를 위해 투쟁했고, 학생들에게도 정의감을 고무하고 정의의 승리를 확신하도록 가르쳤다고 말합니다(전영창, 1977, 7쪽).

사회적 불의와 타협하지 않는 그의 정의감은, 일찍이 일제강점기 하에서의 삼일만세운동과 신사참배 거부와 수감 생활, 4·19혁명 시절의 반민주주의 독재 정권에 반대하고 명백한 민주주의 입장을 표명한 것, 1969년 거창고등학교 학생운동에 대한 경남교육위원회의 부당한 조처에 굴복하지 않고 법적 투쟁까지 감수한 행동 등에서 두드러지게 나타났습니다.

전영창 선생은 스스로 정의로운 삶을 살았을 뿐 아니라 학생들에게도 정의를 위해 싸울 것을 가르치고 격려했습니다. 그는 제자들에게 부정과 부조리와 부패로 가득한 사회, 극심한 빈부 격차, 공해 문제, 각종 차별 문제, 권력자들의 기만성에 순응하지 말고 자유와 평등과 평화의 사회로 변혁하려는 혁명에 참여해야 한다고 말했습니다. 물론 그 혁명 방법은 공산주의자들처럼 폭동과 폭력의 방법이 아니라 예수님의 방법, 현대적으로는 마틴 루터 킹의 방법처럼 비폭력과 사랑의 방법이어야 한다고 가르쳤습니다. 그가 불의에 맞서 그런 비폭력적인 사랑의 방식으로 투쟁해도 정의가 반드시 이긴다는 신념을 가질 수 있었던 것은 하나님의 정의에 대한 신앙적 신념 때문이었습니다.

❖ 교양과 실력을 갖춘 글로벌 지식인

둘째, 교육이 구현해야 할 인간은 교양과 실력을 갖춘 글로벌 지식인이라고 보았습니다. 전영창 선생은 비록 고등학교의 교육자였으나 학생들에게 미래의 지도자가 될 충분한 소양과 자격을 갖춘 높은 수준의 교육을 행하고자 했습니다. 우선 그 자신이 고등학생들을 위한 교사 수준이기보다 대학생을 가르치는 교수 수준이었고, 그의 훈화는 마치 대학의 교양 과정을 이수하는 대학생들에게 하는 것처럼 수준이 높았습니다. 그는 당시 평균적인 고등학교 교사나 교장과는 확연히 다른 수준의 교육자였습니다.

그가 통상적으로 행한 훈화나 신입생 혹은 졸업생을 위한 훈사는 1-2시간 계속된 특강이었으며, 소논문과 같은 논의를 담고 있었습니다. 그는 자신이 직접 학생들을 가르치는 훈화 시간을 아주 중요하게 여겨 이를 매우 정성스럽게 준비했습니다. 그 훈화는 국어 교과서에서 겨우 이름과 제목만 들어보았던 외국 소설가와 시인과 미술가를 직접 다루는 것이었습니다. 역사 교과서에서 이름만 알고 있던 서양 근현대사의 정치인의 인격과 시대 배경을 다루고, 한국사의 주요 인물들을 생생하게 다루었습니다. 도덕 교과서에서 이름만 알고 있던 철학자들과 그 사상의 배경과 핵심을 다루었습니다. 과학 교과서에서 요점만 다룬 과학자와 이론의 배경과 의미를 다루었습니다. 설교 시간에는 고대 근동, 그리스와 로마의 배경과 서양 고전어, 기독교 신학을 쉽고도 명쾌하게 설명했습니다. 그의 훈화는 교장이란 권위를 앞세워 강요하는 것이 아니라, 소논문에서 볼 수 있는 것처럼 문제를 깊게 논의하고 또 분명한 근거에 기초하여 설득해가는 연설이었습니다.

전영창 선생은 공부하는 학생들이 흠모하는 글로벌 지식인이었습니다. 한문과 일본어, 영어를 거침없이 구사하는 글로벌 지식인이었습니다. 특히 영어를 탁월하게 구사하고, 단어와 용법들을 실제 생활 안에서 쉽게 설명해줄 수 있는 실력이 있었습니다. 그는 영어 담당 교사보다 더 탁월하게 실제 영어를 구사했으며, 미국에 많은 친구와 협력자들을 두고 있었습니다. 그는 훈화와 설교에서 영어 문장을 그대로 구사하는 경우가 많았습니다. 중요한 부분을 명확하게 전달하기 위해 영시, 영미 격언과 시사 잡지들을 사용하면서 깊은 인상을 남겼습니다.

전영창 선생님의 훈화와 설교에 나타나는 교양, 학문, 글로벌 시사문제, 외국어는 기독교 신앙에 의해 해석된 기독교적 지성이었습니다. 그에게 기독교 신앙은 고립된 공동체의 종교적 신념이 아니라 지성과 세계를 향해 문을 여는 열쇠였습니다.

전영창 선생은 거창고등학교에서의 교육을 통해 한국 사회뿐 아니라 국제사회에서도 통할 수 있는 리더십을 갖춘 교양과 실력을 가진 글로벌 지식인을 양성하려 했습니다. 전영창 선생은 거창고가 비록 수도권의 시각에서 볼 때는 외진 시골에 위치한 학교였고 교사의 근무 조건도 좋지 않았지만, 그럼에도 실력과 열정과 신앙이 뛰어난 교사들이야말로 좋은 학교를 만들기 위한 필수조건이라는 것을 알았기 때문에 서울에서 직접 교사들을 모집하기 위해 많은 노력을 기울였습니다. 그리고 그가 삼고초려의 심정으로 스카우트한 이런 뛰어난 실력과 열정과 신앙을 겸비한 교사들은 시골 고등학교 학생들의 대학 입시 성적이라고는 믿기 어려운 놀라운 결과를 만들어내기 시작했습니다. 그 결과 거창고 학생들은 시골 고등학교임에도 불구하고 교양과 실력을 구비한 의식 있는 글로벌 인간으로 성장하기 시작했습니다.

❖ 사회와 인류를 위해 봉사하는 인간

셋째, 교육받은 인간은 국가(민족)와 사회의 약자와 인류를 위해 봉사하는 인간이어야 한다고 보았습니다. 전영창 선생은 기회가 있을 때마다 학생들에게 개인의 영달과 성공에 초점을 맞춘 야심이 아니라, 더 크고 고귀한 이상을 가져야 한다고 지속적으로 강조했습니다. 그는 크고 고귀한 이상이란 공동체, 민족, 국가, 민주주의 사회, 사회적 약자들, 인류의 회복과 번영에 대한 헌신이라는 점을 분명히 가르쳤고, 반대로 현대사회에 만연한 개인주의, 실리주의, 이기주의적인 세태를 강렬하게 비판했습니다.

그는 위대한 삶을 살았던 수많은 사람의 실제 사례를 제시하면서 고귀한 이상을 향한 삶을 살기 위해서는 정당한 보상도 포기할 줄 알아야 하고, 심지어 상당한 희생과 불이익이 요구된다고 해도 기꺼이 이상을 선택해야 한다고 호소했습니다. "이 나라가 제일 필요로 하는 것은 이타적인 인물로서 남을 위해 사는 사람입니다.…남에게 봉사하는 생활을 하는 사람이 참으로 위대한 사람이 될 수 있습니다. 이것은 한갓 이론에 불과한 것이 아니요, 인류의 역사가 똑똑히 증명하는 역사적 사실입니다"(전영창, 1978, 36-37쪽).

그는 명문 대학을 졸업한 제자들이 모교에서 후배들을 가르치는 것을 거절할 때마다 "아! 내 교육은 결국 실패로구나"(전영창, 1978, 71쪽)라고 한숨을 내쉬곤 했습니다. 그럼에도 그는 학생들에게 이런 이타적이고 희생적인 삶을 선택하는 데 도움이 되는 구체적인 지침들을 모아 "직업 선택의 십계"로 만들어 제시했습니다. 그가 만든 직업 선택의 십계명은 다음과 같습니다(거창고등학교 홈페이지).

제1계명 월급이 적은 쪽을 택하라.

제2계명 내가 원하는 곳이 아니라 나를 필요로 하는 곳을 택하라.

제3계명 승진의 기회가 거의 없는 곳을 택하라.

제4계명 모든 것이 갖추어진 곳을 피하고 처음부터 시작해야 하는 황무지를 택하라.

제5계명 앞을 다투어 모여드는 곳은 절대 가지 마라. 아무도 가지 않는 곳으로 가라.

제6계명 장래성이 전혀 없다고 생각되는 곳으로 가라.

제7계명 사회적 존경 같은 것은 바라볼 수 없는 곳으로 가라.

제8계명 한가운데가 아니라 가장자리로 가라.

제9계명 부모나 아내가 약혼자가 결사반대하는 곳이면 틀림없다. 의심치 말고 가라.

제10계명 왕관이 아니라 단두대가 기다리고 있는 곳으로 가라.

어쩌면 이 직업 선택의 십계명이란 것이 지극히 비현실적인, 지나칠 정도로 이상적인 요구나 주장으로 보일 수도 있습니다. 그러나 이 계명들은 전영창 선생 자신의 실제 인생의 내용이었고, 동시에 이런 인생의 모범을 보인 예수님의 실제 삶이었으므로, 전영창 선생님의 제자들은 이 십계명의 요구를 가리켜 비현실성으로 가득한 요구라고 말하지 않습니다. 그의 제자들은 설사 자신들은 이런 삶을 선택할 수 없다고 해도, 자신들의 스승이 보여준 삶은 이런 삶이라는 것을 인정하고 이 십계명의 가르침을 좋아합니다.

전영창 선생은 거창고등학교가 교육을 통해 조국의 발전과 인류 사회를 위해 기여하는 인재를 양성하도록 하는 일에 최적의 교육 내용과 여건을 구비하도록 자신의 전 재산을 아낌없이 바쳤을 뿐 아니라, 필요할 경우에는 해외 기관과 협력하여 자금을 끌어들이는 등 혼신의 힘을 다했습니다. 또한 교양과 실력을 겸비한 후학을 양성하기 위해 하루도 쉬지 않고 강행군을 했습니다. 결국 그는 지나친 과로를 못 견디고 병을 얻어 아쉽게도 향년 59세인 1976년 5월 26일에 소천했습니다.

전영창 선생은 자신을 학교의 목자로 부르신 예수님보다 물리적으로는 더 오래 살았으나, 실제 삶의 내용은 목자이신 예수님처럼 살다 가셨습니다. 그래서 이 글의 첫 부분에 인용된 것처럼 제자 신중신의 추모시에서 그는 "하나님의 목자"로 칭해졌고, 한 알의 밀알로 땅에 묻혔다고 회고되었습니다. 그의 인생은 진실로 기독교적 참 교육의 모범이 되어 지금도 우리 곁에서 살아 거창고등학교 학생들을, 기독교 학교교육을 열망하는 사람들을, 그리고 우리 모두를 가르치고 있습니다.

참고 도서

강기수, "전영창의 생애와 교육사상", 「교육사상연구」 27-3, 2013.
거창고등학회, 『거창고등학교의 스승 전영창 이야기』, 종로서적, 1996.
배평모, 『거창고등학교 이야기』, 종로서적, 2000.

전영창, 『대망을 품으라』, 거고출판부, 1977.

_____, 『그들에게 누가 갈 것인가』, 거고출판부, 1978.

_____, 『전영창 전집 1』, 거고출판부, 1982.

_____, 『전영창 전집 2: 검은 보자기에 싸인 축복』, 거고출판부, 1990.

_____, 『전영창 설교집』, 한걸음, 2012.

_____, 『거창고등학교 전영창』, 마루그래픽스, 2013.

저자 소개

조성국
고신대학교 기독교교육과 교수
남아프리카공화국 Potchefstroomse Universiteit vir Christelike
Hoer Onderwys 철학 박사
- 대표적 저서로 『약속과 믿음 사이에서』『한국현대신학과 한
국교회의 구원관』『복음 그 신령한 은사』가 있다.

11장

윤동주,

"처럼"의 시학

김응교(숙명여자대학교 교수)

> "행복한 예수 그리스도에게
>
> 처럼
>
> 십자가가 허락된다면"

"처럼"이 한 행으로 쓰여 있는 시를 본 적이 있나요. 꼭 한국 시가 아니더라도, 영어 시, 일어 시, 중국 시에서 "처럼"이 한 행으로 된 시를 본 적이 있나요. 이웃을 내 몸"처럼" 사랑하는 것이 얼마나 어려운 일인지 윤동주 시인은 알고 있었어요. 그런데 그 길은 "행복한" 길이라는 것도 알고 있었어요. 타인의 괴로움을 외면하지 않고 그의 고통을 대신 짐 지는 순간 개인은 "행복한" 하나의 주체가 된다는 것도 알고 있었지요. 윤동주는 그 길을 선택합니다.

윤동주(1917-1945)는 만 27년 2개월의 생애를 살았는데 그중 20년 8개월을 만주에서 나고 성장했습니다. 게다가 그는 증조부, 조부,

아버지로 이어지는 이민 4세대였습니다. 곧 윤동주는 변방에서 자란 "디아스포라 시인"이었습니다.

디아스포라(διασπορά)라는 단어는 "씨 뿌리다"라는 그리스어 "διασπειρειν"(a scattering of seeds)에서 유래되었습니다. 문자 그대로 윤동주는 디아스포라였어요. 그는 끊임없이 떠났습니다.

1917년 만주 명동촌에서 태어나 1945년 2월 16일 일본 후쿠오카 [福岡] 형무소에서 옥사하기까지, 중국 명동마을과 용정에서 20년 8개월, 평양 숭실중학교에서 7개월, 경성 연희전문에서 33개월, 일본 (릿쿄, 도지샤 대학, 후쿠오카 형무소)에서 3년을 살았던 윤동주는 전형적인 조선인 디아스포라(Korean Diaspora)였습니다. 그의 짧은 삶에서 중국 이외의 지역에서 산 것은 모두 합쳐 6년 4개월입니다. 윤동주는 나머지 20년 8개월을 이 만주에서 지냈던 것이죠.

❖ 윤동주의 첫 시 「초 한 대」

1932년(윤동주의 나이 16세) 3월에 만주국이 신경을 수도로 삼고 건국됩니다. 조선인 디아스포라들은 일제의 신민(臣民)도, 중국에 얹혀 사는 "유이민"(遊移民)도 아닌 "만주국 국민"이 되어 겉으로는 디아스포라 상태에서 벗어났습니다. 그렇지만 강경애의 소설에서 볼 수 있듯이, 사실 만주는 "반일투쟁의 현장"이기도 했습니다. 미션계 교육기관인 은진(恩眞)중학교에 송몽규, 윤동주, 문익환이 함께 입학했던 4월에 윤봉길 의사가 의거를 일으켰습니다.

바로 이 시기에 윤동주는 첫 시를 남깁니다. 오늘날 찾을 수 있는 최초의 작품 〈삶과 죽음〉〈내일은 없다〉〈초 한 대〉 이 세 편의 시에

1934년 12월 24일이라고 창작 일자가 적혀 있습니다.

초한대-
내 방에 품긴 향내를 맡는다.

光明의 祭壇이 문허지기 전
나는 깨끗한 祭物을 보았다.

염소의 갈비뼈 같은 그의 몸,
그의 生命인 心志까지
白玉 같은 눈물과 피를 흘려,
불살라버린다.

그리고도 책머리에 아롱거리며
선녀처럼 촛불은 춤을 춘다.

매를 본 꿩이 도망하듯이
暗黑이 창구멍으로 도망간
나의 방에 품긴
祭物의 偉大한 香내를 맛보노라.
_1934년 12월 24일

이 시는 별 생각 없이 읽으면 대단치 않은 습작시 수준의 소품 같습니다. 그런데 이 짧은 단시 속에서 우리는 17세 소년의 순수함과 그가 가고자 하는 삶을 엿볼 수 있습니다. 이 시와 함께 쓰여진 "삶은 오늘도 죽음의 서곡을 노래하였다. / 이 노래가 언제나 끝나랴"(〈삶과 죽음〉)라는 첫 시 이후, 삶과 죽음이라는 주제를 일관하는 윤동주의 정신을 우리는 만나게 됩니다.

17세의 윤동주가 초 한 대를 보는 모습을 상상해보세요. 지금으로 보면 고등학교 1학년이나 2학년이었을 윤동주의 의식은 어떠했을까요.

소년은 자기 방에 "품긴"("풍긴"의 옛말) 촛불의 향내를 맡습니다. 그러다가 2연에서 환상에 빠지기 시작합니다. 촛불이 타올라 촛농이 녹는 과정을 소년은 "광명의 제단이 문허지기('무너지기'의 옛말) 전"이라고 표현합니다. 소년은 "깨끗한 제물(祭物)"을 연상합니다. 1연은 도입부이고, 2연은 판타지에 이르는 입구입니다. 희생의 판타지는 3연에서 발생합니다.

3연은 이 시에서 희생의 판타지가 펼쳐지는 장입니다. "염소의 갈비뼈 같은 그의 몸, / 그의 生命인 心志까지 / 白玉 같은 눈물과 피를 흘려, / 불살라버린다"라는 구절을 읽다 보면, 자연스럽게 남을 위해 자신을 목숨을 버린 어떤 존재가 스쳐 지나갑니다. "염소의 갈비뼈"라는 선명한 이미지로 자신의 생명을 불살라버린 어떤 삶입니다.

현실의 세계가 아니라, 염소의 갈비뼈 같은 존재가 눈물과 피를 흘리며 불타버리는 희생의 판타지입니다. 여기서 우리를 멈칫하게 만드는 표현은 "염소의 갈비뼈"라는 구절입니다. 단순히 생각하면, 용정 어디엔가 있는 염소의 갈비뼈를 연상했을 가능성이 가장 큽니다. 그런데 바로 앞에 "광명의 제단", "깨끗한 제물"이라는 표현이 나왔기에 자연스럽게 성경과 연결시켜 생각할 수 있습니다. 성경에는 속죄제물을 드릴 때 염소가 제물로 쓰입니다.

> 그 숫염소의 머리에 안수하고 여호와 앞 번제 희생을 잡는 곳에서 잡
> 을지니 이는 속죄제라…그 속죄제 희생의 머리에 안수하고 그 희생을
> 번제소에서 잡을 것이요(레 4:24-29)

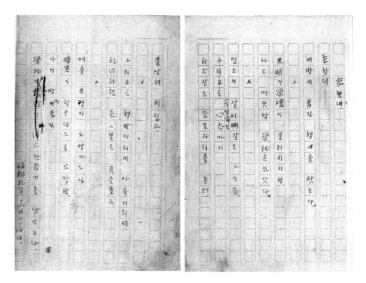

〈초 한 대〉 자필 원고

염소는 속죄제를 위한 희생제물입니다. 그런데 마태복음 25장 32
절에서 33절까지를 보면 "모든 민족을 그 앞에 모으고 각각 분별하
기를 목자가 양과 염소를 분별하는 것같이 하여 양은 그 오른편에,
염소는 왼편에 두리라"라고 기록되어 있습니다. 왜 이런 구별을 했을
까요. 성경에 나타난 염소 상징과 관련하여 다음의 풀이는 참고할 만
합니다.

이 염소(속죄양)를 영어로는 "스케입고트"(scapegoat)라고 하는데 이

낱말은 "scape=escape=도망치다, goat=염소"라는 뿌리에서 나온 것입니다. 이른바 "속죄양"을 뜻하는 이 말은 오늘 "남의 죄를 대신 뒤집어쓰는 자"라는 뜻으로 쓰이고 있습니다. 모두가 나빴는데 한 사람에게만 죄를 뒤집어씌우는 것을 두고 "그 사람을 속죄양으로 만든다"고 합니다.

예수 그리스도께서는 글자 그대로 우리들의 속죄양이 되셨습니다. 우리들 모두의 죄를 지고 악인들의 손에 넘겨져 십자가 위에서 돌아가셨습니다(미셸 크리스티안스, 『성경의 상징 50』, 분도출판사, 2002).

마태복음 25장은 흔히 심판의 장이라는 상황에서 보곤 하는데요. 염소는 양 떼 사이를 헤집고 다녀 양들을 떼어놓는 역할을 한다고 합니다. "상징적으로 유대인들의 죄를 그 염소에게 씌워 광야의 아자젤에게 쫓아 보낸다"라는 기록으로 볼 때, 인류의 죄를 지고 십자가에 달린 예수를 희생제물 염소로 비유하는 것은 틀린 비유는 아닙니다. 그렇지만 메시야는 마치 어린 양이 털 깎는 자 앞에서 잠잠한 것 같다는 기록(사 53:7)이 있어, 일반적으로 예수를 어린 양(요 1:29)으로 표현하곤 하지요. 이렇게 볼 때 윤동주가 "염소의 갈비뼈"라고 쓴 비유는 조금 놀랍습니다. 약관 17살의 그가 성경의 깊은 의미를 알았을지는 미지수이지만, 만약 알고 썼다면 조금 놀랍다고 아니할 수 없습니다.

4연은 다시 책머리에 촛불이 아롱거리며 춤추는 현실로 돌아옵니다.

5연에서 "나의 방에 풍긴 / 제물의 위대한 향내"에는 여러 이미지가 겹칩니다. 여기서 "내 방"(1연)이라는 표현은 "나의 방"으로 변주되어 등장합니다. 윤동주에게 있어 "내 방"이란 어떤 방일까요. 이 방은 그가 살던 용정 초가집의 방이겠으나, 조금 넓혀 말하자면 인용문처럼 열심히 살아가는 삶의 공간일 겁니다. 윤동주는 용정 은진중학교에서 축구 선수로 뛰고, 교내 잡지를 만들고, 웅변 대회에 나가는 등무엇이든 한번 하면 집중해서 하는 소년이었습니다.

더 크게 말하면, "내 방"이란 그가 이후에 깨닫게 되는, 그가 살아왔던 역사적 컨텍스트가 됩니다. 한편으로는 의도하든 의도치 않든, 그가 살았던 시대적 공간에 대한 무의식적 표현일 수도 있겠습니다. 그가 시를 썼던 은진중학교 시절, 곧 북간도의 1930년대는 미국에서 시작된 세계 대공황의 여파가 밀려왔던 시기였습니다. 북간도의 경제와 사회상은 갈수록 암담해지고 공산당은 더욱 크게 득세했습니다. 1931년 만주사변을 일으켜 본격적으로 만주 침략에 나선 일본은 일 년 뒤 "만주국"이라는 괴뢰국을 세웠습니다. 속칭 "만주국"의 영토에 속한 식민으로 살아가게 된 조선인들로서는 북간도에서의 삶이 더욱더 힘들고 고달파졌습니다. 1934년은 조선 반도에서 카프문인 팔십여 명의 제2차 검거를 비롯해서 전쟁 직전의 예비 검속과 공포 분위기 조성으로 실제적인 전쟁에 돌입한 해였습니다. 당시 17세의 소년은 질식할 만한 역사적인 방에 입실(入室)하는 겁니다. 윤동주는 자기가 겪어나갈 역사적 방에 입실하면서, 풍기는 제물의 위대한 향내를 맡기 시작합니다.

특히 이 시가 쓰여진 "1934년 12월 24일", 곧 성탄절 전날 밤이라는 창작 날짜를 유념해야 합니다. 스스로를 불살라 소멸하는 제물이되는 초 한 대처럼, 12월 24일 이날은 인류의 죄를 대속하기 위해 골고다 언덕에서 물과 피를 모두 쏟은 예수 그리스도가 태어나기 전날입니다. 염소의 갈비뼈 역시 구약 시대의 속죄제물입니다. 이후 "염소"나 "양"의 이미지는 윤동주 시에 반복해서 등장하는 희생제물의 이미지입니다. 이쯤에 이르면 "염소의 갈비뼈"(3연) 이미지는 속죄양으로 죽은 예수 그리스도와 중첩됩니다. 여기서 독자는 "촛불=제물=예수 그리스도"라는 등식에 공감하게 됩니다.

❖ 숭실 시대와 신사참배

1935년 3월에 윤동주는 용정 중앙교회 주일학교에서 유년부 학생들을 가르치기 시작했고, 동시에 문익환은 상급학교 진학에 대비해 5년제인 평양 숭실(崇實)중학교로 편입합니다. 은진중학교 4학년에 진급한 윤동주는 집안 어른들을 설득해 그해 여름 숭실중학교의 가을학기 편입 시험을 봅니다. 숭실중학교는 역사와 전통에서는 물론 민족의식 측면에서도 명성을 떨치던 학교였습니다. 그런데 윤동주는 뜻밖에도 한 학년 아래인 3학년으로 편입 자격을 얻는 좌절을 맛보아야 했습니다.

부모에게 떼를 써서 시험을 쳤건만 어처구니없게 정작 편입 시험에서 실패한 겁니다. 그래서 4학년이 아닌 3학년으로 편입합니다. 윤동주에게는 분명 충격이었을 거예요. 자기보다 글도 못 쓴다고 생각했던 문익환이 합격한 시험에서 자신은 떨어졌던 겁니다. 친척 형 송몽규의 작가 데뷔에 이어, 문익환이 합격했던 학교에 떨어졌던 자괴감은 어쩌면 윤동주로 하여금 더욱 문학 창작에 몰두하게 했을지도 모르겠습니다.

1935년 9월 숭실중학교 3학년에 편입한 윤동주는 1936년 3월까지, 객지 생활 7개월 동안 시 10편, 동시 5편을 포함해서 무려 15편의 시를 씁니다. 헌데 그렇게도 가고 싶었던 조국, 떼를 쓰면서까지 고집을 부려 입학했던 평양 숭실중학교에 와서 그가 만난 것은 뜻밖에도 "신사참배" 강요였습니다.

신사참배 사건을 겪으면서 윤동주의 시는 급격히 현실적인 이야기를 담은 시로 변해갑니다. 어릴 때부터 성경을 배웠고, 자신의 성품과 맞기에 동시를 써온 윤동주였지만, 신사참배 사건은 그에게 심적인 부담을 주었습니다. 이런 일을 겪은 윤동주의 마음이 당연히 편할리 없었겠죠. 바로 이 시기에 쓴 〈기왓장 내외〉(1936 초 추정)를 읽어보겠습니다.

비오는 날 저녁에 기왓장 내외
잃어버린 외아들 생각나선지
꼬부라진 잔등을 어루만지며
쭈룩쭈룩 구슬피 울음 웁니다

대궐 지붕 위에서 기왓장 내외
아름답던 옛날이 그리워선지
주름 잡힌 얼굴을 어루만지며
물끄러미 하늘만 쳐다봅니다.
_〈기왓장 내외〉(1936 초 추정)

조선의 집의 기왓장을 보는 윤동주의 눈이 이렇게 슬픕니다.

　1연은 평범한 집의 기왓장입니다. 사라진 외아들을 그리워하며 "꼬부라진 잔등을 어루만지며" 비오는 날 기왓장이 구슬피 웁니다. 여기서 "꼬부라진 잔등"이라는 표현이 선명한 이미지로 다가옵니다. 2연은 대궐 지붕의 기왓장 내외 이야기입니다. 묘하게 "아름답던 옛날"을 그리워하는 대궐 지붕 위의 기왓장 내외를 은유하고 있습니다. 기왓장을 "꼬부라진 잔등"과 "주름 잡힌 얼굴"로 가볍게 표현하는 것도 19살의 청소년으로는 예사롭지 않습니다. 시 형식도 탄탄합니다.

❖ 연희전문 입학: <슬픈 족속>

시 <새로운 길>은 윤동주가 연희전문에 입학하고 "한 달 후"인 1938년 5월 10일 쓴 작품입니다. "한 달 후"라는 부분에 따옴표를 하여 강

조한 이유는 그에게 연희전문 혹은 경성이라는 공간은 "새로운 삶"이
었기 때문입니다. 그야말로 꿈에 그리던 연희전문에 입학하여 처음
쓴 시가 〈새로운 길〉입니다.

내를 건너 숲으로
고개를 넘어서 마을로

어제도 가고 오늘도 갈
나의 길 새로운 길

민들레가 피고 까치가 날고
아가씨가 지나고 바람이 일고

나의 길은 언제나 새로운 길
오늘도…내일도…

내를 건너서 숲으로
고개를 넘어서 마을로
_〈새로운 길〉(1938. 5. 10.) 전문

이 시는 "새로운 삶"에 대한 자기 탐색의 시로 읽을 수 있습니다.
윤동주가 자랐던 명동마을 근방에서 "내를 건너 숲으로 / 고개를 넘어
서 마을로" 가는 길은 많았겠죠. 그런데 당시 연희전문의 옛날 지도를
보면 신촌 거리에서 본관까지는 그야말로 시골길이었습니다. 지금도

연세대 뒷문으로 가려면 청송대 숲길을 거쳐 마을로 가는 길이 남아 있습니다. 명동마을 숲길을 걸었던 소년 윤동주는 이제 연희전문의 숲길을 걸어 마을로 가는 "새로운 길"을 걷게 됩니다. 새로운 길을 걸으면서 새로운 꿈을 꾸었겠죠.

윤동주 시인에게 "길"이란 무엇일까요. 대부분 자아성찰을 거쳐 자기완성을 지향하는 특징을 보여주는 윤동주 시에서 자아성찰의 공간으로 "거울", "고향", "방", "별", "우물", "길" 등의 이미지가 등장합니다. 탐색과 출발과 도착의 과정을 지닌 "길"의 공간성은 윤동주에게 어떤 의미로 나타날까요. 윤동주의 초기 시에서 "길"은 중요한 상징으로 여러 번 등장해요.

소박한 시어로 쓰인 이 시는 명징한 이미지와 동시적(童詩的) 순수성을 갖고 있습니다. 1938년까지 34편의 동시를 발표했던 윤동주 시인을 생각해볼 때, 이 시는 동시에서 성인으로서의 현대시로 향하는 윤동주 시인의 과도기적인 모습을 보여주고 있지요. 그래서 이 시는 동시라 하기보다는 "소년 시"(마광수, 『윤동주 연구』, 정음사, 1984, 49쪽)로 호명되기도 했습니다.

이 시에서 가장 핵심적인 부분은 두 번 반복되는 구절이겠지요. 2연에 "나의 길 새로운 길", 그리고 4연 첫 행의 "나의 길은 언제나 새로운 길"이라는 대목입니다. 이 구절은 경성에서 막 시작된 연희전문 학생이라는 새로운 삶을 의욕 넘치게 받아들이는 모습을 그립니다. "오늘도…내일도…" 반복해서 다가오는 상황을 윤동주는 "새로운 길", 곧 들뢰즈(G. Deleuze) 식으로 말하면 늘 생산적인 차이가 발생하는 "새로운 반복(反復)"으로 받아들이고 있는 것입니다. 이런 태도라면 아무리 지겨운 오늘과 내일이라 할지라도 긍정성을 가질 수밖에 없습니다. 따라서 이 "길"은 "새로움의 반복"이라는 정신적인 의미를 갖고 있지요. 그러니 반복이지만 "차이"를 생산해내기에 결국 같은 길이 "새로운" 길이 될 수밖에 없습니다.

그런데 새로운 길에 대한 새로운 의욕은 오래가지 않았지요. 잘 알려져 있듯이 그의 의욕은 길게 가지 않아요. 조선의 비극을 직접 목도하기 시작하는 겁니다.

1938년 5월에 쓴 〈새로운 길〉과 비슷한 시기에 쓰인 〈사랑의 전당(殿堂)〉에서 그는 "내게는 준험한 산맥(山脈)"이 가로놓여 있다고 쓰고 있습니다. 그가 감당하기 어려운 외부 현실을 느끼기 시작하는 겁니다. 그리고 역시 1938년에 쓴 〈누나의 얼굴〉〈슬픈 족속〉에서는 빈궁한 여성의 삶이 등장합니다.

흰 수건이 검은 머리를 두르고
흰 고무신이 거친 발에 걸리우다

흰 저고리 치마가 슬픈 몸집을 가리고
흰 띠가 가는 허리를 질끈 동이다

1938년 9월에 쓴 〈슬픈 족속〉이라는 시에는 윤동주의 새로운 인식이 짙게 배여 있습니다. 그것은 희망찬 풍경이 아니라 슬픈 풍경이었어요.

이 시가 쓰여진 1939년 9월 이후 윤동주는 긴 절필 기간에 들어갑니다. 거지 앞에서도 아무것도 할 수 없었던 자신이 무능력한 식민지 지식인에 불과했기 때문일까요. 그의 절필은 1940년 12월까지 계속

됩니다. 무려 1년 4개월간 키에르케고어만 접하며 한 편의 글도 남기지 않고 절필하는 침묵기에 들어선 겁니다.

❖ 기적은 어디에서 오는가: 〈이적〉

우리는 매일 기적을 구하며 살고 있습니다. 복권을 사면서 갑작스러운 소식이 오기를 기다립니다. 기적 혹은 계시(啓示)란 종교가 인간에게 주는 특별한 선물이겠지요. 윤동주는 기적이나 계시를 〈이적〉과 〈무서운 시간〉에서 소재로 삼았습니다. 먼저 〈이적〉을 살펴보겠습니다.

발에 터분한 것을 다 빼여 바리고
黃昏이 湖水우로 걸어오듯이
나도 삼분 걸어 보리 잇가?

내사 이 湖水가로
부르는 이 없이
불리워 온것은
참말異蹟이 외다.

오늘따라
戀情, 自惚, 猜忌, 이것들이
작고 金메달처럼 만저 지는구려

하나, 내 모든것을 餘念없이,

물결에 써서 보내려니

당신은 湖面으로 나를불려내소서.

_〈異蹟〉(1938. 6. 19.)

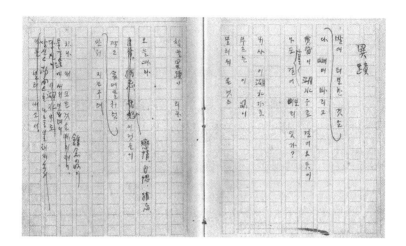

　여기서는 세속과 신앙의 틈바구니에 끼어 고투하는 시인의 자아가 엿보입니다. 그는 〈새로운 길〉을 부르며 자신 있게 대학 생활을 시작했지만 현실은 그렇지 않았습니다. "누나의 얼굴은 해바라기 얼굴 / 해가 금방 뜨면 공장에"(〈해바라기 얼굴〉) 가야 하는 피곤한 현실을 경성에 와서 목도한 겁니다.

　그 호숫가에 가기 전에 그는 "발에 터분한 것을 다 빼여(빼어) 바리고(버리고)" 왔다고 합니다. 마치 모세가 호렙 산에서 십계를 받을 때 신발을 벗었듯이 윤동주는 터분한 것, 그러니까 더럽고 지저분한 것, 개운치 않고 답답하고 따분한 것을 버리고 호숫가 앞에 섰습니다.

　윤동주 나이 21세. 이제 대학에 입학하고 2개월 보름이 지난 어느 날, 그는 문득 호숫가에 서 있는 자신을 발견합니다. 물론 관념의 호숫가이겠지만, 이상섭 연세대 명예교수는 실제로 지금의 홍대 근처에 호수 비슷한 큰 연못이 있었다고 합니다. 그 물가에서 시를 썼을 가능성도 있다고 합니다. 실제 호숫가에서 썼는가 아닌가 하는 점보다 중요한 것은 윤동주가 쓰고자 했던 생각이겠죠. 1연 끝에 "~보리잇가" 그리고 마지막 행에서 "나를 불러 내소서"라는 구절에서 보듯, 전체적으로 기도문의 형식으로 쓰여 있습니다. 1연에서 "黃昏이 湖水우로 걸어오듯이 / 나도 삽분 걸어 보리 잇가?"라는 구절은 당연히 파도치는 갈릴리 호숫를 걸어오는 예수를 보고 자신도 걸어보려 했던 베드로의 이야기(마 14:22-33)를 연상하게 합니다.

예수께서 즉시 제자들을 재촉하사 자기가 무리를 보내는 동안에 배를 타고 앞서 건너편으로 가게 하시고 무리를 보내신 후에 기도하러 따로 산에 올라가시다 저물매 거기 혼자 계시더니 배가 이미 육지에서 수 리나 떠나서 바람이 거슬리므로 물결을 인하여 고난을 당하더라

밤 사경에 예수께서 바다 위로 걸어서 제자들에게 오시니 제자들이 그 바다 위로 걸어오심을 보고 놀라 유령이라 하며 무서워하여 소리지르거늘 예수께서 즉시 일러 가라사대 안심하라 내니 두려워 말라

베드로가 대답하여 가로되 주여 만일 주시어든 나를 명하사 물 위로 오라 하소서 한대 오라 하시니 베드로가 배에서 내려 물 위로 걸어서 예수께로 가되 바람을 보고 무서워 빠져 가는지라 소리질러 가로되 주여 나를 구원하소서 하니 예수께서 즉시 손을 내밀어 저를 붙잡으시며 가라사대 믿음이 적은 자여 왜 의심하였느냐 하시고 배에 함께 오르매 바람이 그치는지라

이 기사 이전에 있었던 기적은 바로 예수가 오천 명을 먹인 오병

이어의 이적이었습니다. 그 어마어마한 이적을 행한 뒤, 예수는 "재촉하사 자기 무리를" 흩어지게 합니다. 요한복음에 보면 이 장면에서 영웅이 되기를 거부하는 예수의 모습이 더욱 구체적으로 묘사되고 있습니다. 곧 "예수께서 저희가 와서 자기를 억지로 잡아 임금 삼으려는 줄을 아시고 혼자 산으로 떠나가시니라"(요 6:14-15)라고 적혀 있어요. 때는 해가 서산으로 지고 황혼도 완전히 사라진 한밤중 "밤 사경"(오전 12-2시 사이)일 때였습니다. 베드로는 전날 낮에 오늘날 우리가 오병이어라고 명명한 큰 이적을 보았기에, 자신도 예수처럼 바다 위를 걸을 수 있다고 믿었을지도 모릅니다. 기적이 계속 이어지리라 생각했나 봅니다.

많은 목회자들이 이 성경 구절을 인용하면서 "안심하라 내니 두려워 말라"(27절)에 강조점을 두어 설교하곤 합니다. 실은 이 말씀은 저역시도 성경 전체에서 가장 좋아하는 말씀입니다. 그런데 윤동주는 전혀 다른 시각에서 이 성경 구절을 패러디합니다.

이제 이 성경 구절을 윤동주는 어떻게 해석하고 있는지 볼 차례입니다.

"발에 터부한 것을 다 빼어 버리"면 예수님처럼 물 위를 걸을 수 있을까 하는 것이 1연의 의미죠. 아무튼 물 위를 걷는다는 것은 큰 이적입니다. 그런데 윤동주는 2연에서 그런 이적을 말하지 않습니다.

내사 이 湖水가로
부르는 이 없이
불리워 온것은
참말異蹟이 외다.

베드로는 물 위를 걷는 이적을 바랐을지 모릅니다. 아마 물 위를 걸었다면 베드로는 이후 간증이든 자랑거리로 여러 번 그 기적을 드러냈겠죠. 그런데 윤동주가 보는 기적은 전혀 다릅니다. 윤동주는 그저 호수가에 불려 온 것이 "참말 이적"이라고 합니다. 풍랑 치는 고통 앞에 서 있는 것이 기적이라는 말입니다. 지금까지 살아온 일상 자체가 "참말 이적"인 것이죠. "내사"는 나야, 나아가 나와 같은 것이라는 겸손의 표현이겠죠. 나처럼 부족한 존재가 이 호숫가로 부르는 이도 없는데 불려 온 것이 "참말 이적"이라는 겁니다. 가령 상상치도 못했던 순간을 경험하는 특별계시와, 햇살이나 공기 속에서 살아가는 일반계시를 구분한다면, 그냥 일상 속에서 느끼는 일반계시를 윤동주는 바로 "참말 이적"이라고 하는 겁니다. 이어서 이렇게 씁니다.

오늘따라
戀情, 自惚, 猜忌, 이것들이
작고 金메달처럼 만저 지는구려

하나, 내 모든 것을 餘念없이,
물결에 써서 보내려니
당신은 湖面으로 나를 불러내소서.

여기서는 여성에 대한 "연정"(戀情), 자기도취[自惚], 남에 대한 시기(猜忌) 따위의 고민을 알 수 있습니다. 본래 원고를 보면, 자긍(自矜), 시기(猜忌), 분노(憤怒)라고 쓰여 있는데, 분노를 지우고 가장 앞에 "연정"을 써놓습니다. 분노보다 윤동주에게 심각했던 유혹은 연정이었던 모양입니다.

　자홀(自惚)이란 자기도취입니다. 그의 습작기의 작품인 〈공상〉(空想)을 보면 "무한한 나의 공상 / 그것은 내 마음의 바다 / 나는 두 팔을 펼쳐서 / 나의 바다에서 자유로이 헤엄친다. / 금전 지식의 수평선을 향하여"라는 구절이 나옵니다. 이것은 본시 그가 평양 숭실중학교에 다닐 때 학교 잡지 「숭실활천」(崇實活泉, 1935. 10.)에 발표했던 시인데 나중에 "나의 습작기의 시 아닌 시"에 들어가면서 끝줄의 "금전 지식"을 "황금 지욕(知慾)"으로 수정합니다. 황금의 지식을 탐하는 욕망, 그것이 그에게 자기도취였을까요. 그가 억제할 수 없는 지식욕을 갖고 있었다는, 그 일에 자기도취되어 있었다는 것을 확인할 수 있습니다. 결국 "당신은 호면으로 나를 불러내소서"라는 표현은 수동과 능동 모두로 해석할 수 있겠습니다. 그리고 수동이든 능동이든 "내게 준험한 산맥이 있다"(〈이적〉)라는 깨달음과 비슷한 다짐의 표현이기도 합니다.

❖ 불경하고 냉소적인 패러디일까: 〈팔복〉

절필 기간이 끝나며 다시 시를 창작하는 1940년 12월에 윤동주 시는 큰 변화를 보입니다. 절필 기간을 끝냈다는 신호탄은 〈팔복〉〈위로〉〈병원〉이었습니다. 그중 〈팔복〉(八福)을 읽어보겠습니다.

　슬퍼하는 자는 복이 있나니
　슬퍼하는 자는 복이 있나니
　슬퍼하는 자는 복이 있나니

슬퍼하는 자는 복이 있나니

슬퍼하는 자는 복이 있나니

슬퍼하는 자는 복이 있나니

슬퍼하는 자는 복이 있나니

슬퍼하는 자는 복이 있나니

저희가 영원히 슬플 것이오.

_〈팔복〉(八福, 1940. 12.) 전문

윤동주의 시는 "나의 습작기 시 아닌 시", "창"(窓), 산문, 자선시고
집, 습유시, 이렇게 다섯 갈래로 나눌 수 있습니다. 습유(拾遺)란 빠진
글을 나중에 보충했다는 뜻입니다. 〈팔복〉은 낱장 상태로 보관되어온
습유시 중에서도 일본에 유학 가기 전에 쓰여진 작품입니다. 습유시
에는 〈팔복〉 이외에도 〈황혼이 바다가 되어〉〈병원〉〈못자는 밤〉〈흐르
는 거리〉 등이 있습니다. 〈팔복〉(八福)은 윤동주 시인이 부제에 썼듯
이 마태복음 5장 3-10절에 나옵니다.

심령이 가난한 자는 복이 있나니 천국이 저희 것임이요
애통하는 자는 복이 있나니 저희가 위로를 받을 것임이요
온유한 자는 복이 있나니 저희가 땅을 기업으로 받을 것임이요
의에 주리고 목마른 자는 복이 있나니 저희가 배부를 것임이요
긍휼히 여기는 자는 복이 있나니 저희가 긍휼히 여김을 받을 것임이요
마음이 청결한 자는 복이 있나니 저희가 하나님을 볼 것임이요
화평케 하는 자는 복이 있나니 저희가 하나님의 아들이라 일컬음을

받을 것임이요

의를 위하여 핍박을 받는 자는 복이 있나니 천국이 저희 것임이라

팔복은 유명한 "산상수훈"의 서론 격인 말씀입니다. 윤동주의 〈팔복〉은 예수님의 산상수훈을 패러디한 작품이죠. 산상수훈은 신앙인이 누릴 여덟 가지 복을 열거한 가르침입니다. 심령이 가난한 자, 애통하는 자, 온유한 자, 의에 주리고 목마른 자, 긍휼히 여기는 자, 마음이 청결한 자, 화평케 하는 자, 의를 위하여 핍박을 받은 자, 이렇게 여덟 가지로 구분하고 있지만 윤동주는 이를 "슬퍼하는 자" 하나로 표현해버립니다. 이 시가 써진 1940년대는 야만의 시대였습니다. 이미 세계는 거대한 전쟁의 용광로로 불타고 있었으며, 일본은 나라 전체가 전쟁의 광기에 휩싸여 있었습니다. 그 비극의 어둠 속에서 젊은 식민지 청년 윤동주에게 해방은 아마득한 꿈에 불과했고, 말과 이름을 다 뺏기고 신사참배를 해야 했던 벌레와 같은 슬픔 속에서 살아야 했던 시기였습니다. 이런 상황에서, 여덟 가지 복된 삶의 유형을 나열할 필요도 없이 "슬픔"이란 단어 하나야말로 모든 결핍을 묶어낼 수 있는 기호였습니다.

〈팔복〉의 핵심 단어는 "슬퍼하는 자"입니다. 곧 "슬픔"입니다. 본래 윤동주의 심성은 슬픈 사람들을 외면할 수 없는 고운 마음이었습니다. 명동촌에서 아름다운 공동체를 경험했지만 그립고도 그리웠던 조국에 돌아와 오히려 그는 슬픈 현실을 목도합니다. 그 자신이 "슬픈" 족속의 후예였던 것입니다. 그는 그 "슬픈" 존재들을 외면할 수 없어 이렇게 씁니다.

흰 수건이 검은 머리를 두르고

흰 고무신이 거친 발에 걸리우다.

흰 저고리 치마가 슬픈 몸집을 가리고

흰 띠가 가는 허리를 질끈 동이다.

_〈슬픈 족속(族屬)〉(1938. 9.)

제목에 "슬픈"이라는 단어가 들어 있습니다. 윤동주는 이 슬픈 족속에게 "위로를 받을 것이다"라고 말하는 것이 쉽지 않았을 것입니다. 그런데 절필 기간을 거쳐 그는 전혀 새로운 인식에 도달합니다. 비극적이지만 그 슬픔과 함께해야 그 길이 행복한 "팔복"의 세계라는 것을 깨달은 겁니다. 얄팍한 위로보다 슬픔을 몸으로 부닥치는 것이 오히려 행복한 길이라는 사실을 깨달은 겁니다. 슬픔을 피하는 것이 아니라 슬픔에 정면으로 부닥치는 포월(匍越)의 신앙을 윤동주는 깨달았다고 저는 생각합니다.

시인의 시를 읽을 때는 가급적 그 시인의 다른 시와 함께 이해하면 좋습니다. 시집을 만들 때 어느 시인이든 시의 흐름을 생각하면서 목차를 구성하기 때문입니다. 시집이 없다면 그 시가 탄생한 무렵의 다른 시와 함께 보아야 할 것입니다. 가장 좋은 시 분석은 독자의 의식으로 시를 재단(裁斷)하기보다는, 시인의 시가 스스로 말하도록 시의 혼잣말을 경청(敬聽)하는 것입니다. 그렇게 본다면 〈팔복〉에 숨겨진 거대한 슬픔을 단순한 냉소적 패러디로 볼 수만은 없습니다.

적어도 함께 발표된 〈위로〉〈병원〉이라는 시와 비교하면 그러한 부정적 해석이 불가능합니다. 같은 시기에 창작된 〈병원〉을 보면 "여자는 자리에서 일어나 옷깃을 여미고 화단에서 금잔화 한 포기를 따

가슴에 꽂고 병실 안으로 사라진다. 나는 그 여자의 건강이—아니 내 건강도 속히 회복되기를 바라며 그가 누웠던 자리에 누워본다"라고 쓰여 있습니다. 그가 누웠던 자리에 누워보는 행동, 슬픔의 자리에 누워보는 행동이야말로 슬픔과 동행하는, 슬퍼하는 자의 모습니다.

  "슬픈 족속"은 "슬픈 그림" 혹은 "슬픈 아우의 얼굴"(〈아우의 인상화〉)로 변이됩니다. 윤동주의 글에서 "슬프다", "슬픈"에 대해서 설명하는 작업은 논문 한 편을 따로 써야 할 거리입니다. 38학번으로 연희전문에 입학하기 전에 그의 글에는 "고독을 반려한 마음은 슬프기도 하다"(〈달밤〉, 1937. 4. 15.), "사람의 심사는 외로우려니 // 아, 이 젊은이는 / 피라미드처럼 슬프구나"(〈비애〉, 1937. 8. 18.), "골짜기 길에 / 떨어진 그림자는 / 너무나 슬프구나"(〈산협의 오후〉, 1937. 9.)처럼 "슬프다"라는 구절이 자주 등장합니다. 그런데 연희전문에 입학하고 나서부터 그 슬픔은 좀더 현실적이고 구체적인 배경을 갖습니다.

  ① 슬퍼하는 자는 복이 있다니

    저희가 영원히 슬플 것이요.

    _〈팔복〉(1940)

  ② 그러면 어느 운석 밑으로 홀로 걸어가는

    슬픈 사람의 뒷모양이

    거울 속에 나타나온다.

    _〈참회록〉(1942. 1. 24.)

  ③ 시인이란 슬픈 천명(天命)인 줄 알면서도

한 줄 시를 적어볼까

_〈쉽게 씌어진 시〉(1942. 6. 3.)

①은 1년 3개월간 절필 기간을 마치고 깨달은 바를 예수의 산상수훈에 비유했고, ②는 일본 유학 가기 전에 운석을 맞을지도 모를 운명을 겪으며 창씨개명을 할 수밖에 없었던 아픔이 서술되어 있으며, ③은 유작으로 자신의 존재를 부끄럽게 생각하는 구절입니다.

나아가 이 시를 쓰고 6개월 뒤에 발표된 〈십자가〉(1941. 5. 31.)에 이어 11개월 이후에 발표된 〈서시〉(1941. 11. 20.)를 생각한다면, 이 시를 도저히 단순한 불신앙의 시로 생각할 수 없습니다. 오히려 강력한 신앙적 관점에서 읽을 수 있습니다.

❖ **부름, 무서운 결단: <무서운 時間>**

1941년은 중일전쟁이 확대되어가고 태평양전쟁이 발발할 조짐이 보이던 때였습니다. 이때 윤동주는 새로운 각오를 갖고 결단해야 할 시기에 서 있습니다. 1학년 때 썼던 〈이적〉(1938. 6. 19.)에서 윤동주는 "내 모든 것을 여념 없이 / 물결에 씻어 보내려니 / 당신은 호면으로 나를 불러내소서"라고 썼었지요. 자기를 잡스럽게 잡아당기는 "여념"들을 물결에 씻어버리니, 베드로를 갈릴리 호수 위로 부르듯 자신을 불러달라는 겁니다. 이때의 부름을 기독교에서는 "소명"(召命)이라고 합니다. 칼뱅이 말했던 직업소명설도 있지요. 영어로는 콜링(calling), 독일어로는 베루프(Beruf)라고 합니다. 이 부름이 4학년 때 쓴 〈무서운 시간〉(1940. 2. 7.)에서는 어떻게 바뀌었는지 읽어보겠습니다.

거 나를 부르는 이 누구요,

가랑잎 이파리 푸르러 나오는 그늘인데,
나 아직 여기 호흡(呼吸)이 남아 있소

한번도 손들어 보지 못한 나를
손들어 표할 하늘도 없는 나를

어디에 내 한 몸 둘 하늘이 있어
나를 부르는 것이오.

일이 마치고 내 죽는 날 아침에는
서럽지도 않은 가랑잎이 떨어질 텐데

나를 부르지 마오.
　_〈무서운 時間〉(1941. 2. 7.)

　1연에서 "거 나를 부르는 이 누구요"라며 자신을 끌어당기는 미래
에 대해 묻습니다. 그런데 말투가 뭔가 못마땅한 투입니다. "나 아직
여기 호흡이 남아 있소"(2연), "나를 부르지 마오"(6연)도 강력한 거부
의사를 표현하고 있습니다. 의식 내면에 있는 초자아에 대해서 화자
는 강경하게 거부 의사를 말하고 있습니다. 일제의 압제 혹은 일상에
길들여졌던 "순종적인 신체"(미셸 푸코, 『감시와 처벌』)가 아니라, 단독
자로서 강력한 자기 의지를 보이고 있습니다.

2연에서 화자는 "가랑잎 이파리 푸르러 나오는 그늘인데, 나 아직 여기 호흡이 남아 있소"라고 합니다. "가랑잎"은 가을에 떨어지는 낙엽을 말합니다. 이 시가 쓰여진 물리적 시간은 봄이지만, 화자의 내면적 시간은 가을이라고 생각됩니다. 그렇지만 다르게 생각할 수도 있습니다. "가랑잎"은 "갈"이라고도 하며, "갈"은 "떡갈나무"라는 뜻도 있습니다. "가랑잎"은 흔히 볼 수 있는 떡갈나무 잎으로 볼 수 있습니다. 그 잎은 한겨울 동안 바짝 말라붙어 있다가 이른 봄이나 늦겨울에 떨어집니다. 그렇게 보자면 "가랑잎 이파리 푸르러 나오는"이라는 표현은 가랑잎이 떨어진 자리에서 여린 잎새가 나오는 모양을 그렸다고 보는 것이 더 타당할 것 같습니다. 그렇게 보자면 2연의 두 번째 행에 나오는 "나 아직 호흡이 남아 있소"라는 표현은 죽어가는 가랑잎이 여린 새싹을 내는 모습과 겹쳐서 새로운 울림으로 다가옵니다. 곧 2연의 1행의 "가랑잎"과 2행의 "나"는, 같은 유비적 관계를 이루며 두 행 사이에 울림이 생기는 겁니다. 가랑잎은 마른 잎으로 푸를 수가 없는데, 다시 "아직 호흡이 남아 있다"며 여린 새싹을 내보이는 모습은 화자가 아직 할 일이 남아 있다는 뜻이겠죠.

그렇지만 살아 있기에, 3연에서 "손들어 표할 하늘도 없다"라는 화자는 암울하기만 합니다. "표하다"라는 의미는 무엇일까요. 시인인 윤동주의 입장에서 보면 손을 들어 "글로" 표현할 "하늘"조차 없다는 뜻으로 해석할 수도 있겠습니다. 혹은 "표하다"라는 뜻을 회의 석상에서 찬성 또는 반대 의사를 표시하는 의미로도 볼 수 있겠어요. 그렇게 본다면 찬성과 반대를 소신껏 할 수 있는 그런 자유의지가 상실되었다는 의미로도 생각할 수 있습니다.

여기서 "하늘"이라는 상징에 대해 살펴보도록 하겠습니다. 윤동주가 〈무서운 시간〉을 쓴 시기는 1941년 2월 7일로, 〈서시〉를 쓴 시기인 같은 해 11월 20일보다 약 9개월 전입니다. 〈서시〉에서 드러나듯이 1941년에 가장 활발하게 "살아 있던 것"은 일본 군국주의였습니다(김응교, "일본에서의 윤동주 인식", 「한국문학이론과 비평」 제43집, 한국문학이론과 비평학회, 2009, 30, 39쪽).

손들어 표할 하늘도 없는 나를 // 어디에 내 한 몸 둘 하늘이 있어
_〈무서운 시간〉
죽는 날까지 하늘을 우러러 / 한점 부끄럼 없기를
_〈서시〉

〈무서운 시간〉의 "하늘"은 화자와 다른 대타자 혹은 숨은 신(Hidden God)으로 볼 수 있겠으나, 〈서시〉에서 "하늘"은 내면적 자아 성찰의 공간 혹은 절대자로도 볼 수 있겠습니다. 윤동주에게 하늘의 의미가 시에 따라 조금 의미가 다를 수 있다는 것을 확인할 수 있는

대목입니다.

4연에서 "어디에 내 한 몸 둘 곳이 있어"라는 구절에서 "있어"는 "있다"라는 뜻이 아니라, 내 몸 쉴 수 있는 곳이 어디 "있다고"로 보아야 할 것입니다. 어디에도 몸 하나 둘 곳이 없는, 곧 조국이 없기에 편히 쉴 곳도 없는 상황입니다. 윤동주 시인의 삶을 관통하는 뿌리 뽑힌(uprooted) 디아스포라의 외로움이 배여 있는 구절이지요. 물론 이 구절을 꼭 현실적인 문제로 해석할 것이 아니라 죽음 이후 내세의 세계로 볼 수도 있겠지요. 어떻게 생각하든 간에 3연과 4연은 무엇인가 해야 하지만 할 수도 없는 절망적인 상황을 그리고 있는 것이 분명합니다.

5, 6연에서는 "일을 마치고 내 죽는 날 아침에는 / 서럽지도 않은 가랑잎이 떨어질텐데 / 나를 부르지 마오"라고 부탁하고 있습니다. 봄에서 시작했던 시는 이제 가랑잎이 떨어지는 가을로 바뀌었습니다. 2연에서도 나온 "가랑잎"은 가을에 말라서 떨어지는 낙엽을 뜻합니다. "일이 마치고"는 틀린 표현이 아니라 맞는 표현입니다. "마치다"는 "끝이 나다"라는 뜻의 자동사이기도 합니다. 1955년 정음사판 『하늘과 바람과 별과 시』의 "일을 마치고"는 잘못 교정되어 생긴 오류입니다.

여기서 일이란 무엇일까요. 아마 화자의 운명에 지워진 일일 겁니다. 길디긴 겨울날을 버티고 붙어 있던 가랑잎처럼 절망과 함께하는 일일까요. 가랑잎은 앙상한 겨울가지에 붙어 있던 존재입니다. 마치 "슬퍼하는 자는 복이 있나니"(〈팔복〉)라는 고백처럼 슬픔과 함께 붙어 있는 존재, 그것이 윤동주의 일이 아니었을까요. 희망찬 미래를 꿈꿔야 할 24세의 젊은이가 가랑잎처럼 겨우 겨울나무에 붙어 있어야 하는 운명은 얼마나 불안했을까요. 무기력한 상황에서 화자가 견딜 수 없어 할 수 있는 말은 "나를 부르지 마오"라는 한마디였을 겁니다.

"나를 부르지 마오"라는 거부 표현은 어떻게 보아야 할까요. 이것은 자신의 운명을 거부하는 것이 아니라, 오히려 자신의 철저한 무력함을 성찰하고 자신의 힘으로 서겠다는 반어적인 표현으로 볼 수 있겠지요. 예수가 십자가에 달리는 죽음의 길로 가기 전에 "이 잔을 거두어 주소서"(막 14:36)라고 고백한 것과 같은 경우라고 볼 수 있겠습니다. 그것은 "그러나 내 뜻대로 하지 마시고 당신 뜻대로 하소서"라는 역설적 표현이었습니다. 윤동주의 〈무서운 시간〉에서 "나를 부르지 마오"라는 표현도 실은 자신의 결단을 나타내는 역설적 표현으로 보아야 할 것입니다.

❖ "처럼"의 현상학, 무한책임: <십자가>

윤동주가 타자를 자신 "처럼" 생각하는 상상력은 여러 시에서 만날 수 있습니다. "처럼"이 나온 구절들을 한번 살펴봐요.

> 아, 이 젊은이는 / 피라미드처럼 슬프구나_〈비애〉
> 외로운 사랑이 / 가슴 하나 뻐근히 / 연륜처럼 피어나간다_〈달같이〉
> 바람이 불고 가을이 있고 추억처럼 사나이가 있습니다_〈자화상〉
> 다들 손님들뿐, / 손님 같은 사람들뿐_〈간판 없는 거리〉
> 황혼처럼 물드는 내 방으로 돌아오면_〈흰 그림자〉
> 이 동리의 아침이, / 풀살 오른 소 엉덩이처럼 기름지오_〈아침〉

윤동주 시에 나타나는 "처럼" 혹은 "같이"라는 직유법은 타자에 대한 동일성을 향하고 있습니다. 곧 "이웃을 네 몸같이 사랑하라"(눅 10:37)라는 말씀처럼 윤동주는 타자와의 "차이"를 인식하면서 동시에 "동일화"하려는 의지를 갖고 있어요. "처럼"의 의미는 시 〈십자가〉에서 극대화되어 표현되고 있어요.

쫓아오는 햇빛인데
지금 교회당 꼭대기
십자가에 걸리었습니다.

첨탑(尖塔)이 저렇게도 높은데
어떻게 올라갈 수 있을까요.

종소리도 들려오지 않는데
휘파람이나 불며 서성거리다가,

괴로웠던 사나이,
행복한 예수 그리스도에게
처럼
십자가가 허락된다면

모가지를 드리우고
꽃처럼 피어나는 피를
어두워가는 하늘 밑에
조용히 흘리겠습니다.

"처럼"이 이렇게 한 행으로 쓰여 있는 시를 본 적이 있나요. 굳이 한국 시가 아니더라도 영어 시, 일어 시, 중국 시에서 "처럼"이 한 행으로 된 시를 본 적이 있나요. 이웃을 내 몸"처럼" 사랑하는 것이 얼마나 어려운지 윤동주는 잘 알고 있었습니다. 그런데 그 길은 "행복한" 길이라는 것도 알고 있었어요. 여기서 예수는 "괴롭고 / 행복합니다." 타인의 괴로움을 외면하지 않고 그의 고통을 대신 짐 지는 순간 개인은 "행복한" 하나의 주체가 됩니다. 그러나 "처럼"이라는 직유법처럼 그 길은 도달하기 힘든 길 위의 삶이지요. 그것을 짊어지고 가는 삶, 윤동주는 그 길을 선택합니다.

❖ 1945년 2월 16일

다시 1945년 2월 16일로 돌아가보겠습니다.

윤동주 묘지로 가는 길은 무척 험난합니다. 마을에서 연길 시내 쪽으로 버스로 20분 정도 달려야 당도하는 묘지 입구는 명동마을과도 상당히 멉니다. 당시 윤동주의 상여를 메고, 아니 상여가 아니라 작은 무리를 지어 오더라도 걸어서 묘지가 있는 곳까지 오기란 여간 힘들지 않았을 겁니다.

도대체 마을에서 여기까지 어떻게 걸어왔을까요. 얼마나 힘들었을까요. 게다가 묘지 입구에서 윤동주 묘지에 이르는 길은 정말 신발이 푹푹 빠지는 늪지 같은 진탕입니다. 평평한 경사의 구릉을 따라 2킬로미터쯤 걸어가야 하는데, 그 길이 보통 미끄러운 진탕길이 아닙니다. 행여 뙤약볕이 쨍쨍 내려쬐는 날이라면 길은 더욱 미끄러울 것입니다. 묘지로 가는 길 자체가 윤동주의 삶을 떠올리게 합니다.

진탕 길과 씨름하면서 온몸이 땀으로 범벅이 되어 윤동주 묘지에 닿았을 때 묘지 옆에 나지막한 소나무 그늘이 선배 윤동주 형님처럼 반겨주었습니다. 지친 나머지 윤동주 시인 묘에 예의를 표하는 것도 잊고 주저앉기 쉽지요. 조금 지난 다음 예를 차려도 윤동주 시인이 이해해주실 겁니다.

참고 도서

1차 자료
윤동주, 『정본 윤동주 시 전집』, 문학과지성사, 2004.
오오무라 마스오 외, 『사진판 윤동주 자필시고전집』, 민음사, 1994.

2차 자료
권영민, 『윤동주 연구』, 문학사상사, 1997.
권오만, 『윤동주 시 깊이 읽기』, 소명출판, 2009.
마광수, 『윤동주 연구』, 철학과 현실사, 2005.
송우혜, 『윤동주 평전』, 푸른역사, 2004.
오오무라 마스오, 『윤동주와 한국문학』, 소망출판사, 2001.
김응교, "윤동주와 걷는 새로운 길", 「기독교사상」, 2013. 1.–2014. 12. 연재 글.

저자 소개

김응교
숙명여자대학교 교양교육원 교수
연세대학교 국문학 박사
-대표적 저서로『그늘: 문학과 숨은 신』『한일 쿨투라』『천년
동안만』이 있다.

권정생,

별에서 온 그대 별이 된 "강아지똥"

원신애(웨스트민스터신학대학원대학교 교수)

1. 별에서 온 그대

권정생은 1937년 9월 도쿄 혼마치의 헌 옷 장수 집 뒷방에서 태어났습니다. 권정생이 태어나기 전, 그의 아버지는 홀로 일본으로 건너가 일을 했지만 어느 날부터 아버지에게 연락이 오지 않았습니다. 어머니는 두 형제를 남겨둔 채 삼 남매를 데리고 일본으로 건너가 아버지와 함께 살게 되었습니다. 이때 권정생이 태어납니다. 어린 권정생은 조선인이라고 놀림을 받으면서도 조선이 궁금했습니다.

> "조선 나라에도 아침마다 해가 뜨나?"
> "밤에는 별이 나오나?"
> "여기처럼 달님이 고울까? 바람은 시원할까?"
> (김택근, 2013, 18쪽)

권정생이 처음 예수님을 알게 된 것은 다섯 살 때였습니다. 일본 도쿄 시부야에 살고 있을 때 누이들이 주일학교를 다녔습니다. 권정생은 누나들이 말하던 "기도"라는 말에 귀를 기울였지요. 누나들이 말하는 십자가에 못 박혀 죽은 남자의 이야기에 관심을 갖게 되었습니다. 그 남자는 알몸으로 십자가 모양의 나무에 매달렸고 손과 발은 물론 가시관을 쓴 머리에서도 피가 흘렀답니다. 어린 정생은 그런 예수님의 이야기에 충격을 받았고 예수님을 떠올릴 때마다 누나들에게 들었던 장면을 상상했답니다.

별을 그리워했던 권정생은 일본에서 절대 빈곤 속에 고통을 당하다가 해방 후 한국으로 돌아왔으나 생활 형편은 전혀 나아지지 않았습니다.

1953년부터 3년간 권정생은 부산에 있으면서 친구들을 사귀게 되었습니다. 그중에 명자는 고아원에서 자라 식모살이를 하는 친구였고, 형제처럼 지냈던 기훈이는 나중에 사고로 죽게 되는 아픔을 겪습니다. 기훈의 죽음으로 인해 정생은 죽음에 대한 고뇌를 통해 삶의 아픔에 관한 묵상의 시간을 갖게 되었습니다. 명자는 너무나 힘들어하는 권정생에게 찬송가와 성경책을 구해서 갖다주었고 교회를 다니자고 전도하기도 했습니다. 권정생이 죽기 전 마지막까지 머물던 방에는 명자가 사준 해묵은 성경책이 남겨져 있었답니다.

나의 동화는 슬프다. 그러나 절대 절망적인 것은 없다. 서러운 사람에겐 남이 들려주는 서러운 이야기를 들으면 한결 위안이 된다. 그것은 조그만 희망으로까지 이끌어줄 수 있기 때문이다(『빌뱅이 언덕』에 수록된 "나의 동화 이야기" 중에서).

스물여섯 살이 된 청년 권정생은 병으로 계속 힘들어 했습니다. 그 때 권정생은 예수님을 간절히 불렀습니다. 그러자 기적처럼 몸이 호전되기 시작했고 그는 산골에서 성경책만을 되풀이해서 읽었습니다.

청년 시절 권정생은 3개월 동안 거지 생활을 하면서 예레미야, 아모스, 엘리야, 요셉, 세례 요한, 사도 바울을 만났습니다. 예수님의 "40일간의 금식기도"는 그에게 많은 위로를 주었고 성경 속의 인물들의 통해서 삶에 대한 희망을 놓지 않았습니다(김택근, 2013, 126-127쪽).

> 그동안 늘 혼자였지요. 함께 살아온 건 생쥐 몇 마리뿐입니다.…살쾡이가 와서 방문을 두들기고 갔습니다. 그래서 저는 살 수 있었습니다. 더불어 사는 것은 인간들만으로 국한할 수 없습니다. 살아 있는 목숨은 모두가 더불어 함께 살아야 합니다(『빌뱅이 언덕』에 수록된 "다시 김 목사님께 1" 중에서).

권정생은 1967년부터 경북 안동군 일직면 조탑리 일직교회 문간방에서 종지기로 살았습니다. 그 후 1969년 월간 「기독교교육」 제1회 기독교아동문학상 수상작으로 『강아지똥』이 당선되면서 권정생의 작가 활동이 시작되었습니다.

1972년 『무명저고리와 엄마』로 연말 신춘문예에 당선되었습니다. 권정생은 16년 동안 종지기를 하면서 동화책 『강아지똥』『사과나무밭 달님』『몽실 언니』『하느님의 눈물』 등을 썼습니다. 그 후 1983년 『몽실 언니』의 계약금으로 이 마을 빌뱅이 언덕 밑에 오두막을 짓고 2007년 작고할 때까지 거기서 살았습니다. 마을과 거리가 멀어 전기가 들어오지 않던 누추한 빌뱅이 언덕, 그 오두막집에서 권정생은 그의 유작인 『빌뱅이 언덕』을 썼습니다. 산문집 『빌뱅이 언덕』은 모진 가난과 고통으로 살았던 1937년 일본 도쿄 빈민가의 뒷골목 셋방에서부터 평생 폐결핵과 외로움 속에 살았던 흔적을 고스란히 담고 있습니다.

2007년 봄 권정생은 마지막 유언을 남기고 자신이 그토록 그리워했던 별, 하나님 나라로 돌아갔습니다. 권정생은 극심한 통증 속에서 고무신에 작업복만 입고 살면서 10억 원이 넘는 인세를 모아서 굶는 아이들을 돕고 평화로운 세상을 만들어주기를 당부했습니다.

빌뱅이 언덕, 권정생의 집

뭉툭한 송곳으로 찌르는 듯한 통증이 계속되었습니다.…

1초도 참기 힘들어 끝이 났으면 싶은데 그것도 마음대로 안 됩니다.…

하느님께 기도해주세요. 제발 이 세상, 너무도 아름다운 세상에 사람이 사람을 죽이는 일은 없게 해달라고요.…

제 예금통장 다 정리되면 나머지는 북쪽 굶주리는 아이들에게 보내주세요.

제발 그만 싸우고, 그만 미워하고 따뜻하게 통일이 되어 함께 살도록 해주십시오.

중동, 아프리카, 그리고 티베트 아이들은 앞으로 어떻게 하지요.

기도 많이 해주세요.

안녕히 계십시오(김택근, 2013, 204쪽).

2. 별이 된 『강아지똥』

달나라를 다녀오고 화성을 연구하는 첨단 과학 문명의 시대에도 여전히 별은 아련한 추억을 떠올리게 하고 그리움을 꿈꾸게 합니다. 2014년 인기리에 막을 내린 SBS의 드라마 「별에서 온 그대」 때문에 한동안 여성들은 천송이처럼 "도민준 도와줘!"를 외치며 "도민준 앓이"를 했다고 합니다.

"별에서 온 그대"는 그것이 굳이 도민준이 아니더라도 그리움을 가슴에 품은 사람이라면 누구나 꿈꾸는 "그대"겠지요. 별처럼 멀리서 반짝이지만 우리의 가슴에 그리움을 심어주고 간 영원한 그대는 다름 아닌 『강아지똥』이며 그 작품을 만들어낸 권정생이 아닐까요?

❖ 사막에 꽃이 피듯 "똥"이 "꽃"이 되는 존재

> 광야와 메마른 땅이 기뻐하며 사막이 백합화같이 피어 즐거워하며 무성하게 피어 기쁜 노래로 즐거워하며 레바논의 영광과 갈멜과 사론의 아름다움을 얻을 것이라 그것들이 여호와의 영광 곧 우리 하나님의 아름다움을 보리로다(사 35:1-2)

"똥"은 프로이트의 정신분석적 발달이론에 의하면 만 3세에서 5세에 이르는 항문기입니다. 이 시기의 아동은 엉덩이, 배꼽, 방구, 똥 같은 낱말에 쾌감을 느낍니다. 그래서 이 시기의 아동을 위한 그림책도 "똥"과 관련된 것이 많습니다. 1996년 길벗어린이 출판사는 『강아지똥』을 권정생이 쓰고 정승각이 그린 그림책으로 재발간하여 베스트

권정생 글, 정승각 그림 『강아지똥』

셀러로 만들었고, 『강아지똥』은 애니메이션으로도 제작되고 초등학교 2학년 국어 교과서에도 실려 주목을 받게 되었습니다.

강아지 한 마리가 길을 가다 누고 간 똥. 그 똥이 역시 길가에 떨어진 밭에서 온 흙과 만난다. 더럽다고 외면당하고 슬퍼 우는 똥에게 흙은 가뭄 때문에 제 몸으로 키우던 채소를 다 말려 죽이는 못쓸 짓을 했다는 죄의식으로 눈물을 흘리며 강아지똥에게 이야기한다. 참회의 눈물을 흘리던 흙덩이를 우연히 지나가던 밭 주인이 주워 수레에 담아가자, 아무짝에도 쓸모없다는 열등의식에 시달리던 강아지똥은 민들레를 만난다. 거름으로 변하면 민들레를 도와 고운 꽃을 피울 수 있다는 말을 듣고 기쁨의 눈물을 흘리며 잘게 잘게 부서져 흙 속으로 빨려 들어가 돌담가 한 송이 어여쁜 민들레가 피어나는 데에 자기 몸을 바친다. 민들레 홀씨는 별처럼 먼 하늘로 멀리멀리 흩뿌려진다.

권정생 문학의 가장 큰 특징은 기독교적 세계관과 현실 비판입니다. 특히 흙과 자연과 생명의 사상을 보여주는데, 비와 똥과 흙이 어우러져 한 송이 민들레로 피어나는 장면은 정승각의 그림책에서 더욱 감동적으로 묘사됩니다. 또한 그의 작품에는 희생과 봉사 정신이 묻어 있습니다.

착하게 살고 싶고 쓸모 있는 존재가 되고 싶어서 눈물 흘리는 강아지똥, 가뭄에 채소가 말라죽었기 때문에 벌을 받아 밭에서 버림받았다고 생각하는 흙덩이는 강요된 희생정신 혹은 죄의식을 보여줍니다. 흙덩이의 자책에 대하여 강아지똥은 가뭄에 고추나무가 말라 죽은 것은 흙덩이 잘못이 아니라고 말합니다. 그러나 흙덩이가 죄의식을 느끼는 것은 "내 몸뚱이에다 온통 뿌리를 박고 나만 의지하고 있는" 동안 제 몸뚱이의 물기를 다 빨아버리는 고추나무를 너무나 미워한 나머지 죽어버리라고 저주까지 했던 기억 때문입니다. 흙덩이의 자의식은 이렇게 심오한 사유를 이끌어냅니다. 이런 자의식은 원죄적 존재의 자각을 포함하지만 운명에 순응하는 것이 아니라 이를 극복하는 가능성을 보여줍니다. 똥 중에서도 가장 더러운 개똥이라고 놀림받던 강아지똥은 흙덩이와의 이야기를 나누며 하나님은 쓸데없는 물건은 안 만들며 자신도 무엇엔가 귀하게 쓰일 거라는 꿈을 갖습니다.

하느님은 쓸데없는 물건은 하나도 만들지 않으셨어.
너도 꼭 무엇엔가 귀하게 쓰일 거야(『강아지똥』 중에서).

❖ 부활의 별이 된 강아지똥

『강아지똥』은 처음부터 "나는 누구인가?"라는 존재론적 질문을 갖습니다. 또한 "너는 누구인가?"라는 타자와의 만남 속에서 자기 정체성에 의문을 갖기 시작하고 마침내 답을 얻게 됩니다. 강아지똥은 여러 인물들, 즉 참새, 흙덩이, 엄마 닭, 민들레 등과의 만남을 통해 자기 존재의 본질과 가치를 깨달아갑니다. 그중에서 강아지똥에게 하나님의 뜻과 선악의 의미를 깨닫게 해준 인물은 흙덩이입니다. 생명을 가진 존재의 최대의 가치는 다른 생명을 살리는 모성적인 삶을 사는 것이고 가장 쓸모 있는 착한 삶이 되는 것입니다(조은숙, "마음을 가르친다는 것: 동화『강아지똥』에 대한 알레고리적 독해의 문제점", 2007, 103-105쪽).

강아지똥은 "밤하늘의 별"을 바라보면서 별에 대한 그리움을 가슴에 품습니다. 그러던 어느 날, "강아지똥"은 또 다른 생명체인 "별처럼 고운 꽃을 피우는 존재"인 민들레를 만나면서 자기 존재의 의미를 마침내 깨닫게 됩니다(엄혜숙, "권정생의 문학과 사상", 2013, 248-249쪽).

"별의 씨앗을 가슴에 품은 강아지똥"이 거름이 되고 민들레의 몸속으로 들어가 민들레의 살이 되어서 별처럼 고운 "민들레 꽃"을 피우게 됩니다. 강아지똥이 자기를 버리고 거름이 되어 "민들레"가 될 때, 하늘의 "별빛"은 땅으로 내려와 "민들레 꽃"으로 피어납니다.

> 하나님께서 시키신 일 - 쓸모 있게 사는 일 - 착한 일 - 모성적 삶

그러나 그림책『강아지똥』의 각색은 동화『강아지똥』의 기독교적 세계관을 범종교적 의미로 전환시켰습니다. 그림책『강아지똥』에는 강아지똥이 "별"의 씨앗을 가슴에 심는다는 내용이 생략되었습니다. 강아지똥이 점점 녹아서 민들레 꽃 속으로 들어가는 장면을 가시적으로 강조하여 형상화함으로써 강아지똥의 죽음을 별의 씨앗을 키운다는 상징적인 행위라기보다는 자연 생태의 순환과정으로 전환시킵니다.

내가 거름이 되어 별처럼 고운 꽃이 피어난다면,
온몸을 녹여 네 살이 될게(『강아지똥』 중에서).

봄비에 잘게 부서진 강아지똥은 땅속으로 들어가 민들레 꽃봉오리를 맺게 합니다. 강아지똥은 온몸이 부서져서 민들레 꽃을 피워내지요. 강아지똥은 세상에 이롭게 쓰일 수 있다면 자신의 몸을 아끼지 않고 드림으로써 세상을 아름답게 꽃 피운다는 희생을 다짐합니다.

그런데 그림책『강아지똥』은 강아지똥의 희생이 갖는 영원한 것을 향한 초월의 의지와 모성적 "마음"이라는 주제를 약화시킵니다(조은숙, 2007, 109쪽). 더 나아가서 초등학교 문학 교과서는 그림책 동화를 다시 각색하여 강아지똥의 희생의 동기를 단순화시킵니다. "귀여운 강아지똥의 눈물겨운 사랑"은 단순히 "고운 마음"으로 전환됩니다.

햇살이 눈부신 어느 날, 민들레는 아름다운 꽃을 활짝 피었습니다. 꽃냄새가 봄바람을 타고 퍼져나갔습니다. 강아지똥의 고운 마음이 민들레 꽃송이에 가득 담겨 있었습니다(초등학교『국어읽기 2-1』중에서).

한편 초등학교 문학 교과서에 수록된『강아지똥』은 기독교교육의 중요한 가능성을 보여줍니다. 초등학교 2학년 1학기 국어 교과서는 듣기, 말하기, 읽기, 쓰기 등 세 가지 편으로 구성되어 있습니다. 제7차 개정안에 명시된 보편적 차원의 종교교육의 입장과 포스트모던 시대의 다양성과 이질성의 존중이라는 관점에서 보더라도 이는 기독교교육의 입장에서 그렇게 부정적인 것만은 아닙니다. 교과 내용이 보편적 인류애에 호소할 수 있다면 위의 내용에서 보듯이 "하느님"이라는 단어가 나오더라도 교과서가 충분히 담아내기 때문입니다.『강아지똥』이라고 하는 가장 쓸모없다고 생각되던 것이 화려하고 아름다운 민들레가 탄생하는 데 거름이 된다는 사실은 죽음이 아니라 부활, 작은 것도 아름답고 훌륭한 것이라는 자존감을 보여줍니다. 『강아지똥』
은 애니메이션 스토리텔링으로 "기독교문화 콘텐츠"가 활성화될 수
있는 기독교교육의 가능성을 보여줍니다(원신애, "한국의 전통문화콘텐
츠와 기독교 문화콘텐츠의 조우를 통한 기독교교육의 가능성: 공교육 교과
서의 '문화콘텐츠'를 중심으로", 2013, 313-314쪽).

비록 원작 『강아지똥』이 다양한 모습으로 각색되어 보급되었음에
도 불구하고 원래의 텍스트 『강아지똥』과 그림책 『강아지똥』이 주려
는 교훈은 동일해 보입니다. 예수님과 같은 "희생적 죽음"은 단지 이
별, 고통, 슬픔만이 아니라 부활의 별이 되어 우리 가슴에 영원히 남
는다는 것입니다.

❖ 성경의 지극히 작은 자와 "강아지똥"

> 임금이 대답하여 이르시되 내가 진실로 너희에게 이르노니 너희가 여
> 기 형제 중에 지극히 작은 자 하나에게 한 것이 곧 내게 한 것이니라
> 하시고(마 25:40)

지극히 작은 자와 공동체적 관계성

『강아지똥』이 중요한 이유는 그것이 권정생의 처녀작이며 또 그의 내
면 사상을 가장 잘 드러내주기 때문입니다. 권정생이 "흙덩이"와의 대
화를 통해서 말하려는 것은 "모든 생명은 서로 연관되어 있다"는 것입
니다. "강아지똥"이 "나와 너"를 따로 구별해서 생각한다면, "흙덩이"
는 이미 "나와 너"가 하나인 "우리"라는 관계 속에서 사유합니다.

마르틴 부버(Martin Buber)는 근원어란 낱말이 아니라 짝말이라

고 합니다. 즉 "나"는 "너"가 있어야만 하는 "나-너"(I-You)라는 짝말이라는 것입니다. 또 다른 근원어는 "나-그것"(I-It)이라는 짝말입니다. "나" 그 자체란 없으며 오직 근원어 "나-너"의 "나"와, 근원어 "나-그것"의 "나"가 있을 뿐입니다. 그러나 근원어 "나-너"는 온 존재를 기울여서만 말할 수 있는 관계이지만, "나-그것"은 결코 온 존재를 기울여서 말할 수 없는 관계입니다(부버, 1995, 8-10쪽).

이런 관계적 인간은 사랑 안에 있으므로 그들 하나하나가 자유로운 독자적인 존재로서 "너"가 되어 그 사람과 마주 서게 됩니다. 그때서야 비로소 사람은 활동하고 도와주고 고쳐주고 키워주고 높여주고 구원해줄 수 있습니다. 사랑이란 한 사람의 "너"에 대한 한 사람으로서의 "나"의 책임입니다. 이런 점에서 그 어떤 감정에도 있을 수 없는 것, 곧 모든 사랑하는 사람들에게 있는 한결같음이 있습니다. 이런 한결같음은 지극히 작은 사람으로부터 지극히 큰 사람에 이르기까지, 또한 사랑하는 사람의 삶 가운데서 자신의 삶이 보호되어 행복하게 살고 있는 사람으로부터, 한평생을 이 세상의 십자가를 지고 가는 사람에 이르기까지 "사람들을 사랑한다"라고 하는 엄청난 일을 할 수 있습니다(부버, 1995, 26-27쪽).

부버의 말처럼 "지극히 작은 사람으로부터 지극히 큰 사람에 이르기까지" 사랑하는 사람들은 서로를 사랑할 수 있게 됩니다. 권정생 동화의 저변에는 부버의 사랑하며 더불어 사는 삶이 그대로 녹아 있습니다. 권정생 동화는 아동들의 다양한 삶을 간접 체험하면서 더불어 사는 삶의 가치를 발견하게 해줍니다. 세상의 가장 하찮은 존재인 강아지똥이라는 상징적 인물이 민들레의 거름이 되어 가장 고귀한 삶으로 거듭난다는 설정은 "우리"라는 관계, 즉 공동체의 가치를 일깨워줍니다. 권정생의 동화에는 공동체를 지향하는 희생적 인물들이 많이 나오는데, 그들은 현실을 불평하거나 비난하지 않고 묵묵히 자신의 삶을 살아가며 또 그 속에서 만난 사람들과 관계를 만들어갑니다. 권정생의 작품 「해룡이」「공 아저씨」「중달이 아저씨네」「눈 덮인 고갯길」 등의 인물들은 가난한 동시에 정신적·육체적 장애를 갖고 있습니다. 그는 사회의 음지에서 불행하게 살아가는 인물들이 힘들어도 더불어 살아가는 따뜻한 삶을 그려내고 있습니다.

성경에 나오는 "지극히 작은 자"에 대한 인식은 기독교의 근본 주제이기도 한데, 권정생은 이를 통해 오늘날 현실의 교회가 드러내는 병폐와 모순에 대해 비판하는 것일 수도 있습니다(엄혜숙, 2013, 250쪽).

아무도 거들떠보지 않던 똥같이 더럽고 지저분한 곳에도 따스한 사랑의 눈길을 보내는 행동에는 교육적인 가치가 있습니다. 이런 사랑의 눈길은 우리 인간의 삶으로 재조명해볼 때 소외된 이웃, 시름에 처한 이웃, 어렵지만 꿋꿋이 살아가고 있는 혜택을 받지 못한 우리의 이웃들에 대한 관심의 눈길입니다(황경숙, "권정생 동화의 주제연구", 2004, 304-305쪽).

자연 친화, 인간 존중, 평화와 공존의 이상사회

권정생의 동화에는 자연 친화, 인간 존중, 생명 의식이 강하게 부각되어 있을 뿐만 아니라 아동교육에도 중요한 의미가 있습니다. 또한 그의 동화는 삶의 과정을 중시한다는 특징을 갖고 있습니다. 그는 이미 구원된 세상이 아니라 구원을 이루기 위한 삶에 충실하기를 작품 속에서 역설합니다. 그의 동화가 추구하는 바람직한 삶은 평화와 공존을 위한 이상사회를 추구하고, 운명 순응과 원죄적 존재 자각을 하게 되며, 인간 내면의 실천적 사랑의 삶을 지향하는 사랑이 가득한 세상을 추구합니다. 권정생은 생명 존중, 노동의 신성함, 자연의 생명, 통일에 대한 염원, 종교와 어우러진 인생 등에 대한 뚜렷한 의식을 갖고 있습니다. 권정생 문학의 출발은 "사랑"이었고 이는 기독교 정신을 잘 나타내고 있습니다(황경숙, 2004, 289-306쪽).

권정생은 그의 「동화 이야기」에서 동화를 쓰는 자신의 심정을 다음과 같이 설명합니다.

> 내가 쓰는 동화는 차라리 그냥 이야기라 했으면 싶다. 서러운 사람에겐 남이 들려주는 서러운 이야기를 들으면 한결 위안이 되고 그것이 조그만 희망으로까지 이끌어줄 수 있기 때문이다. 나는 왜 동화를 쓰게 되었는지 나 자신도 모른다. 어제 무엇이 계기가 되었는지 그것을 생각해 보지도 않았다. 누구나 가슴에 맺힌 이야기가 있으면 누구에겐가 들려주고 싶듯이 그렇게 동화를 썼는지도 모른다(이철지 엮음, 2002, 17, 23-24쪽).

영화 「시」(이창동 감독, 2010)에서 김용택 시인의 말처럼 "누구나 시를 가슴에 품고" 살고 있고, 권정생의 고백처럼 "누구나 가슴에 맺힌 이야기가 있기" 때문에 우리는 권정생의 동화를 가슴으로 공감하게 되는 것일지도 모르겠습니다.

오늘 "별에서 온 그대", 권정생의 "강아지똥"을 만나보지 않으시렵니까?

참고 도서 ─────────────────────────────

권정생,『강아지똥』, 창비, 1974.

_____ , 「해룡이」,『사과나무 밭 달님』, 창비, 1978.

_____ , 「중달이 아저씨네」,『바닷가 아이들』, 창비, 1988.

_____ , 「공 아저씨」,『사과나무 밭 달님』, 창비, 1988.

_____ , 「눈 덮인 고갯길」,『짱구네 고추밭 소동』, 웅진주니어, 1991.

_____ ,『빌뱅이 언덕』, 창비, 2012.

권정생 지음, 정승각 그림,『강아지똥』, 길벗어린이 출판사, 1996.

김미화, "권정생 삶과 문학연구: 내·외적 경험 중심으로", 경북대 과학기술대
    학원, 2013.

김택근,『강아지똥별: 가장 낮은 곳에서 별이 된 사람, 권정생 이야기』, 추수밭,
    2013.

박혜숙, "마당을 나온 암탉과 강아지똥의 초월성", 「동화와 번역」 24집, 2012.

엄혜숙, "권정생의 문학과 사상",『권정생의 삶과 문학』, 창비, 2013.

원신애, "한국의 전통문화콘텐츠와 기독교 문화콘텐츠의 조우를 통한 기독교
    교육의 가능성: 공교육 교과서의 '문화콘텐츠'를 중심으로", 「성경과 신
    학」 65, 2013.

이철지 엮음,『권정생 이야기 1』, 한걸음, 2002.

조은숙, "마음을 가르친다는 것: 동화『강아지똥』에 대한 알레고리적 독해의
    문제점", 「문학교육학」 22호, 2007.

황경숙, "권정생 동화의 주제연구", 「어문학교육」 28집, 2004.

마르틴 부버,『나와 너』, 문예출판사, 1995.

초등학교 2-1 교과서, 한국교원대학교 국정도서국어편찬위원회 편, 미래엔컬

처그룹, 2010.

영화 「시」, 이창동 감독, 2013년 5월 개봉.

저자 소개

원신애
웨스트민스터신학대학원대학교 조교수
네덜란드 암스테르담 자유대학교 철학 박사
- 대표적 저서로 『풀어쓰는 신앙교육 이야기』(공저)『미래시
대·미래세대·미래교육』(공저)『포스트모더니즘 시대의 기독
교교육 학습공동체』(공저)가 있다.

13장

박대선,
학교에 하나님의 정의를 흐르게 하다

손원영(서울기독대학교 교수)

❖ "박대선"은 누구인가?

"선한 목자는 양을 위하여 자기 목숨을 버린다"(요 10:11).

우리 속담에 "하나를 알면 열을 안다"라는 말이 있습니다. 이 말은 어떤 사람의 한 가지 행동만으로도 그 사람의 인간 됨됨이와 사상 곧 인격 전체를 파악하는 데 매우 결정적인 역할을 한다는 의미로 이해할 수 있습니다. 그렇다면 박대선(1916-2010, 경북 의성 출신)이란 인물을 이해하는 데 가장 결정적인 하나의 사건으로는 무엇이 있을까요? 자신이 말한 약속을 반드시 지키기 위해, 또 자신이 목회하는 교회를 끝까지 돌보기 위해 죽음의 사선을 기꺼이 넘었던 일명 "평양귀환사건"을 꼽을 수 있습니다.

이 사건의 배경은 우리나라가 일본 제국주의에서 해방된 이듬해

박대선의 자서전 『낙수』 표지(2003)

인 1946년으로 거슬러 올라갑니다. 당시 박대선은 일본에서 대학을 졸업한 후(1942) 평양으로 건너와서 5년째 감리교 목사로서 서평양교회에서 목회를 하고 있었습니다. 주지하는 바와 같이 남북한은 해방 후 38선을 사이에 두고 양쪽으로 나뉩니다. 38선 이북에 살던 사람들은 해방 후 한반도에 진주한 러시아 군대를 해방군으로 생각하여 처음에는 환영했으나, 북한에 진주한 러시아 군대의 포악성과 억압 때문에 해방에 대한 회의감이 생기면서 많은 사람들이 자유를 찾아 남한으로 월남하게 되었습니다. 그리고 조선의 예루살렘이라고 불리던 평양에서 목회하던 상당수의 목회자들도 부흥회 등을 핑계로 교회를 떠난 뒤 돌아오지 않고 교인 몰래 남한으로 월남하는 경우가 적지 않았다고 합니다. 그때 여러 사람들이 박대선에게도 찾아와서 다음과 같은 말로 월남을 권유했습니다. "목사님, 무엇 때문에 여기서 고생하십니까? 목사님은 부모와 8남매 형제들이 모두 다 이남에서 살고 있고, 고향도 대구이니 얼마나 좋습니까? 빨리 떠나십시오. 여기서 무엇을 바라보고 사시겠습니까?"(박대선, 『낙수』, 늘봄, 2003, 73쪽). 그때 박대선은 곰곰이 고민한 끝에 다음과 같이 결심했습니다.

나는 평양에서 목회를 하고 있지 않은가. 목자가 양을 버리고 자기만 살겠다고 서울로 가면 되겠는가. 그것도 양 떼들을 사지에 남겨놓고 나 혼자만 떠난다면 나는 무엇인가. 나는 삯군이 되어버리는 것이 아닌가. 나는 또 신학교에서 학생들을 가르치고 있지 않은가. 그 학생들을 남겨놓고 나만 홀로 살겠다고 떠날 수 있는가. 여러 날 생각하고 기도한 끝에 죽어도 내 양들과 신학생들과 같이 죽어야지 하고 평양에 남아 있기로 결정하였다. 그렇게 결정하고 나니 마음이 평안해졌다.… 그 당시 이북에 남아 있겠다는 것은 죽겠다는 뜻이다. 그러나 그렇게 결심하고 나니 마음에 평온을 얻을 수 있었다(박대선, 『낙수』, 74쪽).

그리하여 박대선은 남한으로 월남하는 것을 거부한 채 평양에 남아 교회를 섬기면서 성화신학교와 평양신학교에서 학생들을 가르치는 일에 전념했습니다. 그런데 불가피하게 고향인 대구에 가야 할 상황이 생기고 말았습니다. 그의 부친 박상동 목사가 위독하다는 소식을 들었기 때문입니다. 그의 부친께서는 조선장감연합선교회의 선교사로서 오랫동안 일본에서 활동을 하다가 태평양전쟁이 시작될 무렵 독립운동을 했다는 죄목으로 일경에 체포되어 5년간 형무소 살이를 하셨습니다. 그리고 해방과 함께 출옥한 뒤 고향인 대구로 돌아와서 대구 남산교회에서 목회를 하고 있었습니다. 그러니까 박대선은 1942년 일본 관서학원대학을 졸업한 후 평양으로 온 이래 거의 5년 동안 한 번도 부친을 찾아보지 못하고 있던 상황이었습니다. 그러니 박대선의 마음속에 부친에 대한 그리움이 얼마나 컸겠습니까? 게다가 5년간 형무소 생활을 하다가 겨우 해방이 되어 옥에서는 풀려났지만 큰 병을 얻게 된 부친에 대한 죄스런 마음은 또 얼마나 컸겠습니까? 그래서 박대선은 고민 끝에 위독한 부친이 돌아가시기 전에 꼭 한 번이라도 뵙고 돌아올 목적으로 딱 한 달간 휴가를 요청하기 위해 교회 직원 회의를 소집했습니다. 그리고 다음과 같이 말했습니다.

…여러분, 나를 믿어주십시오. 나 박대선은 한평생 약속을 지키고 거짓말을 하지 않는 것이 나의 모토임을 아시고 한 번만 믿어주십시오. 나는 내가 사랑하는 교우들을 실망시키는 사람이 되지 않을 것입니다. 나는 이런 문제가 미묘한 것을 잘 압니다. 직원 회의에 내놓지 않고 나 혼자 몰래 갔다가 돌아온 후에 알리려고도 해보았습니다. 그러나 나는 돌아올 것을 결심하고 가기 때문에 이렇게 말씀드리고 가는 편을 택했습니다. 나는 지금부터 만 일 개월간 고향에 다녀오겠습니다(박대선, 『아름다운 세상』, 기독교연구소, 2005, 81-82쪽).

결국 박대선은 교회의 허락을 받고 나서 비밀 루트를 이용하여 죽음의 사선이라 불리는 38선을 겨우 넘어 부친과 가족을 반갑게 만나뵐 수가 있었습니다. 그리고 꿈만 같은 한 달을 가족과 함께 보낸 후, 그는 교인들과의 약속을 지키기 위해 임종을 앞둔 부친을 뒤로한 채 다시 38선을 넘어 평양으로 돌아왔습니다. 모두가 다 월남을 하기 위해 애를 쓰던 그때, 그는 오히려 죽음의 사선을 넘어 교인이 있는 평양으로 도로 월북했던 것입니다. 그가 돌아왔을 때, 그의 귀환을 거의 기대하지 않았던 평양의 교인들이 얼마나 충격을 받고 또 기뻐했을지 충분히 짐작할 수 있습니다. 왜냐하면 평양에 되돌아왔다는 의미는 당시로서는 순교를 각오한 행동으로밖에는 이해할 수 없는 일이기 때문입니다(박대선, 『아름다운 세상』, 83쪽).

따라서 바로 이 평양귀환사건이야말로 박대선이 어떤 인물인지를 단적으로 보여주는 숭고한 사건이라고 할 수 있습니다. 우리는 여기서 박대선이 누구인지를 명확하게 알게 됩니다. 곧 그는 약속을 철저히 지키는 사람이요, 개인적인 정보다 공적인 책임감이 매우 강한 분이요, 더 나아가 자신에게 맡겨진 양들을 끝까지 사랑하는 예수의 마음을 가진 목회자라고 말할 수 있습니다. 그는 대한민국에서 몇 안 되는 4대째 목사를 배출한 명문 기독교 집안의 목회자요, 또 연세대학교의 최장수 총장(4-6대)이라는 외형적인 탁월함을 넘어서, "선한 목자는 양을 위해 자기 목숨을 버린다"(요 10:11)라는 예수의 가르침을 묵묵히 실천한 겸손하고 자기희생적인 멋진 예수의 제자요, 한국교회의 참 지도자이었음을 오랫동안 기억해야 할 것입니다.

❖ 교육의 질은 교사의 질을 넘지 못한다!

교육자들 사이에서 오랫동안 진리처럼 내려오는 유명한 속담이 하나 있습니다. 그것은 "교육의 질은 교사의 질을 넘지 못한다"(As is teacher, so is school)라는 말입니다. 이 말은 교육자들에게는 마치 종교 경전의 한 말씀처럼 여겨지는 매우 중요한 진리입니다. 왜냐하면 실제로 교육은 교사의 능력과 헌신, 즉 그의 영성과 전문성의 자질에 달려 있다고 해도 과언이 아니기 때문입니다(손원영, 『영성과 교육』, 한들, 2004, 123-125쪽). 비록 시대가 많이 바뀌어 교육의 질을 높이기 위해서는 컴퓨터 같은 교육 매체나 훌륭한 교육 시설 같은 외적 환경을 구비하는 것도 간과할 수 없는 것이 맞지만, 그럼에도 교사의 중요성에 비하면 그런 것들은 모두 교육에서는 부차적인 것에 불과합니다. 그만큼 교육의 질은 교사의 질에 달려 있습니다.

이런 점에서 교육자 박대선은 일찍이 그것을 터득한 뒤, 스스로가 먼저 실력 있는 교사가 되기 위해 부단히 노력했습니다. 특히 그는 교사로서의 목사는 다른 누구보다도 실력 있는 사람이 되어야 한다고 굳게 믿었습니다. 그는 이런 생각을 실천하기 위해 목사가 되기 전에 충분한 교양을 쌓기 위해 먼저 인문학을 공부했습니다. 즉 당시로서는 매우 드물게 일본의 명문 대학인 관서학원대학의 학부 과정(영문학 전공)을 마친 뒤, 다시 같은 대학에 학사 편입을 하여 신학을 전공했던 것입니다. 그리고 미국의 보스턴 대학교로 유학하여 대학원 과정을 공부했습니다. 훌륭한 학자가 되기 위해서라기보다는 오히려 훌륭한 목사가 되기 위해서 말입니다. 이것은 정말로 시대를 앞서가는 대단히 선각자적인 생각이자 결단이었습니다. 왜냐하면 일제 치하에서 목사가 되려면 단지 전문대학 수준 정도의 교양과 학력만 있어도 자격 요건이 충분했던 때였기 때문입니다. 하지만 그는 적어도 목사가 되려면 서양에서처럼 학부 과정을 마친 뒤 대학원에서 공부하는 것이 바람직하다는 소신을 가졌는데, 바로 그것을 자기 자신에게 먼저 적용했습니다. 이런 결단을 실천할 수 있었던 계기는 실력 있는 교사로서의 목회자만이 한국교회의 미래에 희망을 줄 수 있다고 확신했기 때문입니다.

또한 박대선은 스스로 교사(목사, 교수)로서 실력을 갖춘 후에, "교육의 질은 교사의 질을 넘지 못한다"라는 원칙을 아주 엄격하게 자신이 책임 맡은 학교에 그대로 적용했습니다. 이와 관련하여 우리는 두 가지 구체적 사례를 생각해볼 수 있습니다. 첫째는 그가 관서학원대학에서 영문학과 신학을 마친 후에 평양의 성화신학교에서 부교장으로 일하게 되었을 때의 일입니다. 그는 1950년 학교가 공산당에 의해 폐교될 때까지 교수로서, 그리고 당시 교장이었던 배덕영 목사가 공산당에 순교한 이후에는 교장 대리로서 행정에 깊숙이 관여하게 되었습니다. 그때 그가 배덕영 목사와 함께 중점을 두어 실천한 것이 두

가지가 있습니다. 그것은 김일성 대학이나 그 밖의 고급 중학교 등에서 기독교 신자라는 이유로 퇴학을 당하거나 배움의 길이 막힌 우수한 학생들을 무조건 선발하는 정책을 폄으로써 최고의 지성을 갖춘 학생들을 확보하는 것과 동시에, 그들을 가르칠 성화신학교의 교수들을 당대 최고의 교수진으로 운영하는 것이었습니

성화신학교 모습(성화신학교 60주년 자료집 표지)

다(박대선, 『하늘에서 정의가 땅에서 진실이』, 93쪽). 이런 사실은 당시 성화신학교 교수진의 경력에 잘 나타나 있습니다.

예컨대 배덕영 교장은 연희전문과 미국의 스칼렛 대학교(후에 밴더빌트 대학교로 통합, 종교교육)에서 공부했고, 박대선 교수는 앞서 언급한 대로 관서학원대학에서 영문학과 신학을 전공하여 영어와 히브리어를, 김용옥 교수(후에 감신대 학장)와 이두성 교수는 관서학원대학에서 신학을 전공하고 각각 신약을, 이재면 교수(후에 연세대 교목)는 평양숭실전문학교와 일본신학교에서 공부한 뒤 구약을, 한승호 교수(후에 국제대 교수, 교양)는 도쿄 상지대학 경제학부에서 공부하고 돌아와 가르친 사람들이었습니다. 그리고 김학수 화백이 한문과 도의를, 일본에서 공부한 최학성 교수가 법학을, 어응선 교수가 국어를, 정비다 교수가 음악을 가르쳤습니다. 이들 모두 당시로서는 어디다 내놔도 조금도 손색이 없는 교수진이었습니다.

그 결과 비록 성화신학교는 한국전쟁으로 인해 1950년 폐교되어

겨우 2회 졸업생밖에 배출하지 못했지만, 이런 훌륭한 교수들에게서 배운 졸업생들은 그 후 한국교회를 넘어 세계 교회와 학계에서 매우 탁월하게 활약했던 것입니다. 참고로 성화신학교 출신의 유명 인사로는 변선환(전 감신대 교수), 이승만(전 미국장로교 총회장), 함성국(미국연합감리교동양선교부 총무), 신현균(부흥 목사), 이계준(연세대 명예교수) 등을 들 수 있습니다(성화신학교동문회 엮음, 『성화신학교: 창립 60주년 기념특집』, 성화신학교동문회, 2006). 한편 성화신학교의 훌륭한 교수진과 자유로운 학풍 때문에 당시 평양의 교계에선 이런 말이 회자되었다고 합니다. "당신의 아들을 목회자로 키우려면 평양신학교로 보내고, 공부를 시키려면 성화신학교로 보내라." 그리고 이런 평양의 성화신학교를 일컬어 이계준은 "지상낙원"(이계준, 『희망을 낳는 자유』, 한들, 2005, 79쪽)이라고 표현했는데 그것은 결코 과장이 아닌 듯합니다.

그런데 어느 날 갑자기, "교육의 질은 교사의 질을 넘지 못한다"라는 교육학적 진리를 일찍이 간파한 감리교신학대학교 교수 박대선에게 결코 상상하지 못했던 큰 기회가 찾아왔습니다. 그의 나이 48세에 자신과 아무런 연고가 없는 연세대학교의 총장으로 선출된 것입니다. 그리고 그는 총장으로 재직하는 11년 동안(1964-1975) 그 진리를 매우 의욕적으로 실천함으로써 연세대학교를 명실공히 한국 제일의 명문 사학으로 발전시켰습니다. 즉 연세대학교가 국내 최고 명문 대학으로 발전하게 된 배경에는 연세대학교 교수의 질을 획기적으로 높이는 데 심혈을 기울인 박대선의 노력이 있었음을 결코 간과할 수 없습니다. 박대선의 제자이자 연세대학교 명예교수인 이계준이 필자와 나눈 "박대선에 대한 회고 인터뷰"(2014. 4. 20.)에서도 증언했듯이, 박대선 총장의 가장 큰 치적은 "VIP(Very Important Professor) 운동"과 그 성과라고 말할 수 있습니다(박대선,『하늘에서 정의가 땅에서 진실이』, 1996, 225, 302쪽). 좀더 구체적으로 설명하면, 이계준도 필자와의 대담에서 언급했듯이, 1970년대 초만 하더라도 국내 대부분의 대학에는 박사 학위를 가진 교수들이 거의 없는 실정이었습니다. 하지만 박대선은 이미 1970년대 초반에 국내 대학에서는 처음으로 연세대학교 교수 지원 자격으로 박사 학위를 채용 조건으로 제시했고, 또 기존의 교수들도 박사 학위를 취득하도록 권고했던 것입니다.

그뿐 아니라 박대선은 VIP 운동의 과정에서 미국의 장학재단인 UB(United Board)의 교수양성 프로그램과 연계하여 유능한 교수들 중 박사 학위가 없는 교수들을 선발하여 3-5년씩 해외로 유학을 보내기도 했습니다. 이런 혜택을 본 가장 대표적인 교수는 김동길 교수(사학과)와 박영식 교수(철학과, 후에 총장이 됨)입니다. 그는 총장의 임무 중 가장 중요한 임무란 훌륭한 교수를 확보하는 것이라 믿고 국내외의 유능한 교수들을 확보하는 데 큰 노력을 기울였습니다. 이를 위해서 심지어 텃세가 세기로 유명한 연세대학교에서 동문들과 교수들의 많은 반대에도 불구하고 다른 대학 출신이나 현장의 유능한 실력자들을 기꺼이 교수로 초빙하기 위해 그의 정열을 불태웠던 것입니다. 이 과정에서 연세대 교수로 초빙된 유명 인사로는 김효규 박사(의학과, 의무부 총장, 후에 아주대 총장), 노정현 박사(행정학과), 이기택 박사(정치외교학과), 유동식 박사(신학과) 등을 들 수 있습니다(박대선,『하늘에서 정의가 땅에서 진실이』, 354-369쪽). 특히 박대선은 김효규 교수와 이기택 교수를 초빙하는 과정에서 겪은 어려움을 회고하면서 유능한 교수 확보의 중요성을 다음과 같이 역설했는데, 이는 학교 행정에 관여하는 이들이라면 반드시 명심해야 할 원칙이 아닌가 생각됩니다.

어느 기관이든지 훌륭하고 능력 있는 책임자를 바로 선정할 때 그 기관은 발전을 약속받는 것이다.…나는 연세대학교 교수를 스카우트하는 데 연세대와 국내 우수 대학을 졸업하고 학위를 받은 분들과 일본의 우수 대학에서 박사 학위를 받은 학자들, 그리고 미국과 유럽 각국의 유명한 대학에서 학위를 받은 학자들을 모셔와 세계의 학문의 흐름을 알고 있는 학자들을 망라함으로써 연세대학교를 세계적인 대학교로 발전시켜야 된다는 꿈을 가지고 있었다. 대학이 너무 폐쇄적이 되면 발전할 수 없기 때문에 여러 대학교 출신 학자들의 피를 섞어야 된다고 믿고 있다(박대선, 『하늘에서 정의가 땅에서 진실이』, 356, 362쪽).

교육의 질은 교사의 질을 넘지 못합니다. 이것은 영원한 진리입니다. 과거 박대선이 11년간 총장으로 섬겼던 연세대학교는 현재 명실공히 대한민국을 대표하는 국제적인 대학교가 되었습니다. 그리고 이것은 "교육의 질은 교사의 질을 넘지 못한다"라는 신념하에 훌륭한 교수를 확보하기 위해 동분서주했던 박대선의 꿈이 비로소 이루어진 결과가 아닌가 싶습니다.

❖ 기독교대학은 기독교대학다워야: "공의가 물처럼"(암 5:24)

박대선은 1964년 9월 연세대학교 제4대 총장으로 취임했습니다. 그가 취임할 당시 연세대학교는 개교 이래 가장 큰 혼란의 시기를 보내고 있었습니다. 이는 그가 총장으로 취임하기 전인 1960년부터 1964년까지 약 4년 동안 연세대학교에서 총장, 총장 서리, 혹은 총장 직무

대리 등 8명이 총장직을 수행한 것에서 잘 알 수 있습니다(박대선, 『하늘에서 정의가 땅에서 진실이』, 214쪽). 이렇게 4년간 총장이 8명이나 교체되었으니, 그간 연세대학교 안에서 무슨 일이 일어났는지는 충분히 미루어 짐작할 수 있습니다. 그중 가장 큰 문제는 입시 부정이었습니다. 대학입학시험에서 성적이 미달된 학생들을 돈을 받고 입학시키는 소위 부정 입학 때문에 당시 학교는 큰 홍역을 치루고 있었습니다. 이와 같은 상황에서 박대선이 총장이 되었으니, 그 앞에는 학교를 정상화하고 또 기독교학교로서의 위상을 정립하는 큰 과제가 있었던 셈입니다.

사실 그가 총장으로 취임할 때 많은 사람들이 수군거렸다고 합니다. "지난 4년 동안 8명의 총장이 바뀌었으니 이번 총장의 수명도 길어야 6개월이다"라고 말입니다. 더욱이 박대선은 연세대학교 총장직을 수행하는 데 많은 약점이 있는 것처럼 보였습니다. 왜냐하면 그는 48세라는 젊은 나이에 총장이 되었기 때문에 과연 그 큰 학교의 총장직을 잘 수행할 수 있을까 하는 경륜에 대한 의구심이 있었습니다. 동시에 그는 연세대학교와 아무런 인연이 없는 인물이라는 약점도 가지고 있었습니다. 통상 연세대학교 총장은 연세대학교 동문이나 교수 중에서 선출되는 것이 관례였는데, 그는 전혀 그런 것과 연관이 없었던 것입니다. 그런 그가 총장이 되었으니, 그의 총장직이 길어야 6개월이라고 말한 것도 크게 무리가 아닌 듯 합니다. 하지만 결과적으로 본다면 그는 역대 어떤 총장보다도 더 훌륭하게 총장직을 수행했습니다. 이것은 그가 연세대학교 역사상 제일 긴 장수 총장으로서 일한 것뿐만 아니라, 동문과 교직원들로부터 지금까지도 큰 사랑과 존경을 받고 있기 때문입니다.

그렇다면 연세대학교 측에서 볼 때 이방인이었던 박대선으로 하여금 최고의 총장이 되도록 만든 원동력은 어디에 있을까요? 그것은 한마디로 성경의 가르침을 모든 학교 행정에 철저히 적용한 데 있다고 말할 수 있습니다. 즉 박대선은 대학 행정가로서 "기독교대학은 기독교대학다워야 한다"라는 생각을 실천하는 데 매우 투철했습니다. 그래서 그는 모든 학교 행정을 수행할 때 학문의 자유와 행정의 전문성을 존중하면서도, 그것에 앞서 기독교적 가치를 그대로 자신의 총장직 수행과 학교 행정에 엄격히 적용했던 것입니다. 특히 그는 구약학자답게 예언서의 말씀을 어떤 말씀보다 중요하게 생각하면서 학교 행정에 임했습니다. 그가 학교 행정의 원칙으로 종종 인용했던 예언서의 말씀은 이것입니다. "너희는 다만 공의가 물처럼 흐르게 하고 정의가 마르지 않는 강처럼 흐르게 하여라"(암 2:24). "너 사람아 무엇이 착한 일인지를 주께서 이미 말씀하셨다. 주께서 너에게 요구하시는 것이 무엇인지도 이미 말씀하셨다. 오로지 공의를 실천하며 인자를 사랑하며 겸손히 네 하나님과 함께 행하는 것이 아니냐"(미 6:8). 특히 박대선은 미가 6:8의 말씀이야말로 성경 전체를 한마디로 요약한 핵심적인 말씀이라고 강조하면서, 이것이 학교 행정에 그대로 정의롭게 녹아들 수 있도록 노력했습니다. 이런 점에서 박대선

연세대학교 총장 시절의 박대선(1964)

은 스스로의 삶을 일컬어 "정의가 실천되기를 바라면서 걸어온 길"(박대선,『낙수』, 71쪽)이라고 언급합니다. 그리고 이제 우리도 그를 일컬어 "정의의 교육자"라고 불러도 무방할 듯 합니다.

그렇다면 학교 행정이 정의롭게 운영되기 위해 그가 실천한 것 중 가장 대표적인 것은 무엇일까요? 우선 그는 학교 행정에서 공사를 엄격하게 구분하는 것으로부터 시작했습니다. 기실 이것은 어디서나 당연히 지켜져야 할 덕목이지만 관례에 의해 종종 잘 지켜지지 않는 것이기도 한데, 그는 그것을 먼저 자기 자신부터 철저히 지키기로 마음먹고 실행했습니다. 가령 그는 총장 관용차를 가족들이 절대로 사용하지 못하게 했습니다. 그래서 총장 부인조차도 총장 관용차를 재임 11년 동안 한 번도 타보지 못했을 정도입니다. 그뿐 아니라 가족들은 절대로 연세대학교 교직원이 될 수 없다고 못 박았습니다. 심지어 세계적인 명문 대학인 하버드 대학교에서 철학 박사 학위를 취득한 자신의 친동생이 경영학과 교수로 지원하여 학과 회의에서 무난히 통과되었으나, 그가 끝내 거부함으로써 동생이 연세대학교로 들어오지 못하고 인근의 다른 대학 교수가 되었던 일화는 매우 유명합니다. 그뿐 아니라 박대선이 총장으로 취임할 무렵 각 대학은 본고사를 통해 신입생을 선발했는데, 그 과정에서 연세대학교도 각종 입시 비리로 몸살을 앓고 있었습니다. 그런 상황에서 박대선은 총장으로 취임하면서 신입생은 어떤 예외도 없이 100퍼센트 실력으로만 뽑는다는 원칙을 천명하고 그것을 철저히 준수했습니다. 이 때문에 유명한 일화가 여럿 생겼는데, 청와대를 비롯한 유력 인사의 입시 청탁을 거절한 일이라든가, 심지어 자신의 아들도 입시에서 탈락시켜 재수하게 한 것에서 그가 얼마나 정의롭게 행정을 수행했는지 잘 알 수 있습니다. 그런데 흥미로운 것은 입시와 관련하여 부정한 돈거래 및 청탁을 일체 금지하면서 그가 여러 가지 어려움을 겪기도 했다는 사실입니다. 가장 대표적인 사례는 체육 특기자를 선발하는 데 일체 금전을 주고 학생들을 스카우트하지 못하도록 한 것입니다. 이것이 빌미가 되어 1970년대 초반 몇 년 동안 계속 연고전에서 연세대학교가 고려대학교에 패함으로써 당시 재학생들에게 큰 비판거리가 되기도 했습니다.

❖ 기독교대학은 설립 이념이 죽으면 끝이다!

우리가 한국의 근현대사에서 대표적 기독교교육 사상가로 박대선을 꼭 기억해야 할 또 다른 이유는 무엇일까요? 물론 앞서 언급한 여러 이유도 있겠지만, 가장 큰 이유는 박대선이 불의와 박해의 시대에 기독교학교의 설립 이념인 기독교 정신을 끝까지 수호한 때문이라고 말할 수 있습니다. 좀더 구체적으로 살펴보면, 우선 박대선은 1950년 평양의 성화신학교를 폐교의 위협 앞에서도 진리와 자유가 넘치는 대학으로 계속 유지할 것인지, 아니면 공산주의자들의 압력에 복종하여 학교를 공산주의의 교육장으로 바꿀 것인지 결단해야 하는 상황에 직면하게 되었습니다. 그는 1949년 12월 19일에 공산 정권에 의해 행방불명된 배덕영 교장을 대신하여 그의 실종 얼마 후 성화신학교 교장 대리 자격으로 북한 정권의 문교부에 소환되어, 왜 친미적인 영어 교육을 실시하고 학교에 스탈린과 김일성 사진을 게시하지 않는지 등의 이유로 추궁당하며 불의한 압력을 받게 되었습니다.

그 압력의 구체적 내용은 당시 평양에 있는 두 신학교, 곧 평양신학교와 성화신학교를 각각 폐교하고, 두 학교 모두 600명이던 학생

수를 각각 10분의 1로 축소하여 120명 정원의 신학교로 하며, 신학교 명칭은 장로교 평양신학교나 혹은 감리교 성화신학교 대신 "기독교신학교"로 하라는 명령이었습니다. 아마도 이렇게 한 이유는 전쟁을 앞두고 북한 정권의 반대 세력이라고 볼 수 있는 기독교를 제거하기 위한 수순이었던 것 같습니다. 박대선은 이런 요구를 결코 받아들일 수 없다고 저항했습니다. 그 저항은 곧 배덕영 교장처럼 죽음 당하는 것을 의미했습니다. 하지만 박대선은 다행히 북한 정보당국자 중 그를 존경하는 제자가 은밀히 접근하여 집으로 돌아가지 말고 숨어 있으라는 귀띔을 해주어서 겨우 목숨을 건질 수 있었습니다. 하지만 결국 성화신학교는 박대선이 진리와 자유를 선택한 결과 1950년 2월, 학교 설립 4년 9개월 만에 공산 당국에 의해 강제 폐교되고 말았던 것입니다(박대선, 『낙수』, 128-138쪽). 여기서 우리는 학교 설립 이념을 끝까지 지키려 했던 박대선의 용기를 높이 평가하지 않을 수 없습니다. 비록 성화신학교는 박대선의 불복종으로 역사에서 사라졌지만, 설립 이념을 끝까지 고수함으로써 성화신학교란 이름은 아직도 역사 속에서 죽지 않고 면면히 명예롭게 계속 살아남게 된 것입니다.

다음으로 박대선은 기독교대학인 연세대학교의 총장으로서 연세대학교의 설립 이념인 기독교 정신을 더욱 공고히 했을 뿐만 아니라, 군사독재의 엄혹한 시절에도 그런 학교 설립 이념을 끝까지 지키다가 정말 "장렬히" 희생된 분으로 기억될 필요가 있습니다. 그는 먼저 교내 차원에서 연세대학교가 건학 이념인 기독교 정신에 의해 잘 운영될 수 있도록 최선을 다했습니다. 그 단적인 예를 우리는 연세대학교 교목실의 위상이 크게 강화된 것에서 찾아볼 수 있습니다. 당시 한국의 기독교대학들은 대체적으로 교목실의 운영을 비체계적으로 운영하면서 교목들의 위상을 교수보다 한 직급 아래로 두는 경향이 많았는데, 그는 이것이 학원 선교에 적절하지 않다고 여기고 과감히 교목실의 위상을 높였던 것입니다. 구체적으로 그는 연세대학교 직제에서 교목실장의 위상을 총장, 부총장, 대학원장 다음으로 높은 직위인 서열 4위로 위치시키면서, 교목들이 보다 적극적이고 창의적으로 교수와 학생들에게 기독교 정신을 함양할 수 있도록 돕고 또 다양한 채플과 기독교 관련 수업이 이루어질 수 있도록 격려했던 것입니다(박대선, 『하늘에서 정의가 땅에서 진실이』, 275쪽; 이계준, 『희망을 낳는 자유』, 212-220쪽). 또한 당시 연세대학교를 포함하여 대부분의 기독교대학들이 예배를 교회가 아니라 강당에서 드리고 있을 때, 그는 예배는 다목적 강당이 아니라 예배당에서 드리는 것이 원칙이라고 판단하고 미국 루스 재단의 도움으로 교회당을 아름답게 지었습니다. 바로 그것이 연세대학교의 자랑거리인 "루스 채플"(Luce Chapel)입니다(박대선, 『아름다운 세상』, 226쪽). 이처럼 박대선은 연세대학교가 명실공히 기독교 정신이 충만한 기독교대학으로 우뚝 설 수 있도록 큰 노력을 기울였던 것입니다.

또한 박대선은 대외적 차원인 정부과의 관계에서도 대학 설립이념인 기독교 정신을 지키고 구현하는 데 최선의 노력을 다했습니다. 특히 당시 유신 독재체제하에서 많은 지식인들이 반정부운동으로 어려움을 겪고 있을 때, 박대선은 무엇이 기독교대학으로서 대학 설립이념인 기독교 정신을 구현하는 데 최선의 길인지 고민했고 또 그것을 용기 있게 실천했습니다. 바로 그것이 박정희 정권의 극심한 압력에도 불구하고 진리와 자유라는 설립 이념을 지키기 위해 자신의 총장직을 걸고 이루었던 "구속 교수 및 학생의 복직복교사건"입니다.

사건의 발단은 1974년에 있었던 전국적인 반정부 데모입니다. 전국 100개 대학의 4만여 명의 대학생들이 "독재정권타도"를 외치면서 대규모로 시위를 벌였습니다. 이에 박정희 정권은 비상사태를 발령하여 전국적으로 200여 명의 학생들과 교수들을 구속, 수감했습니다. 연세대학교에서는 김동길 교수(사학과)와 김찬국 교수(신학과)를 비롯하여 학생 15명이 구속되었습니다. 그들은 모두 정식 재판을 받고 10개월간 교도소 생활을 한 후 1975년 봄에 석방되었습니다. 정부는 비록 그들을 석방시키는 했지만 각 대학에 명령하여 그들을 복직시키거나 복교시켜서는 안 된다고 못을 박았습니다. 만일 이 명령을 어기면 대학에 엄중한 처벌을 하겠다고 협박했습니다. 그러나 1975년 3월 13일 박대선 총장이 주재한 연세대학교 교무 위원회는 석방자 전원(김동길 교수, 김찬국 교수, 학생 15명 전원)을 구제하기로 최종 결정했습니다. 그 결정과 함께 다음과 같은 담화문을 발표했습니다.

본인은 4만 5천의 연세 가족과 더불어 두 교수 및 15명의 학생의 석방과 복직, 복교를 이 시간까지 갈망해왔다. 그것은 진실과 자유(주-연세대학교의 설립 이념)를 사랑하는 모든 대학과 사회의 엄숙한 요청이기도 하였다.…연세대학교는 두 교수와 학생의 해임이나 처벌을 결정지은 일도 없으며 그들의 복교는 석방과 동시에 이루어지는 것이 당연한 것으로 믿어왔다.…우리의 협조적인 교육 이념을 문교 당국은 아량으로 이해해줄 것으로 믿으며…(박대선, 『하늘에서 정의가 땅에서 진실이』, 426쪽).

이 복직복교사건이 있은 후 연세대학교는 정부로부터 어마어마한 철회 압력과 함께 세 차례에 걸쳐 문교부 감사를 받게 되었습니다. 그러나 박대선의 죄를 찾아 그를 구속시키기 위한 목표로 이루어진 세 차례의 살벌한 감사에도 불구하고, 평소 깨끗하고 정의로운 행정 덕분에 연세대학교에서 단 하나의 부정도 발견하지 못한 문교부는 급기야 연세대학교 이사장에게 총장을 해임하라는 계고장을 보냈습니다. 결국 박대선은 2명의 교수와 15명의 학생들을 살리고, 연세대학교 설립 이념인 "진리와 자유"라는 기독교 정신을 구현하는 조건으로 총장직을 사임했습니다. 이때 그는 사표수리 요청서에 다음과 같이 적었습니다. "연세의 위대한 정신이 민족과 함께 영원히 살 수 있는 길이 오직 우리 모두가 위대한 연세 정신의 계승자로서의 책임을 수행하는 데 있다면 본인의 사임은 바로 이러한 책무를 담당하는 것이라고 자부하는 바입니다…"(박대선,『하늘에서 정의가 땅에서 진실이』, 432쪽).

그리고 연세대학교 이사회는 그의 총장직 사임을 수용하면서 다음과 같은 담화문(1975. 4. 10.)을 발표했습니다. "본 이사회는 오늘 박대선 총장이 보내온 서한을 접수하고 '본인의 사임만이 이 어려운 시련 속에서 연세대학교의 전통과 역사와 정신을 계승하는 유일한 길이라고 믿기 때문에 본인의 사임서를 수리하여 달라'는 간곡한 요청에 따라 순교자적 정신으로 자기희생을 감수한 박 총장의 사임의 영단과 참뜻을 살리기 위하여 지극히 유감스러우나 박대선 총장의 총장직 사임서를 받아들이기로 결정하였다"(박대선,『하늘에서 정의가 땅에서 진실이』, 434쪽). 자신의 사임이 최종 결정되자, 박대선은 다음과 같은 담화문을 발표하고 11년간 정들었던 학교를 떠나게 되었습니다. "연세는 또한 앞으로 영원무궁토록 기독교 정신에 입각하여 교육을 실시한다는 건교 정신을 망각하지 말아야 할 것을 굳게 믿고 있다는 것도 나의 신념입니다…"(박대선, 『하늘에서 정의가 땅에서 진실이』, 436쪽). 결국 그는 이방인으로서 연세대학교 총장으로 부임했지만, 독재의 시대에 "진리와 자유"라는 연세대학교의 설립 이념이 가장 위태로울 때 자신의 목숨을 걸고 설립 이념을 지킨 뒤 모든 연세인과 그리스도인들의 사랑을 가슴에 안고 영원한 자유인이 되어 연세를 떠났습니다.

결국 정의의 교육자 박대선이 책임을 맡았던 두 교육기관의 위기, 곧 성화신학교의 폐교와 연세대학교의 위기를 통해서 우리는 위대한 교훈을 하나 얻습니다. 그것은 "기독교대학은 설립 이념이 죽으면 끝이다!"라는 진리입니다. 풀어 설명하자면 기독교대학은 설립자가 기독교인이라서 기독교대학이 아니고, 또 그 대학에 채플이나 기독교 관련 과목이 개설되어 있다고 해서 기독교대학이 아니라, "진리와 자유와 정의"라는 학교 설립의 기독교적 이념이 학교 전체에 온전히 살아 있을 때 진정한 기독교대학으로 불릴 수 있다는 사실입니다. 그러므로 기독교적 설립 이념이 살아 있는 대학은 성화신학교처럼 죽은 것 같으나 아직도 살아 있다고 말할 수 있고, 또한 연세대학교처럼 세속 대학화 된 듯하나 사실은 가장 위대한 기독교대학이 되는 것입니다. 따라서 "정의의 교육자" 박대선을 통해 우리는 대학 설립 이념의 구현이 대학 발전에서 얼마나 중요한지, 또 그 이념을 지키는 것이 얼마나 힘들고 험난한 길인지 새삼 깨닫게 됩니다.

참고 도서 ─────────────────────────────

박대선(엮음), 『대학과 국가발전』, 교육출판사, 1968.

_____(엮음), 『고등교육의 개혁』, 연세대학교출판부, 1973.

_____, 『진리의 골짜기: 진곡 박대선 박사 고희기념문집』, 전망사, 1986.

_____, 『하늘에서 정의가 땅에서 진실이』, 전망사, 1996.

_____, 『낙수: 인생 88년 미수에 이르러』, 늘봄, 2003.

_____, 『아름다운 세상』, 한국기독교연구소, 2005.

손원영, 『영성과 교육』, 한들, 2004.

연세대학교백년사편찬위원회 엮음, 『연세대학교백년사 1.2.3.4.』, 연세대학교
    출판부, 1985.

이계준, 『희망을 낳는 자유: 이계준 자전에세이』, 한들, 2005.

평양성화신학교동문회 엮음, 『배덕영 목사 탄신100주년기념문집: 한국교회교
    육의 선구자』, 한들, 2002.

_____, 『성화신학교: 창립60주년기념특집: 역사, 회고, 동문회』, 성화신학교동
    문회, 2006.

저자 소개

손원영
서울기독대학교 신학전문대학원 기독교교육학 교수
연세대학교 신학 박사
- 대표적 저서로 『아들에게 띄우는 페북편지』『테오프락시스 교회론』『새 시대 새 포도주: 새로운 교회교육과 학교종교교육』이 있다.

참 스승
인물로 보는 한국 기독교교육사상

Copyright ⓒ 새물결플러스 2014

1쇄발행_ 2014년 7월 31일
2쇄발행_ 2015년 3월 24일

지은이_ 김도일·김난예·김웅교·민경식·손원영·오현선·원신애
       이상명·이인경·정원범·조성국·조은하·한국일
펴낸이_ 김요한
펴낸곳_ 새물결플러스
편 집_ 노재현·박규준·왕희광·정인철·최경환·최율리·최정호·한바울
디자인_ 이혜린·서린나·송미현
마케팅_ 이승용
총 무_ 김명화

홈페이지 www.hwpbooks.com
이메일 hwpbooks@hwpbooks.com
출판등록 2008년 8월 21일 제2008-24호
주소 (우) 158-718 서울특별시 양천구 목동동로 233-1(목동) 현대드림타워 1401호
전화 02) 2652-3161
팩스 02) 2652-3191

ISBN 978-89-94752-75-4 03230

책값은 뒤표지에 있습니다.

이 도서의 국립중앙도서관 출판시도서목록(CIP)은 서지정보유통지원시스템 홈페이지
(http://seoji.nl.go.kr)와 국가자료공동목록시스템(http://www.nl.go.kr/kolisnet)에서
이용하실 수 있습니다(CIP제어번호: CIP2014021861).